大阪経済大学研究叢書 第83冊

大都市圏ガバナンスの検証

大阪・アジアにみる統治システムと住民自治

重森 曉／柏原 誠／桑原武志
[編著]

ミネルヴァ書房

はしがき

　近年，グローバル経済の進展とともに，大都市圏に対する関心が高まりをみせている。多くの大都市が，大都市圏とその中心に位置する大都市を成長のエンジンととらえ，グローバル規模での都市間競争を勝ち抜こうとしている。他方で，いずれの大都市圏においても，格差や貧困，移民問題や人口減少などが深刻化し，大都市政府にその解決が求められている。大都市圏ガバナンスのあり方があらためて問われているのである。

　そこで，われわれ大阪経済大学の共同研究チームは，「大都市圏ガバナンス」をテーマに，2012年度から3年間，研究を進めてきた。本書は，その成果のまとめである。

　ここでは，主として大阪と釜山というアジアの2つの都市の研究に焦点をすえている。それは，両都市がともに国内第2都市のポジションにあるという共通性をもつと考えたからである。大阪・釜山ともに，東京・ソウルへの首都圏一極集中という状況の下で，首都と相似の都市戦略をとるのか（追いつけ路線），異なる都市戦略をとった方がよいのか（独自路線），きびしい選択がせまられてきた。さらに，大阪・釜山ともに港湾都市としての特徴をそなえている。両都市ともに港湾を重要なインフラ資源とした都市戦略がとられてきた。

　ただ，韓国・釜山における都市戦略の選択において，国家がより大きな影響を与えているといった相違点もあると感じられた。日本・大阪の場合は，国家の影響を受けながらも，地方政府や地域財界を中心に都市戦略を定めることができている。また，韓国・釜山の方が，大企業（財閥）の影響力が大きい。もとより日本・大阪においても大企業の影響力は小さくはないが，大阪には中小企業が数多く集積しており，それらのもつ力は大きい。

　以上のような比較検討を踏まえた上で，われわれは，2015年2月，韓国・釜山から3名の研究者を招き，「大都市圏経済とガバナンス──大阪と釜山」

をテーマにシンポジウムを行った。本書は，その記録でもある。

都市研究の視点

前述したように，一方におけるグローバル化と経済成長をめぐる都市間競争の激化，他方における少子高齢化と人口減少，貧困と格差の拡大，こうした都市の成熟化と変貌に対応するために，大都市圏ガバナンスの転換が求められている。

新たな大都市圏ガバナンスを模索するにあたり，われわれは次のような視点を重視してきた。

第1に，大都市を経済活動の主体としてだけではなく，市民の生活空間としてとらえること。大都市圏は経済成長をめぐる競争のエンジンの役割を果たすだけでなく，そこに人が住み，生活し，文化を育む場であることに留意しなければならない。

第2に，大都市圏を一体的・統合的に把握すると同時に，その内部構造（多様化と都市内格差）に留意すること。大都市圏のあり方として，統合型をめざすのか，それとも分散型を選ぶのかが，検討課題となる。

第3に，大都市圏における中心都市と周辺地域，都市地域と農山漁村地域の連携・交流を視野に入れること。大都市は，経済活動のための人的資源は主として周辺地域に，食糧や水・余暇のための空間などの諸資源を農山漁村等に依存している。

第4に，大都市圏のあり方を検討するにあたって，統治システムとしての大都市制度（行財政システム）だけでなく，公・共・民の民主主義的協働のあり方，住民自治・住民参加のあり方が模索されなくてはならない。

以上の4点は，われわれの共同研究における共通の指針となってきた。

大都市圏とは

われわれは，本書を通じて，「大都市」ではなく「大都市圏」という用語を，「大都市制度」ではなく「大都市圏ガバナンス」という用語を用いることが多い。そこで，この2つの用語について簡単に説明し，われわれの意図するとこ

ろを示しておきたい。

　ここで「大都市圏」とは，都市学者が使ういわゆるメトロポリス（Metropolis）に相当する概念である。その圏域の中核としての大都市と，それをとりまく周辺都市（衛星都市）によって構成される。

　近年，グローバリゼーションの進行と大都市圏相互の競争が激化するとともに，「メトロポリス」にかわる新しい概念として，「シティ・リージョン」あるいは「グローバル・シティ・リージョン」という概念が用いられることが多くなっている。

　「シティ・リージョン」（都市地域）は，中心に位置する大都市と周辺の都市（あるいは農村地域）からなっており，これまで用いられてきた「メトロポリス」概念に類似している。ただ，中核都市と周辺地域とのつながりをより重視した概念だと言える。

　「シティ・リージョン」には大きく分けて2つタイプが存在する。1つは，イギリスのロンドンのように，単一の強力な大都市と周辺地域によって形成される一極集中型である。もう1つは，オランダのランドスタットのように，アムステルダム（首都），デン・ハーグ（行政都市），ロッテルダム（港湾都市），ユトレヒト（サービス業都市）といった複数の都市核がネットワークで結ばれた，自立分散型のタイプも存在する。

　さらにまた，最近では，R. フロリダによって，新たに「メガ・リージョン」（Mega-region）という概念が提起されている。これは，かつて J. ゴットマンが提唱した「メガロポリス」（Megalopolis）にヒントを得た概念であり，大都市の成長とともに大都市が外に向かって拡大し，他の都市と合体することによって形成される。日本でいえば Greater Tokyo, Osaka-Nagoya, Fuku-Kyusyu といった，広大な地域がイメージされている。今日では，このようにいくつかの大都市圏が合体して形成される「メガ地域」が経済成長と発展の中心的な原動力となっていると，フロリダは指摘する。

　このように，「大都市圏」の具体的領域やイメージは多様であり，研究者の視点や方法，また政策や法制度・統計のとり方等によって異なってくる。

　たとえば，日本で「大都市圏」と言えば，東京圏・大阪圏・名古屋圏のいわ

ゆる「三大都市圏」がすぐに思い浮かぶ。そのうち大阪圏は，大阪府・兵庫県・京都府・奈良県が含まれる（「住民基本台帳人口移動報告」）。他に，「近畿圏」という範囲のとり方もあり（「近畿圏整備法」），これには，大阪圏の大阪府・兵庫県・京都府・奈良県に加えて，滋賀県・和歌山県・福井県・三重県が含まれる。さらに，「近畿大都市圏」（「住宅・土地統計調査」）は，大阪市・堺市・神戸市・京都市という領域となっている。

本書では，「大都市圏」を，「メトロポリス」ないし「シティ・リージョン」のイメージでとらえている。具体的には，「大阪大都市圏」を，中心都市＝大阪市と，周辺都市群＝大阪市を除く大阪府下の自治体，これらの一体化した圏域として把握している。

大都市圏ガバナンスとは

近年，大都市圏ガバナンス研究の新たな波が起こっている。大都市圏の経済・社会的規模と政治・行政単位の不一致という古典的テーマにくわえて，大都市圏をめぐる様々な問題が発生し，大都市圏とその統治のもつ重みが増してきたからである。グローバリゼーションの進展とともに，一方で大都市圏が一国経済の成長拠点として再認識され，他方で大都市圏への人口集中によって，貧困と格差，環境とエネルギーなどの問題が深刻化した。そして，大都市圏の統治のあり方いかんが，その地域はもちろんのこと，その地域をかかえる国家のあり方を左右する問題ともなってきたからである。

大都市圏の統治形態をめぐる問題は，20世紀初頭のアメリカ以来，政治学・行政学の研究・論争の主要テーマの1つであった。そこでは，主に，アメリカの大都市における郊外化に伴う，都市の経済社会的圏域と政治行政的単位との不一致をどう解決するかが課題とされていた。いわゆる「断片化」問題である。この断片化問題に対して，1940年代においては，公共サービス供給の効率性と公平性という観点から，「統合自治体形成論」が提唱された。これに対し1950年代には，公共選択論の立場から，統合自治体ではなく，自治体間の水平的競争により，消費者としての市民が各自治体の提供する受益と負担のパッケージを選択するという「多中心型モデル」が対置された。この2つのモデル，

すなわち，「統合自治体形成論」と「多中心型モデル」が大都市圏統治にかかわる論争の基底をなしてきた。その論争にまだ決着はついていない。

ところで，これらの大都市圏統治モデルは，自治体法人格取得の容易さ，特別目的地方政府への依存といったアメリカ特有の事情を反映している。また，1960年代以降，統合自治体形成の動きが強い政治的抵抗に遭遇し，「多中心型モデル」も実証性の点で問題があった。他方，都市化の進展とともに，アメリカでは自治体間連携を主唱する「ニュー・リージョナリズム」の流れが起き，ヨーロッパでは自治体合併が進み，たとえばフランスでは自治体間連携が推進されるなど，原理的な2つのモデル，すなわち「統合自治体形成論」「多中心・競争モデル」にはおさまらない状況が生まれてきた。

そこで2000年代以降提起されたのが，「大都市圏ガバナンス」という概念である。この概念においては，水平的・垂直的な政府間の協力関係，経済界や社会運動などの民間セクターの参画，諸アクターの行動や政治過程などが強調される。ただし，これらは，既存の大都市圏統治方式や中央政府の各種刺激策，地域の歴史や経済社会的な特性によって左右されざるをえない。普遍的な大都市圏モデルがあるという見方そのものに疑問符が付くところでもある。現時点では，誰もが認める普遍的大都市圏ガバナンス・モデルが打ち立てられているとは言いがたい。われわれの共同研究もまた，「大都市圏ガバナンス」という視点に立って進められてきたとはいえ，まだその緒についたところであり，大阪と釜山の実証的分析から論点を抽出するという段階にとどまっている。今後の本格的比較研究と普遍的モデルの構築については他日を期したい。

本書の構成

本書の内容は次の通りである。

序章「自立都市ネットワーク構想と大都市圏ガバナンスの課題」では，われわれの大都市圏ガバナンス研究の基本的な問題意識が示される。まず大都市圏ガバナンスをめぐる歴史的選択であった「大阪都構想」の変貌と帰結についてふれ，これからの議論においては，いきなり大都市制度（行財政制度）を問題にするのではなく，あるべき大都市像をあきらかにし，その上で制度論に取り

組む必要があることが強調される。ここでは，J. ジェイコブズに代表される巨大都市擁護論と，L. マンフォードに代表される地方分散論が対比して論じられている。これらの古典的議論を踏まえて，われわれが提起したのは，かつて提案された「自立都市ネットワーク構想」を再構築することである。大都市圏ガバナンスにおける最も基本的問題は，①大都市圏における住民自治と都市内分権，②大都市行財政における一体性と総合性をいかに実現するかにあることも指摘されている。

第 1 章「大阪大都市圏経済の衰退と再生」では，1980 年代後半から現在までの大阪大都市圏を事例にして，大都市圏経済を「中心都市」と「衛星都市」に分け，人口の動態と構成，産業構造，階級構造と地帯構造のクロスといった分析枠組に沿って分析する。その結果，2000 年代に入って「中心都市」の「衛星都市」に対する絶対的な優位性が低下していることから，大都市圏経済を再生する手がかりとして「自立都市ネットワーク構想」に注目し，「多心型ネットワーク」の可能性を検討している。

第 2 章「政治的争点としての大都市圏ガバナンス」では，2015 年 5 月 17 日に実施された特別区設置住民投票がわが国の大都市制度史で初めて住民の判断委ねられた，大都市制度改編の試みであったことに着目した。大都市を統治することの特性を整理しつつ，あわせて，歴史的に形成された大都市制度の「経路」にも配慮し，狭義の「大阪都構想」を分析し，さらに，住民投票にまで至った要因の分析と評価を試みた。

第 3 章「大都市圏ガバナンスと住民自治」では，大阪市の行政区およびその下位レベルを事例として，大都市制度を住民自治の観点から評価を試みたものである。大都市には，政策の面でも自治の主体の側面でも，外部との関係が看過できない特性がある。他方，規模の問題から大都市での参加を促進するためには都市内分権が重要となる。参加のチャンネルをより広範囲な参加者を含むものとし，かつ重層的なものとする必要がある。その観点から，都構想の議論と並行して行われた大阪市政改革を検証する。

第 4 章「大阪都構想と東京都区制度」では，大阪都構想が，事務配分では福祉・教育などに係る事務を東京都よりも多く特別区に移譲して東京都区制度の

"改良版"となりながら，財源配分では東京都以上に大阪府へ財源を集中させて東京都区制度の"改悪版"となっていることを指摘した上で，地方分権と住民自治の充実をめざすならば，戦時集権体制の名残である都区制度ではなく，行政区をベースに事務権限と課税権を有する基礎自治体（市）に大阪市を分割し，それらの対等・協力の下に「基礎自治体連合」を形成して，大阪市を「大阪連合都市」へと転生する構想を提案した。

　第5章「歪んだグローバル化と大都市圏経済」では，グローバル化によって国境を越えて機能する地球規模の生産ネットワークが築かれると，その統括拠点として少数の大都市が急成長し，世界都市を誕生させたとする。絶え間なく繰り返される大規模都市再開発は同時に投機マネーの受け皿となり，過剰蓄積を緩和する役割も担ってきた。その一方で，世界都市の成長は第2都市群の凋落をもたらしたのである。しかし，今や巨大都市を経済成長の牽引車とする戦略は神通力を失いつつある。「まちづくり産業振興」によって第2都市群の衰退に歯止めをかけ，大都市圏経済を再建する道を展望する。

　第6章「大都市圏ガバナンスの類型・再考」では，まず，大都市圏ガバナンスの定義や特徴を整理し，大都市圏政府の設立の形態と階層構造の変化という2つの変数から，国際比較研究の枠組としての5つの大都市圏ガバナンス・モデルを提示している。その上で，釜山大都市圏形成を歴史的に考察し，今後釜山大都市圏ガバナンスがうまく働くためには，「連携協力型」「消極的機能移転型」「積極的機能移転型」「統合型」の4つのモデルのうち，後者の2つを中心に議論を展開すべきだと主張している。

　第7章「北東アジア広域都市圏の発展戦略とガバナンス」では，筆者が近年行ってきた調査・研究をベースにして，韓国（釜山大都市圏），中国（青島大都市圏），日本（九州）における広域ガバナンスの生成と変容についての比較分析を試みている。その結果，広域圏ガバナンスの生成要因として，国内の政府間関係や地域政策の変化が重要であることが示される。また広域圏における事業レベルの協力に比べて，広域行政システムの定立は難しい側面を有する。

　終章「大都市圏の東アジア的特質とその未来」では，グローバル化が進む今日，これまでみられなかった広域的・複合的な都市的集積（新しい大都市圏）が

生み出されたが，その一方で，人口が減少し経済活動が縮小する縮小都市も生み出されたとみる。その両方で求められているのが（内容は異なるが）問題解決のためのガバナンスである。東アジアの中で激しい人口減少が予測される日本と韓国では，首都一極集中という共通点が第2位都市・大阪と釜山の停滞をもたらしたと言える。今後の大都市圏ガバナンスは変化に対応しなければならず，固定的・定型的なものではなくなるのではないかと指摘している。

　本書のもとになった共同研究は，2012～14年度大阪経済大学共同研究費（研究テーマ「地域主権改革と大都市制度――「大阪都構想」を手がかりとして――」）による支援に基づいて行われた。また，本書の出版にあたり，大阪経大学会から出版助成を受けた。本書は大阪経済大学研究叢書第83冊として出版されるものである。

2016年10月

編著者一同

大都市圏ガバナンスの検証
―― 大阪・アジアにみる統治システムと住民自治 ――

目　次

はしがき

序　章　自立都市ネットワーク構想と大都市圏ガバナンスの課題
　　　　……………………………………………………… 重森　曉…1
　　第1節　大阪都構想の変貌と帰結……………………………………1
　　第2節　2つの大都市像………………………………………………3
　　第3節　自立都市ネットワーク構想…………………………………6
　　第4節　広域行政と住民自治：自立都市ネットワーク構想の再構築……8

第Ⅰ部　大阪大都市圏の諸相

第1章　大阪大都市圏経済の衰退と再生……………………桑原武志…15
　　　　──自立都市ネットワーク構想を手がかりに──
　　第1節　大都市圏経済の分析枠組の検討……………………………15
　　第2節　大阪大都市圏経済を分析する………………………………18
　　第3節　大都市圏経済の再生…………………………………………33

第2章　政治的争点としての大都市圏ガバナンス…………柏原　誠…44
　　　　──「大阪都構想」住民投票に関する一考察──
　　第1節　特別区設置住民投票の意義…………………………………44
　　第2節　大都市の特徴と大都市制度の意義…………………………45
　　第3節　日本の地方自治体系における「大都市制度」とその特徴……49
　　第4節　大阪都構想の論点……………………………………………56
　　第5節　大阪都構想が争点化した要因の分析と評価………………71

第3章　大都市圏ガバナンスと住民自治……………………柏原　誠…78
　　　　──大阪大都市圏を事例として──
　　第1節　大都市圏ガバナンスの課題：住民自治の観点から………78
　　第2節　大都市自治の枠組みと考察対象の限定……………………87
　　第3節　指定都市の都市内分権：行政区・総合区・地域自治区…91

第4節　大阪市の区役所改革：区長公募制と区CM……………………98
　第5節　指定都市における区民参加制度：大阪市の区政会議…………101
　第6節　地域における協働型自治の再編：地域活動協議会……………103
　第7節　大都市における住民自治の方向性………………………………106

第**4**章　大阪都構想と東京都区制度………………………梅原英治…114
　第1節　都区制度からみた大阪都構想の検討……………………………114
　第2節　大阪と東京の地域構造の違い……………………………………116
　第3節　大阪都構想における特別区の規模………………………………119
　第4節　府区間の事務配分と特別区の事務権限…………………………123
　第5節　大阪府と特別区の行政組織と職員配置…………………………128
　第6節　府区間の財源配分と財政調整，財産処分………………………132
　第7節　特別区議会と大阪府・特別区協議会……………………………144
　第8節　ポスト大阪都構想としての「大阪連合都市」構想……………147

第**5**章　歪んだグローバル化と大都市圏経済……………遠州尋美…156
　第1節　グローバル化と都市システムの変容……………………………156
　第2節　歪んだグローバル化と世界経済成長率の傾向的低下…………157
　第3節　歪んだグローバル化がおよぼす都市システムへの影響………162
　第4節　歪んだグローバル化がもたらす絶対的過剰蓄積………………168
　第5節　歪んだグローバル化からの脱却…………………………………173
　第6節　大都市ガバナンスの課題と展望…………………………………177

第Ⅱ部　アジアの大都市圏をめぐって

第**6**章　大都市圏ガバナンスの類型・再考………………李　政碩…187
　　　　　──釜山大都市圏を事例にして──
　第1節　大都市圏ガバナンスの理解………………………………………187
　第2節　釜山大都市圏の形成とガバナンス論争…………………………198
　第3節　今後の釜山大都市圏ガバナンスの課題…………………………204

第4節　釜山大都市圏ガバナンスのための提言……………………207

第7章　北東アジア広域都市圏の発展戦略とガバナンス
　　　………………………………………………朴　在郁／柏原　誠 訳…213
　　　第1節　問題の背景：韓国における地域発展政策とその変化…………213
　　　第2節　先行研究と分析対象の検討………………………………………214
　　　第3節　広域圏別発展戦略と地域間連携協力戦略および事業…………221
　　　第4節　広域圏別連携協力政策および連携協力事業……………………223
　　　第5節　広域行政システムとガバナンスの比較…………………………227
　　　第6節　広域都市圏ガバナンスの展望……………………………………232

終　章　大都市圏の東アジア的特質とその未来…………加茂利男…243
　　　　──日本・韓国を中心に──
　　　第1節　グローバル化時代と新しい大都市圏の形成……………………243
　　　第2節　「縮小都市」と大都市圏ガバナンス……………………………248
　　　第3節　都市システムの集中度と都市の成長・縮小：日本・韓国……251
　　　第4節　これからの大都市圏ガバナンス…………………………………253

関連地図（大阪・釜山）　257
あとがき　259
人名索引　263
事項索引　264

序　章
自立都市ネットワーク構想と大都市圏ガバナンスの課題

重森　曉

第1節　大阪都構想の変貌と帰結

　2015年5月17日，大阪市において，大都市圏ガバナンスをめぐる歴史的選択が行われた。いわゆる「大阪都構想」にかかわる，「大阪市の廃止と5つの特別区の設置」案（特別区設置協定書）に対して，賛否を問う住民投票である。住民投票の有権者はおよそ210万人，問われたのは人口270万人のわが国の「第2都市」の存続か，廃止・分割かをめぐる問題である。その規模の大きさ，問題の重要性からして，まさに地方自治をめぐる壮大かつ深刻な選択であった。

　この住民投票は，2012年に成立した「大都市地域特別区設置法」にもとづくものであり，選挙費用に上限を設けない，投票当日も活動を認めるなど，比較的自由な雰囲気の中で行われた。そのため賛否をめぐる論戦は活発に展開され，有権者の関心もしだいに高まっていった。その結果は，66.83％という高い投票率にも示されている。

　中心の論点は，以下のようであった。賛成派は，大阪府・市の二重行政を解消し行政の効率化を図るとともに，大阪市の廃止と開発行政の一元化によって大阪経済に活力をよびもどすと主張した。反対派は，政令指定都市大阪市の廃止によって財源と権限は縮小し，行政サービスの削減と水準の低下・格差が生じると主張した。1世紀におよぶ大阪市としての自治の歴史と伝統を引き継ぐことの重要性も強調された。賛成派には，橋下改革への漠然とした期待があり，反対派には，橋下政治に対する根深い不信があった。

　投票結果は，賛成69万4844票，反対70万5585票，わずか1万741票の差ながら反対が賛成を上回った。その結果，提案は否決され，大阪市の現状通り

の存続が決定した。2010年1月，記者会見で「大阪府と大阪市の統合」を宣言して以来5年間，一貫して「大阪都」の実現をめざしてきた橋下徹氏の構想は潰え去り，橋下氏は「政治家をやめる」と宣言した。

　このように，ほんのわずかの差とはいえ，反対が賛成を上回り，大阪都構想が失敗に終わったのはなぜであろうか。その理由には様々なことがあげられようが，最も基本的な問題は，大阪都構想がこの5年間たびたび変化し，最終の住民投票の段階では，もはや「大阪都構想」とは言いがたいものに変貌をとげたということである。

　当初，大阪都構想が提起された時（2010年4月，大阪維新の会発足当時）には，グローバル競争に打ち勝つための都市開発行政の一元化が強調され，ONE大阪，グレーター大阪がスローガンとしてうちだされた。大阪府と大阪市を統合して大阪都を設けるとともに，大阪市の24区（8～9の特別区に再編）のみならず，堺市の7区（3つの特別区に再編）にくわえて，周辺の9自治体（豊中，吹田，守口，八尾，松原，大東，門真，摂津，東大阪の各市）をも特別区として大阪都に組み込むというものであった。

　ところがその後，この大阪都構想に対して，府県集権主義，開発優先主義，住民自治の軽視といった批判がまきおこると，新たに設置される特別区には中核市並の権限と規模が付与され，公選区長と公選議会が設けられることが強調されるようになる（2011年1月・統一地方選挙用マニフェスト，2011年11月・知事・市長選挙用マニフェストなど）。こうして，大阪都構想には，当初の「開発行政の一元化」（統合化）という原理にくわえて，「中核市並の特別区」（分権化）という新たな原理が加わり，この2つの原理の間を揺らぎ，変貌をとげていくことになる。

　まず，中核市並の特別区が提唱された2011年1月のマニフェストの段階で，周辺9市は特別区の枠からはずされ，堺市も，2013年9月市長選挙で現職の竹山修身氏が勝利することによって，都構想からの離脱が決定的となった。こうして，当初の「大大阪」の構想は崩れ，都構想の範囲は大阪市の24区内に限定されることになる。

　その大阪市においても，大阪府と大阪市の統合による「大阪都」の設立では

なく，大阪市の解体と特別区の設立という「分散化」に焦点があてられることになる。2012年8月に成立した「大都市地域特別区設置法」は，人口200万以上の大都市における「特別区」の設置に道を開いたが，「都」についてはなんら新しい法制をもりこまなかった。したがって，大阪府は大阪府のまま広域行政の権限と財源を付与されることになる。「大阪都」を実現するにはまた新たな法的措置が必要とされた。住民投票の賛否の対象とされたのは「大阪都」構想ではなく，大阪市を5つの特別区に分割するという「大阪市解体」案だったのである。

このように，大阪における開発行政の一元化をめざして打ち出された大阪都構想が，5年間の紆余曲折をへて，結局，大阪市の廃止と5特別区の設置という大阪市解体構想に変貌したこと，ここに大阪都構想失敗の最大の原因があったと言える。

第2節　2つの大都市像

このように，最終的な住民投票に至る過程で，大阪都構想は変貌をとげていったが，そこで主に議論されたのは，いわゆる二重行政の解消や都市内財政調整のあり方など，大都市行財政システムの問題であった。大都市制度を変えれば開発が進み，大阪の活性化がもたらされるという根拠のない主張がくりかえされた。大都市行財政システム改革の前提となるべき大都市像を明らかにし，その将来像を実現するために必要な改革を進めるといった視点がほとんど欠けたまま議論が進められたのである。大阪都構想が頓挫した後，これから議論されるべき大都市ガバナンス論においては，いきなり大都市制度（行財政制度）の改革を問題にするのではなく，あるべき大都市像を全市民的議論を通じて明らかにした上で，その将来像の実現をめざす行財政システムについて検討するといった方法がとられるべきであろう。そして，その大都市像について議論する場合，少なくとも次のような大都市像にかかわる古典的議論をあらためて想起することも必要かもしれない。すなわちL.マンフォードを代表者とする田園都市論の系譜，それに対するJ.ジェイコブズに代表される巨大都市擁護論

の系譜，この両者の相反する議論である。この2人の議論の中に，今日においても大都市圏の将来像を考える際に必要な，本質的要素が含まれていると思われるからである。

よく知られているように，マンフォードは，その代表作『都市の文化』（*The Culture of Cities*）において，パトリック・ゲデスの議論をふまえながら，都市の発展と衰退の歴史を次の6段階にわけて説明しようとした[(1)]。すなわち，①エオポリス（原ポリス），②ポリス，③メトロポリス，④メガロポリス（巨大都市），⑤ティラノポリス（専制都市），⑥ネクロポリス（死者の都市）の6段階である。

ここで注目すべきことは，マンフォードが巨大都市を衰退の始まりとして描いていることである。マンフォードにとって巨大都市は都市発展のシンボルではなく，それどころか衰退への一歩を示すものにほかならなかった。そして，次に来る専制都市では，経済や社会のいたるところに寄生状態がひろがり，さらに巨大都市は死者の都市へと変貌し，戦争・飢饉・疾病が都市と農村のいずれをも悩ませることになる。

そこで，マンフォードは，巨大都市にかわる新しい都市開発の方法として，①成長の規制と人口の制限，②土地の公有化，③都市的機能と農村的機能の調和を原理とする，E. ハワードの田園都市論を高く評価し，その採用を提唱する[(2)]。さらに，マンフォードは，都市計画を地域における共同教育の手段として位置づけ，都市計画における市民参加と自己学習を最も重視した。

このようなマンフォードの主張に対して，痛烈な批判を浴びせ，巨大都市評価に新たな視点をもちこんだのがジェイコブズであった。彼女は，ハワードからマンフォードに至る田園都市の主張は「分散派」とよぶにふさわしいとして，次のように述べている。

彼らの主張によると，「地域計画の根本的な目的は，大都市を地方に分散させ，都市の密度を減じ，都市の企業と人口をより小規模な分離した都市に，さらには『町』の規模にまで小さくしてしまうことであった[(3)]」。

そして，次のように批判する。

彼らは，大都市の失敗例だけを問題にし，成功例には無頓着である。「マン

フォード『都市の文化』のような本は，多分に陰気で偏見の多い，病気に関するカタログのような要素をもっていた」と。

ジェイコブズは，巨大都市を多様性と創造性の基盤であるとして次のように肯定的に評価する。

「大都市は多様性の発生源であり，さまざまな新企業やすべての種類のアイデアを生み出す大量生産の可能なふ卵器である。さらに，大都市は当然莫大な数の広大な範囲にわたる小企業の経済地盤でもある」。「都市は大きくなればなるほど企業の種類はますます多様性を増し，その小規模な企業の占める割合はどちらもますます大きくなる」と。

さらに注目すべきは，R.フロリダが指摘するように，グローバリゼーションが進行する現代，メガ地域（都市地域＝シティ・リージョン）が経済成長と発展の中心的な原動力となっているが，「最初にこのことに気づいたのは，偉大なる都市批評家ジェーン・ジェイコブズだった」ことである。

フロリダは，ジェイコブズによる「都市地域」論を，次のように説明している。

「ジェイコブズによれば，ダイナミックな都市は，その後背地と一体化して本格的な『都市地域』に発展する。都市で形成された技術やイノベーションによって，近郊の農地では大変革が起き，農村の住民は職を得ようと都市の近くへ移動する。都市の生産活動が増大すると，市民生活やインフラ整備と同時に，新しい技術やイノベーションにも多くの資金が流入するようになり，都市の周辺地域もその恩恵に与れるようになるというのである。」

以上のように，ジェイコブズに代表される巨大都市の積極的擁護論を採るのか，ハワードを起点としマンフォードに至る田園都市論（大都市の地方分散論）を基本とするのか，大都市圏ガバナンスを研究するにあたっては，まず，大都市の現実と将来像をどのようなものとして描くかが問われることになるであろう。

第3節　自立都市ネットワーク構想

　今からほぼ30年前，私は，大阪自治体問題研究所が組織した共同研究に参加し，その成果として出版された『大都市新時代――おおさか』（自治体研究社，1987年）の「エピローグ――おおさか・自立都市のネットワークをめざして」を執筆担当した。そこでは次のように書かれている。

　「巨大資本の自由な経済活動を優先させるだけの再都市化は，かならずや都市のアメニティを損ない，人間の生活の場としての都市を死に至らしめるに違いない。首都圏と同様に巨大資本優先の，しかもその二番煎じの都市づくりをすすめるのか，それとも大阪独自の個性的な都市づくりを構想するのか，まさに大阪は岐路にたたされている」と。

　そこで提唱されたのが，自立都市ネットワーク形成による大都市圏の再活性化であった。巨大都市による大都市圏の統合でもなく，国際的・国内的な都市間競争の組織化でもなく，中小規模都市群の自立と連携による大都市圏の再生を目標とすることを提唱したのである。

　その内容は，次のような3つの枠組みからなっていた。

　①都心部における巨大ビルの建設とそれによる住民の追い出しではなく，都心部にも良好な住宅と緑と静謐とおいしい空気を再生し，人間の住める街にする。

　②周辺「衛星都市」の自立化を図り，その自由かつ緊密な連携によって大都市圏全体の活力を高める。

　③大阪・京都・神戸の三極を軸とする多極型の大都市圏構造を生かし，それぞれの自立的発展と対等な協力共同関係を結ぶ。

　ここで，自立都市とは，人間の生存と発達が人々の自立と共同を通じて保障される場として都市を位置づけ，次のような条件をかねそなえた都市をつくることを意味していた。

　第1に，居住する地域において，労働の場が保障されること。そのためには都市独自の産業基盤が存在することが必要となる。

第2の条件は，消費生活の地域的条件が整っていることにある。衣・食・住の基礎的条件はもちろんのこと，保育・教育・医療・福祉などの公共的サービスや，文化・スポーツ・レクリエーションなどの諸条件がなければならない。

　第3に，都市内部の交通手段の整備があげられる。それぞれの都市と中心都市や国際空港などを結ぶ幹線のみが発達して各都市が「通過都市」化することなく，都市内部の自由な交流を優先させる都市交通網の整備である。

　第4に，住民の定住のために，水辺・緑・空気・静謐・町並み・景観などの環境と歴史的・文化的アイデンティティが保たれること。

　第5に，市民自治の存在である。自治体行財政が安定的な財政基盤の上で運営されるとともに，市民の自主的活動が展開され，互いに交流・連携しながら都市自治の強固な主体が形成されることである。

　このように，この時の「自立都市ネットワーク構想」は，大阪大都市圏のあるべき姿，目標となるべき方向性の概略を示したものであり，また，バブル経済のまっただ中で提起されたものであった。しかし，その後，バブルは崩壊し，長い経済的停滞が訪れ，グローバリゼーション，少子高齢化，社会インフラの老朽化，生活保護費の急増にみられる都市貧困層の集積など，大都市が解決しなければならない政策課題も大きく変化した。現在では自立都市への条件，すなわち，①都市の産業基盤，②消費生活の充足，③都市交通の整備，④環境と文化的アイデンティティ，⑤自治体行財政の確立と都市自治の主体形成などについても，あらためて詳細な再検討が必要となる。

　また，環境・エネルギー・防災・交通・医療など大都市圏全体にかかわる統一的広域行政のあり方，あるいは，大都市圏の中枢都市としての大阪市をどのように自立都市ネットワーク構想に組み込むかといった問題について，大阪都構想をめぐる議論などを踏まえて，あらためて再構築しなければならないであろう。

第4節　広域行政と住民自治：自立都市ネットワーク構想の再構築

（1）統一的広域行政

これまで，大都市圏全体にかかわる統一的広域行政のあり方，あるいは大都市圏の中枢に存在する大阪市について，私は概略次のように考えてきた[11]。

まず，自立都市ネットワーク形成による大都市圏再生という基本的な考え方を継承しつつ，それにくわえて，人間の居住空間・産業拠点としての農村を維持するとともに，都市・農村間の交流・連携を重視する視点が必要であるとしてきた。

このような視点から，統一的広域行政の主体として，特別市，府県，道州制などを比較してみた場合，府県がそれにふさわしいとしてきた。府県の場合は，広域行政・補完行政・調整行政の担い手として長年の経験があり，都市部と農村部の双方を視野に入れた行政を行う主体としては，今後とも果たすべき役割は大きいと考えられたからである。

それに対して特別市は，府県から独立し，府県と対等の権限と財源をもつ新たな大都市制度である。大都市ガバナンスの推進という点ではこれまで以上の効果を発揮するであろうが，大都市と周辺地域との一体的・総合的な広域行政がうまく機能するかどうかは疑問である。どうしても都市中心のシステムづくりとなるおそれがある。

また，関西大都市圏という視点からは，府県だけでなく府県をこえた関西規模の広域行政をどのように展開するかが検討される必要がある。その場合，府県廃止を前提とした全国画一的な道州制ではなく，現行の府県制を前提として，府県連合によるゆるやかな「関西州」を設けるという，当時の関経連の提案は検討に値するとしていた[12]。

以上のように，大都市圏における統一的広域行政については，都市・農村間の交流・連携を重視し，府県にその担い手としての役割を期待するというのが私の主張であった。

（2）住民自治

　大都市圏中枢都市のあり方については，私はその時点ではもっぱら住民自治ないし都市内分権の推進という観点からの問題提起を行っていた。

　「自立都市群ネットワーク」と「都市・農村間の交流・連携」による大都市圏ガバナンスにおいては，それぞれの地域における住民自治がなによりも前提となる。そして，住民自治を促進するためには，権限と財源を保障された基礎的自治体（市町村）の存在が不可欠であり，同時に，都市内・農村内における地域内分権が求められる。このように，住民自治と，その促進のための基礎自治体の確立，地域内分権の必要性を強調した上で，次のように指摘していた。

　「とりわけ，大阪市などの巨大化した政令指定都市内においては，これをいくつかに分割した上で，一般の市並みの権限と財源を与えることが必要である」[13]と。

　また，次のようにも述べていた。

　「大阪市の区には，公選制の区長も議会も存在せず，その権限は限られていて，市民参加のシステムはほとんどない。大阪市民の行政への参加を促進するためには，区の権限と財源を強化し，そこへの住民参加を保障することが必要である。しかし，政令指定都市内部の区には限界があり，大阪市における住民自治を保障するためには，大阪市を解体して，いくつかの一般市に再編することが最も近道である」[14]と。

　さらに，「中核市や特例市など人口規模の大きい都市においては，たとえばイタリアにおける地区住民評議会などを参考に，一定の権限と財源および住民参加のしくみをもった地区組織を設けることができるようにすべきである」[15]とも指摘している。

（3）自立都市ネットワーク構想の再構築

　このように，2003年の段階で，私は，大阪大都市圏における住民自治を推進するためには，大阪市の解体と24区の一般市への再編が最も近道であると主張していた。

　この主張は，大阪市の解体を認めるという点では今回の「大阪都構想」と相

似するところがある。しかし，その理念と内容は大きく異なっている。

　私の案は，自立都市ネットワーク形成による大都市圏再生の一環としての大阪市再編案であり，大都市内分権と住民自治の究極の選択としての大阪市分割案であった。また，大阪市の解体後に設置されるのは，権限と財源を保障された基礎的自治体としての一般市であり，区の合併等については最小限にとどめることを想定していた。

　これに対して「大阪都構想」による「大阪市解体」案は，経済開発戦略の一元化，二重行政の解消による効率化の手段であり，解体後に設置を予定されていたのは，基礎的自治体としてその規模・権限・財源等においてきわめて不完全な5つの「特別区」である。

　先にもふれたように，今回の住民投票は，いわゆる「大阪都構想」をめぐって行われるとされていたが，実際そこで問われたのは，政令指定都市大阪の廃止と分割についての賛否であった。そして，結果は，賛成と反対に二分された。そこには，「大阪市」に対する大阪市民の様々な思いがこめられている。

　すなわち，一方では，大阪市を解体するというリスクをおかしてまでもなんらかの改革を進めたいという，市政改革への思いがある。その背景には，大規模な経済開発を優先し失敗を繰り返してきた大阪市行政への批判，そして，生活空間としての大都市大阪の危機的状況への不安がある。また，都市官僚制とも言うべき大阪市行政の体質に対する根強い不信がある。

　しかし，他方では，大阪市解体論に対する不安もある。今回の住民投票には，大阪市における歴史的・文化的一体性と自治の伝統を守りたいという意志が示された。また，政令指定都市としての権限と財源が失われることによって，市民に対する行政サービスの範囲が狭められ，水準が下げられるのではないかという不安も広がった。さらに，大阪市を解体した場合，巨大都市内の格差をいかに調整するかについては，慢性的な財政悪化に悩む大阪市においてはきわめて大きな困難を伴うことも明らかにされている。

　このように，大阪市において住民自治を推進するための近道が大阪市の解体と区の一般市への再編であるとしても，そこにはまだ検討されるべき多くの課題が残されている。たとえば，大都市圏行政の一体性・総合性・効率性をどう

確保するか，あるいは自立都市ネットワークにおける中枢性・中心性をどう位置づけるかといった課題である。

大都市圏ガバナンスにおける最も基本的問題は，
①大都市圏ガバナンスにおける住民自治と都市内分権の推進
②大都市行政における中枢性・一体性・総合性・効率性の確保

という2つの課題をともに実現しうるようなシステムや運営をどう進めるかにある。①の課題を追求しようとすれば，基礎的な自治・行政単位はできるだけ狭域に設定される方がよいであろう。他方，②の課題を重視するならば，一定規模以上の広域行政単位がもとめられるであろう。このように背反する課題をともに実現しうる制度と運営はどうあるべきかが問われている。

「大阪都構想」はある意味ではこの課題にむけての1つの対応を示す試みであったとも言える。しかし，実際には，①の課題からみても，②の課題からみても，実に中途半端な「大阪市解体」策に堕してしまい，混乱を引き起こすだけに終わってしまった。

大阪大都市圏における大都市圏ガバナンスを構想するにあたっては，かねてからわれわれが提起してきた「自立都市ネットワーク構想」を基礎とすべきであろう。そこで，自立都市ネットワーク構想を再構築するにあたっては，周辺衛星都市の自立化と連携の強化，都市部と農村部の交流と連携という基本的枠組については維持されるべきである。ただ，大阪大都市圏の中枢都市として大阪市をどのように位置づけるのか，大都市圏ガバナンスにおける基本的課題，すなわち，①大都市圏における住民自治と，②大都市行政における一体性の確保という2つの課題をどのように実現してゆくかについては，なおしばらく慎重な検討が必要となろう。大都市圏ガバナンスをめぐる歴史的選択がなされた2015年5月の住民投票から半年，2015年11月22日に行われた大阪府知事・大阪市長のいわゆるダブル選挙では，大阪都構想の再設計・再挑戦を主張する候補が勝利した。今，とりわけ求められるのは，このような基本問題をめぐる市民参加による熟議である。

注
(1) マンフォード,1974,291-299頁。
(2) マンフォード,1974,392-399頁。
(3) ジェコブス,1977,29頁。
(4) ジェコブス,1977,30頁。
(5) ジェコブス,1977,166-167頁。
(6) フロリダ,2009,51頁。
(7) フロリダ,2009,53頁。
(8) 重森,1987,245頁。
(9) 重森,1987,245-246頁。
(10) 重森,1987,246-247頁。
(11) 重森,2003。
(12) 重森,2003,207-208頁。
(13) 重森,2003,208頁。
(14) 重森,2003,209頁。
(15) 重森,2003,209頁。

引用参考文献
ジェコブス,J./黒川紀章訳,1977,『アメリカ大都市の死と生』鹿島出版会(原著,Jacobs, Jane, 1961, *The Death and Life of Great American Cities*, Random House.)。
重森 曉,1987,「エピローグ――おおさか・自立都市のネットワークをめざして」大阪自治体問題研究所編『大都市新時代――おおさか』自治体研究社。
重森 曉,2003,「第5章 サステイナブル関西への行財政システム」大阪自治体問題研究所・関西地域問題研究会編『関西再生への選択』自治体研究社。
フロリダ,リチャード/井口典夫訳,2009,『クリエイティブ都市論』ダイヤモンド社(原著,Florida, Richard, 2008, *Who's Your City ?*, Basic Books.)。
マンフォード,ルイス/生田勉訳,1974,『都市の文化』鹿島出版会(原著,Mumford, Lewis, 1938, *The Culture of Cities*, Harcourt, Brace and Co.)。

第Ⅰ部

大阪大都市圏の諸相

第1章

大阪大都市圏経済の衰退と再生
——自立都市ネットワーク構想を手がかりに——

桑原武志

第1節　大都市圏経済の分析枠組の検討

(1) 本章の目的と構成

　序章で紹介された『大都市新時代——おおさか』(自治体研究社, 1987年) は, 1980年代中頃の大阪大都市圏を大阪府の単位でとらえ, 郊外の衛星都市から中心都市・大阪市そして大阪大都市圏全体の問題に視点を移しながら, これからの大阪大都市圏のあり方として, 「自立した衛星都市が連帯した都市ネットワーク」を提唱した。同書の特徴は, ①主役である中心都市・大阪市からではなく, ワキ役の衛星都市から大阪大都市圏を分析し, ②衛星都市を大阪という都市をつくる主役の座に躍り出させ, ③衛星都市の自立化をすすめ, それらのネットワークが大阪大都市圏を救うという処方箋を示したところにある。

　本章は, この『大都市新時代』の分析手法を受け継いで, 同書発刊から約30年経った2010年代半ばの大阪大都市圏経済を, 「中心都市」と「衛星都市」に分けて分析し, 大都市圏経済を再生する手がかりについて考えてみたい。具体的には, 第1節で, 大都市圏を「中心都市」と「衛星都市」に分ける分析視角について検討した後に, 大都市圏経済の分析枠組である(1)人口の動態と構成, (2)産業構造, (3)階級構造と地帯構造のクロス分析について検討する。続く第2節では, 第1節で検討した分析枠組にそって, 1980年代後半から現在までの大阪大都市圏経済について分析する。そして, 第3節では, 大都市圏経済を再生する手がかりについて, 自立都市ネットワーク構想に注目して考えてみたい。

　なお, 本章では, 大都市圏経済を検討する事例として大阪大都市圏をとりあげるが, それは, 住民基本台帳人口移動報告にもとづくいわゆる日本の三大都

市圏のうち，大阪大都市圏が単一の「中心都市」大阪市と「衛星都市」から構成される，いわばスタンダードな大都市圏の形をしているからでもある。詳しく説明すると，東京大都市圏は，大まかに言えば，東京23区を「中心都市」として，周辺に「衛星都市」群が取り巻く大阪大都市圏と同じスタンダードな形をしているが，人口だけでなく日本そして世界各国の企業が数多く集中している世界都市であるために世界レベルの様々な影響を受けやすいこと，日本の首都つまり政治行政の中心地であるために国家の影響を受けやすいことから特殊だと言える。次に，名古屋大都市圏は，名古屋市が「中心都市」であるが，周辺の豊田市にトヨタ自動車株式会社の本社があり，豊田市以外の「衛星都市」にも同社の関連する生産拠点が数多く集積しているなど，常に名古屋市が強い中心性を保っているとは言えず，周辺の「衛星都市」群が強い力をもつ場合もあって特殊だと言える。したがって，本章では，大阪を事例にして大都市圏経済について検討していきたい。

（２）大都市圏経済をみる分析枠組

①大都市圏の概念

それでは，まず，大都市圏の概念と大都市圏経済の分析枠組について整理しておこう。富田和暁によれば，大都市圏は「中心都市」と「周辺地域」から構成される。このうち「中心都市」とは大都市圏の核都市である行政市のことであり，人口規模が30万人以上で，昼間人口が常住人口を上回っていることが要件とされている。そして「周辺地域」とは「中心都市」と日常的な社会・経済的な結合関係が強い地域で，「中心都市」への通勤者率が10％以上だとされている。なお，富田は，大都市圏の具体的な地理的範囲を，「中心都市」への通勤行動面などから日常的生活圏と認められるものと定義している。そして，「周辺地域」は「衛星都市」や近郊・農山村から構成される。このうち「衛星都市」については，経済学，地理学，経済地理学，都市社会学などでは明確な定義づけがなされていないようである。『広辞苑』によれば，「衛星都市」とは「大都市の周辺にあって，大都市の機能の一環を果たす中小都市」だと説明されている。これに従えば，「衛星都市」とよく似た概念である「近郊」との違

いは,「衛星都市」が大都市の機能の一部を果たしている点にあると言えよう。

それでは,「中心都市」と「衛星都市」が果たす機能とは具体的にどのようなものなのだろうか。様々な文献から整理すると,次の12の機能があげられる。まず,「中心都市」の機能として,①就業の場としての機能,②ある商品の卸売・小売といった販売機能,③政治・行政機能,④企業本社などの中枢管理機能,⑤医療・教育といった高度に専門的なサービスを提供する機能,⑥不動産・法務・会計・広告・コンサルティング等企業本社部門へのサービスを提供する(いわゆるFIRE部門)機能,⑦産業機能(工業,商業,飲食店業,宿泊業,ファッション産業など),⑧金融機能,⑨交通の結節点機能,⑩芝居やコンサートなどのエンターテインメント・レクリエーション提供機能,⑪博物館や美術館といった文化提供機能,⑫住機能があげられるだろう。次に,「衛星都市」の機能については,実際の姿からイメージからすれば,上記の定義のうち,主として⑫住機能(いわゆるベッドタウン),⑦産業機能(工業都市,商業都市など),⑨交通の結節点機能(国際空港都市,乗換拠点都市),⑤教育機能(学園都市)といった機能があげられるのではないか。

さて,以上の「中心都市」,「衛星都市」の定義等を,本章で検討する大阪大都市圏にあてはめて考えてみると,大阪市が大都市圏の核都市・行政都市であることは誰もが認めるところであろう。大阪市の人口規模は約269万人(2015年10月1日現在)であり,先ほど紹介した定義の30万人以上という要件を満たしている。昼間人口は355万5100人(2015年国勢調査による)で,常住人口約269万人を上回っている(1960年から現在まで)。よって,大阪市が「中心都市」にあたると言えよう。

また,大阪府下の大阪市以外の自治体はいずれも「中心都市」である大阪市の周辺にあり,1つを除いて府下すべての市町村で大阪市への通勤・通学割合が10％以上となっていることから,「中心都市」と日常的な社会・経済的結合関係が強いと判断して,大阪市以外の大阪府下市町村を「衛星都市」とみてもよいだろう。

そして,本章では,使用する統計の関係上,「衛星都市」を,大阪府の分類に従って,①北大阪(吹田市,高槻市,茨木市,摂津市,島本町,豊中市,池田市,

箕面市，豊能町，能勢町），②東部大阪（守口市，枚方市，寝屋川市，大東市，門真市，四條畷市，交野市，八尾市，柏原市，東大阪市），③南河内（富田林市，河内長野市，松原市，羽曳野市，藤井寺市，大阪狭山市，太子町，河南町，千早赤阪村），④泉州（堺市，泉大津市，和泉市，高石市，忠岡町，岸和田市，貝塚市，泉佐野市，泉南市，阪南市，熊取町，田尻町，岬町）の4地域に分けて分析することにしたい。

②大都市圏経済の分析枠組

　次に，大都市圏経済の分析枠組について説明しよう。大都市圏経済の分析枠組として，(1)人口の動態と構成，(2)産業構造，(3)階級構造と地帯構造，の3点に注目する。詳しく言えば，(1)人口の動態とは，人口総数の推移，人口の自然動態（出生・死亡）・社会動態（転入・転出）による増減や将来推計人口を，そして，人口の構成とは，年齢別，行政地区別の構成，昼夜間人口比率などを分析する。(2)産業構造については，都市の産業構成を，事業所・企業統計調査，経済センサス，国勢調査といったデータを利用して，事業所数・従業者数の推移，域内生産力，第3次産業化といった大まかな指標を中心に分析する。最後に，(3)階級構造と地帯構造については，たとえば，高額所得者と低所得者といった階級がどのような地帯（都心，郊外・衛星都市）に居住しているのかといったクロス分析を行う。

　次節では，以上の分析枠組にそって，大阪大都市圏経済の分析を進めていきたい。

第2節　大阪大都市圏経済を分析する

(1) 人口の動態と構成

　それでは第2節では，大阪大都市圏経済について，先行研究である『大都市新時代——おおさか』を受け継いで，「大都市圏全体」，「中心都市」，「衛星都市」に分けて，(1)人口の動態と構成，(2)産業構造，(3)階級構造と地帯構造の分析枠組にそって分析していきたい。なお，分析対象時期は，『大都市新時代』の後すなわち1980年代後半から現在までの約30年間とする。

　まず，人口の動態と構成について，「大都市圏全体」からみてみよう。2015

（平成27）年10月1日現在の大阪大都市圏全体（大阪府）の人口は約884万人であり（2015年国勢調査による），人口の増加幅では1947（昭和22）年以来68年ぶりに減少を記録したという。これは三大都市圏で初めてのことであり，東京大都市圏と名古屋大都市圏よりも早く減少が始まったことになる。

次に，「中心都市」大阪市の人口についてみてみよう。大阪市の人口総数は，1965（昭和40）年の約316万人を戦後のピークとして，高度成長期は人口が郊外に流出して減少傾向にあった。しかし，少子高齢化の進展とともに，2004（平成16）年以降自然増減がマイナスを示す一方，2000年以降は転入超過であるために全体として微増となっている。

ここで注目すべきは，転入超過の主な原因として「都心回帰」の動きが指摘されていることである。とくに，大阪市中央区・北区・福島区・西区・天王寺区・浪速区といった中心部で人口が増加している。これに関連して，日本政策投資銀行のレポートでも，環状線内でマンション等の住宅が多く建設されていること，環状線内側に流入している人口が20代後半から40代前半の若いDINKSや単身者であることが推測・指摘されていた。

なお，大阪市の将来推計人口については，①2010（平成22）年を100として，2025年は95.8，2040年は86.0と減少する。②年少人口は，2005年に12.1％だったのが，2025年には10.0，2040年には8.8に，老年人口は，2005年に20.4％だったのが，2025年には28.4，2040年には35.4になると予測されている。つまり，現在，人口がわずかに増えている大阪市にも，近い将来，人口減少時代が到来し，少子高齢化が今以上に進むことになる。

それでは，最後に，「衛星都市」の人口について分析しよう。表1－1は，大阪大都市圏の人口推移の動向を，「大都市圏全体」，「中心都市」，「衛星都市」に分けて，増加傾向を＋で，減少傾向を－であらわしている。これをみて分かることは，①1980年代は，「中心都市」，「衛星都市」，「大都市圏全体」ともに人口が増加したこと，②1980年代末～1990年代は，「中心都市」で人口が減少したが，「衛星都市」は基本的に増加したことである。そして，「大都市圏全体」では減少から増加に転じた。③おおよそ2000年代に入ると，「衛星都市」で人口減少がみられるようになり，とくに2010（平成22）年以降は，年毎の減

表1-1　大阪大都市圏における人口推移の基本的動向

	戦後直後〜1960年代前半	1960年代後半〜80年代初め	1980年代	1980年代末〜90年代	2000年代初め〜2011年	2012年〜現在
大都市圏全体	＋	＋	＋	－→＋	＋	－
中心都市	＋	－	＋	－	＋	＋
衛星都市合計	＋	＋	＋	＋	－	－

(注)　＋は増加，－は減少を意味する。
(出所)　各年国勢調査によるデータをもとに筆者作成。国勢調査間の推計人口は，国勢調査結果より補正したものである。

少幅が徐々に大きくなり減少が目立つ。その一方で，「中心都市」では人口が増加している。大阪大都市圏全体でみると，「衛星都市」の減少分が「中心都市」の増加分よりも大きいため，2012（平成24）年から減少傾向にある。

また，戦後直後から高度成長期にかけては，「中心都市」の人口数が「衛星都市」よりも多かったが，1964（昭和39）年に，「衛星都市」の人口が「中心都市」を初めて上回った。それ以後，一貫して「衛星都市」の人口の方が「中心都市」よりも多い。そして，大阪大都市圏（大阪府）人口に占める「中心都市」と「衛星都市」の割合をみると，1960（昭和35）年までは「中心都市」の占める割合の方が55％程度と「衛星都市」よりも高かったが，それ以後「衛星都市」の占める割合は約70％と高い。なお，「衛星都市」の人口のピークは1998（平成10）年で，「中心都市」のピークである1965年よりも約30年遅い。

ここで重要なことは，「中心都市」大阪市は1999（平成11）年以降人口が増加しているが，2000年代に入って「衛星都市」と「大都市圏全体」で減少傾向がみられることである。

ところで，将来推計人口については，衛星都市を4地域に分けてみると，4地域すべてで人口減少が予測されているが，その程度の差に違いがある。すなわち，北大阪地域と泉州地域では緩やかな減少が，東部大阪地域と南河内地域では大幅な人口減少が予測されている。とくに，2010（平成22）年時点で，4地域で最も人口が多い東部大阪地域では，30年後の2040年には，2010年と比べて20.4％（42万人）も人口が減少し，高齢化率も38.4％と4地域で2番

目に高くなると予測されている。そして，4地域で最も人口減少の幅が大きく予測されているのが南河内地域で，2040年には2010年と比べて23.4％（15万人）も人口が減少し，高齢化率も39.2％と4地域で最も高くなると予測されている。

　以上，大阪大都市圏の人口の動態と構成について分析してきたが，大阪大都市圏の人口は，すでに1960年代に「中心都市」から「衛星都市」へとウェイトを移していたことが分かった。そして，2000年代に入って，大阪大都市圏全体で人口の減少傾向がみられるようになったが，その要因は高度成長期に中心都市の住機能の一部を担った「衛星都市」における人口減少にあった。その一方で，2000年代に，「中心都市」では都心回帰によって人口がわずかに増加しているが，近い将来，「中心都市」でも人口減少に加えて少子高齢化が進むことが予測されている。つまり，これから大阪大都市圏は，「衛星都市」の中でも東部大阪地域と南河内地域でさらに人口が減少して4地域の差がより鮮明になり，「衛星都市」だけでなく「中心都市」そして「大都市圏全体」でも人口が減少していくのではないだろうか。言いかえると，今，大阪大都市圏は，「縮小都市時代」の入口にさしかかっていると言える。

（2）産業構造

　それでは，次に，産業構造について検討しよう。まず，事業所数，従業者数の推移をみてみよう（表1-2，表1-3）。事業所数の推移をみると，「大都市圏全体」（大阪府）では，1986（昭和61）年以降増加して，1991（平成3）年にピークを迎えて，以後減少傾向にある。「中心都市」大阪市では，最も早く1986年にピークを迎えているが，「衛星都市」では「中心都市」よりも10年遅い1996年にピークを迎えており，「中心都市」に比べてワンテンポ遅れて減少し始めている。従業者数の推移をみると，「中心都市」，「衛星都市」，「大都市圏全体」のピークはいずれも1996年で，その後いずれも減少傾向を示している。

　ここで興味深いのは，事業所数で，「大都市圏全体」に占める割合をみた時に，「中心都市」の占める割合の方が高かったのが，1996年以降は「衛星都市」の方が高くなり，2012年には54％を占めるに至っていることである。ま

第Ⅰ部　大阪大都市圏の諸相

表1-2　大阪大都市圏における事業所数の推移

	1981(S56)年		1986(S61)年		1991(H3)年		1996(H8)年		2001(H13)年		2006(H18)年		2012(H24)年		1986～2012年
	事業所数	%	事業所数	%	事業所数	%	事業所数	%	事業所数	%	事業所数	%	事業所数	%	
大都市圏全体(大阪府)	524,884	100	538,158	100	541,343	100	533,566	100	483,964	100	428,247	100	408,713	100	▲129,445
中心都市(大阪市)	274,013	52	276,229	51	272,893	50.4	263,157	49	232,804	48	201,462	47	189,234	46	▲86,995
衛星都市合計	250,871	48	261,929	49	268,450	49.6	270,409	51	251,160	52	226,785	53	219,479	54	▲42,450
北大阪地域	57,627		62,046		64,119		64,542		61,463		55,976		56,401		▲5,645
東部大阪地域	100,803		102,836		104,646		104,452		94,605		84,650		79,756		▲23,080
南河内地域	20,744		22,787		24,926		26,020		24,888		21,273		20,697		▲2,090
泉州地域	71,697		74,260		74,759		75,395		70,204		64,886		62,625		▲11,635

(出所)　各年『大阪府統計年鑑』より筆者作成。元データは事業所統計調査、事業所・企業統計調査、経済センサス。

表1-3　大阪大都市圏における従業者数の推移

(単位：人)

	1981(S56)年		1986(S61)年		1991(H3)年		1996(H8)年		2001(H13)年		2006(H18)年		2012(H24)年		1986～2012年
	従業者数	%	従業者数	%	従業者数	%	従業者数	%	従業者数	%	従業者数	%	従業者数	%	
大都市圏全体(大阪府)	4,397,297	100	4,605,832	100	5,074,032	100	5,220,923	100	4,778,808	100	4,450,505	100	4,334,776	100	▲271,056
中心都市(大阪市)	2,472,975	56	2,499,277	54	2,725,775	54	2,728,539	52	2,427,045	51	2,216,895	50	2,192,422	51	▲306,855
衛星都市合計	1,924,322	44	2,106,555	46	2,348,257	46	2,492,384	48	2,351,763	49	2,233,610	50	2,142,354	49	35,799
北大阪地域	503,476		561,327		639,339		689,105		645,813		618,042		597,809		36,482
東部大阪地域	744,486		809,932		885,525		910,603		854,836		802,116		762,086		▲47,846
南河内地域	145,659		171,407		200,502		222,838		216,878		187,878		178,888		7,481
泉州地域	530,701		563,889		622,891		669,838		634,236		625,574		603,571		39,682

(出所)　各年『大阪府統計年鑑』より筆者作成。元データは事業所統計調査、事業所・企業統計調査、経済センサス。

表1-4 大阪大都市圏における第3次産業（就業者）の占める割合の推移

(％)

	1985 (S60) 年	1995 (H7) 年	2010 (H22) 年	1985〜2010年
大都市圏全体（大阪府）	62.1	65.8	74.7	12.6
中心都市（大阪市）	63.6	67.4	76.9	13.3
衛星都市合計	61.4	65.1	73.8	12.4
北大阪地域	68.2	70.7	77.9	9.7
東部大阪地域	57.0	60.7	70.3	13.3
南河内地域	61.9	64.9	73.3	11.4
泉州地域	59.7	64.7	74.0	14.3

（注）　年ごとに第3次産業の内容が異なることがある。
（出所）　各年『大阪府統計年鑑』より筆者作成。元データは国勢調査。

た，従業者数では，やはり「中心都市」の割合が高かったが，2000年代に入って「衛星都市」と同じぐらいの割合にまで低下している。

以上の分析より，事業所数，従業者数の推移からみた大都市圏経済は，「中心都市」，「衛星都市」そして「大都市圏全体」でも，事業所数，従業者数ともに減少傾向にあり，大阪大都市圏経済は縮小しつつあると言える。そして，「中心都市」よりも「衛星都市」経済の占めるウェイトの方が高くなっているようにみえる。なお，域内総生産額（名目）をみても，1996（平成8）〜2009（平成21）年の間で，「大阪大都市圏」，「中心都市」ともに減少しており，大阪大都市圏経済が縮小しつつあると言えるのではないか。

次に，大都市圏経済を，国勢調査の結果から，第1・2・3次産業別就業者割合で大まかに分析してみよう。『大都市新時代』では，1980年代前半の大阪大都市圏経済の特徴として，1970年代よりも第3次産業化（ソフト産業化）が進んだことを指摘していた。実際に，1980年代後半以降，第3次産業の割合はさらに高くなっていったのであろうか。表1-4をみると，「大都市圏全体」では，1985（昭和60）年に第3次産業が62.1％だったのが，1995（平成7）年には65.8％，2010（平成22）年には74.7％と，第2次産業のウェイトが低く，第3次産業が高くなっていることが分かる。この傾向は，「中心都市」，「衛星都市」でもみられるが，1985年当時最も第3次産業の割合が高かったのは「中心都市」の63.6％で，25年後（2010年）も「中心都市」が76.9％と最も

高い。そして，この 25 年間で第 3 次産業化が最も進んだのは「中心都市」であった（13.3 ポイント増加）。

「衛星都市」を 4 地域で比べてみると，2010（平成 22）年で最も第 3 次産業化が進んでいる地域は北大阪地域の 77.9％，続いて泉州地域の 74.0％，最も低かったのは東部大阪地域の 70.3％であった（表 1-4）。また，1985（昭和 60）年と 2010 年の変化をみてみると，この 25 年間で第 3 次産業化が顕著に進んだのは，泉州地域と東部大阪地域であった。とくに東部大阪地域は，第 2 次産業のウェイトが他地域や中心都市と比べて 29.2％（2010 年）と高い。他地域と同じく第 3 次産業化が進展しながらも，中小企業集積・産業集積を擁するものづくりに長けた東部大阪地域らしい特徴が現在でもうかがえる。

ここで，ものづくり産業すなわち明治中期からの大阪の主要産業であった製造業に注目してみると[21]，国勢調査における製造業就業者数では，①「大都市圏全体」，「中心都市」，「衛星都市」の中で，「衛星都市」の占める割合が 29.1％（1985 年），24.2％（1995 年），17.8％（2010 年）といずれの時点においても最も高い（表 1-5）。②しかし，「大都市圏全体」，「中心都市」，「衛星都市」すべてで製造業就業者数が減少しており，1985（昭和 60）年から 2010（平成 22）年までの 25 年間で，「大都市圏全体」で減少した製造業の就業者数約 53 万人のうち 63％を「衛星都市」が占めていることになる。③「衛星都市」4 地域で比べると，東部大阪地域はとくに製造業就業者の占める割合が高いが，その数は減少し，その割合も 33.7％（1985 年），28.4％（1995 年），21.3％（2010 年）と低下している。さらに東部地域の中でも，大東市，東大阪市，八尾市がとくに高い。大阪大都市圏を代表する産業の製造業は，「中心都市」大阪市で減少し，そのウェイトを低めたが，「衛星都市」の東部大阪地域ではまだ根強く残っていると言える。

しかし，先にみたように，近い将来，東部大阪地域で大幅な人口減少と高い高齢化率が予測されており，これまで製造業が高いウェイトを示していた大阪大都市圏経済に，今後さらなる変化がもたらされることがうかがわれる。言いかえれば，大阪大都市圏経済の主要な生産センターである東部大阪地域が衰退する可能性が高いと言えるかもしれない。

第1章　大阪大都市圏経済の衰退と再生

表1-5　衛星都市・東部大阪地域における製造業就業者数の推移

	1985 (S60) 年			1995 (H7) 年			2010 (H22) 年			1985~2010年
	総数	うち製造業	%	総数	うち製造業	%	総数	うち製造業	%	製造業
大都市圏全体(大阪府)	3,985,835	1,137,102	28.5	4,320,530	1,014,725	23.5	3,508,131	606,922	17.3	▲530,180
中心都市(大阪市)	1,305,314	357,611	27.4	1,327,433	291,865	22.0	1,023,172	163,544	16.0	▲194,067
衛星都市全体	2,680,521	779,491	29.1	2,993,097	722,860	24.2	2,484,959	443,378	17.8	▲336,113
東部大阪地域	932,499	313,810	33.7	1,034,321	294,113	28.4	811,186	172,906	21.3	▲140,904
北河内地域	529,621	162,766	30.7	597,575	152,980	25.6	471,632	90,377	19.2	▲72,389
うち守口市	75,637	24,095	31.9	79,291	20,740	26.2	55,683	10,745	19.3	▲13,350
うち門真市	67,176	21,356	31.8	73,318	19,240	26.2	49,451	10,459	21.2	▲10,897
うち大東市	55,947	20,718	37.0	63,346	18,907	29.8	52,195	12,381	23.7	▲8,337
中河内地域	402,878	151,044	37.5	436,746	141,133	32.3	339,554	82,529	24.3	▲68,515
うち東大阪市	245,909	93,171	37.9	262,750	85,135	32.4	200,771	48,634	24.2	▲44,537
うち八尾市	124,642	45,653	36.6	135,130	43,152	31.9	107,207	25,818	24.1	▲19,835

(注)　年ごとに産業分類の内容が異なることがある。
(出所)　各年『大阪府統計年鑑』より筆者作成。元データは国勢調査。

また，大阪大都市圏で第3次産業化がこれからも進むと予測できるが，それが新しい地域のリーディング産業となるかどうかは分からない。古い産業構造のまま経済活動が縮小しているのが現状であり，大都市圏経済が「賢く縮小」できればよいが，衰退につながる危険性も高い。

　以上，大阪大都市圏経済の産業構造について，「大都市圏全体」，「中心都市」，「衛星都市」に分けて大まかに分析してきたが，分かったことをまとめると，①大阪大都市圏では，この30年間で，「大都市圏全体」，「中心都市」，「衛星都市」ともに経済活動が縮小している。②「大都市圏全体」，「中心都市」，「衛星都市」ともに，1970・80年代よりも第3次産業化が進んだ。③かつて大阪大都市圏の主要産業であった製造業は，「大都市圏全体」，「中心都市」，「衛星都市」すべてにおいて減少したが，とくに「中心都市」よりも「衛星都市」の東部大阪地域で高いウェイトを示しており，根強く残っている。④とくに事業所数でみると，「中心都市」よりも「衛星都市」が占める割合が高くなっており（従業者数ではほぼ同じ），大都市圏経済の中心が次第に「中心都市」から「衛星都市」に移りつつあるとみることもできるのではないだろうか。

（3）階級構造と地帯構造のクロス分析

　それでは，最後に，階級構造と地帯構造とのクロス分析をしてみたい。ここでは，(a)完全失業率，(b)ホームレス数，(c)生活保護率，(d)市民所得，(e)就学援助率という5つの指標で，階級構造と地帯構造との関係をみてみよう。なお，これは，大阪大都市圏経済の言わば光と影の「影」の部分であり，『大都市新時代』ではあまり考察されていなかった点である。

　まず，(a)完全失業率については，全国平均は，1980～90年代前半までは1～2％台と低かったが，1999，2000年に4.7％，2001年に5.0％，2002年に5.4％と1990年代末から高くなり始め，問題視されるようになった。そういった中，大阪府を含む関西地域は，2001年のワースト2位が大阪府で7.2％，3位が京都府で6.3％，4位が兵庫県で6.2％と，全国平均よりもかなり失業率が高い地域であった。[22]

　同時期の大阪大都市圏をみると，2000年の大阪大都市圏全体（大阪府）の完

第1章　大阪大都市圏経済の衰退と再生

表1-6　完全失業率（大阪府下地域別，2000（H12）〜2010（H22）年）

市町村	2000年 完全失業率（％）	2010年 完全失業率（％）	2000〜2010年
大都市圏全体（大阪府）	7.0	8.0	1.0
中心都市（大阪市）	9.1	9.1	0.0
衛星都市合計	6.1	7.5	1.4
北大阪地域	5.4	6.6	1.2
東部大阪地域	6.5	8.0	1.5
南河内地域	6.3	8.3	2.0
泉州地域	6.3	7.6	1.3
北大阪地域	5.4	6.6	1.2
能勢町	3.3	6.9	3.6
豊能町	4.0	6.3	2.3
池田市	4.8	6.8	2.0
箕面市	4.6	6.0	1.4
豊中市	5.7	6.4	0.7
吹田市	5.3	6.2	0.9
茨木市	5.2	6.7	1.5
高槻市	5.8	6.9	1.1
島本町	4.6	6.2	1.6
摂津市	5.6	8.2	2.6
東部大阪地域	6.5	8.0	1.5
枚方市	5.7	7.4	1.7
寝屋川市	6.8	8.5 W ⑧	1.7
交野市	5.6	7.9	2.3
守口市	7.3 W ⑤	8.1	0.8
門真市	8.0 W ②	10.0 W ④	2.0
四條畷市	6.4	8.4 W ⑨	2.0
大東市	7.5 W ④	9.2 W ⑦	1.7
東大阪市	6.2	7.6	1.4
八尾市	6.7	7.8	1.1
柏原市	6.4	7.4	1.0
南河内地域	6.3	8.3	2.0
松原市	8.3 W ①	11.5 W ①	3.2
藤井寺市	6.7	9.4 W ⑥	2.7
羽曳野市	5.8	7.2	1.4
大阪狭山市	6.2	7.1	0.9
富田林市	5.8	7.9	2.1
太子町	5.0	6.0	1.0
河南町	4.7	7.5	2.8
千早赤阪村	4.8	6.2	1.4
河内長野市	5.1	6.7	1.6
泉州地域	6.3	7.6	1.3
堺　市	6.2	7.3	1.1
高石市	6.0	8.1	2.1
泉大津市	6.7	7.1	0.4
和泉市	6.4	7.6	1.2
忠岡町	7.6 W ③	11.1 W ②	3.5
岸和田市	6.9	6.9	0.0
貝塚市	5.9	8.0	2.1
熊取町	5.1	6.2	1.1
泉佐野市	6.3	7.8	1.5
田尻町	5.9	5.9	0.0
泉南市	5.7	10.1 W ③	4.4
阪南市	6.5	9.6 W ⑤	3.1
岬　町	5.6	8.3 W ⑩	2.7

（注）　1：Wはワースト，丸数字は衛星都市内での順位を示す。
　　　　2：2000年の堺市の数値は美原町を合わせたものである（2005年に合併）。
（出所）　総務省統計局，2007，同，2016より筆者作成。元データは，2000年，2010年国勢調査結果。

全失業率は 7.0％，「中心都市」大阪市は 9.1％，「衛星都市」は 6.1％と，とくに「中心都市」が高い（表 1-6）。そして，失業率が高い「中心都市」内では，寄せ場で有名な「釜ヶ崎」のある大阪市西成区で 18.1％，大正区で 11.1％，浪速区，港区，平野区，此花区で 10％台と 6 区で 2 桁の高失業率を示していることが分かる。一方，「衛星都市」では，北大阪地域こそ 5％台と低い方だが，松原市 8.3％，門真市 8.0％，忠岡町 7.6％，大東市 7.5％，守口市 7.3％と，「中心都市」周辺の「衛星都市」で高い失業率を示していた。

　その後，高かった失業率はどう変化したのであろうか。10 年後の完全失業率（2010 年）をみると（表 1-6），大阪大都市圏全体（大阪府）で 8.0％，「中心都市」大阪市で 9.1％，「衛星都市」全体で 7.5％と，「中心都市」は高いまま，「大都市圏全体」そしてほぼすべての「衛星都市」で失業率が悪化したことが分かる。そして，失業率がとくに高い「中心都市」では，西成区 17.9％，浪速区 12.5％，淀川区 11.8％等 5 区で 2 桁を超える高失業率を示している。また，「衛星都市」では，南河内地域と東部大阪地域の失業率が高く，北大阪地域が低い。詳しくみると，失業率の高い方から，松原市 11.5％，忠岡町 11.1％，泉南市 10.1％，門真市 10.0％，阪南市 9.6％，藤井寺市 9.4％と，大阪市に近い南河内地域と東部大阪地域（中でも北河内地域），泉州地域に高失業率の「衛星都市」が集中していること，2000（平成 12）年よりも失業率が高くなり，高失業率地域が広がっていることが分かる。

　それでは，次に，(b)ホームレス数についてみてみよう。厚生労働省「ホームレスの実態に関する全国調査（概数調査）」(2015（平成 27）年)によれば，「大都市圏全体」(大阪府)のホームレス数は 1657 人であり，全都道府県で最も数が多く，しかもその 92％の 1527 人が「中心都市」大阪市に集中している。完全失業率が急速に高まった 2000 年代初め頃から，大阪府は都道府県，大阪市は政令指定都市の中でホームレス数がほぼワースト 1 位のポジションにあり，「中心都市」に貧困が集中していることが分かる。

　なお，インタビュー調査の結果，大阪府のホームレスは，高度成長期に来阪し，建設関連業種や製造関連業種で就業していたが，バブル崩壊後に職を失った結果，ホームレスになった人が多いことが分かった。

第1章 大阪大都市圏経済の衰退と再生

表1-7 大阪大都市圏の生活保護率（2014（H26）年）：高い順，低い順

高い順

	自治体名	‰
1	大阪市	55.50
2	門真市	50.61
3	守口市	42.50
4	東大阪市	41.57
5	寝屋川市	31.96
6	堺市	30.90
7	岸和田市	30.47
8	八尾市	29.74
9	羽曳野市	27.34
10	豊中市	26.32
11	藤井寺市	26.29
12	松原市	25.73
13	富田林市	25.47

低い順

	自治体名	‰
1	能勢町，豊能町	4.08
2	島本町	5.06
3	池田市	8.81
4	太子町，河南町，千早赤阪村	8.87
5	箕面市	9.05
6	大東市	10.28
7	阪南市	11.30
8	大阪狭山市	12.68
9	交野市	13.58
10	茨木市	14.27

（注） 大阪市・堺市は2014年度3月末日の数値。それ以外の大阪府・府下自治体の数値は2014年6月時点のもの。
（出所） 大阪府，2014，大阪市『福祉事業統計表』，堺市『堺市統計書』より筆者作成。

(c)生活保護率については，全国では，1985（昭和60）年に11.8‰と高かったが，1995（平成7）年には7.1‰と低下し，その後，上昇し続けて2013（平成25）年には17.0‰となった。この全国平均値を大幅に上回っているのが大阪大都市圏である。大阪大都市圏全体（大阪府）は全国で最も生活保護率が高い地域であり，2012（平成24）・13年には34.2‰と高い数値を示している。[27]その中でも，とくに「中心都市」大阪市の生活保護率がずば抜けて高く，2012年には57.1‰の最高値を記録した。2014（平成26）年は少し低下して55.5‰となったが，「中心都市」内では，西成区の237.5‰を筆頭に，浪速区，生野区，平野区，東住吉区，住吉区，東淀川区，大正区，住之江区と大阪市平均を超える区が9つもあり，最も低い福島区でさえ13.2‰と，他市と比べると決して低くない数値を示している。[28]「衛星都市」をみると（表1-7），2014（平成26）年のデータで，高い順から，門真市，守口市，東大阪市，寝屋川市，堺市と，「中心都市」大阪市を取り巻く「衛星都市」とくに東部大阪地域で生活保護率が高くなっていることが分かる。

(d)市民所得についてみてみよう。大阪大都市圏全体（大阪府）でみると，

2000年代に入って，府民所得が28兆円（2001（平成13）年度）から26兆5000億円（2013（平成25）年度）へと減少した。「中心都市」大阪市の場合も，市民所得は10.8兆円（1996（平成8）年度）から8兆円（2009（平成21）年度）へと，1990年代後半から2000年代にかけて低下している。しかも，「中心都市」大阪市に年間世帯収入300万円未満の世帯が集中している。そして，「衛星都市」をみると，とくに門真市，大東市，東大阪市で年間世帯収入300万円未満世帯が40％台，他の中心都市周辺の「衛星都市」5市でも30％台を示しており，「中心都市」だけでなく，その周辺の「衛星都市」にも貧困が集中し，所得階層に住み分けが生じていることが分かる。

　最後に，(e)就学援助率についてみてみよう。この指標は，保護が必要な児童生徒数を公立小中学校児童生徒数で除して算出したものであり，国立および私立学校の児童生徒は入っていないことに留意しなければならない。ここで言う就学援助とは，市町村が，経済的な理由で就学困難と認められる児童生徒の保護者に対して行う必要な援助のこと（学校教育法第19条）であり，具体的には，学用品費，体育実技用具費，通学用品費，通学費，修学旅行費，学校給食費，クラブ活動費等を補助対象としている。なお，就学援助の対象者には要保護者と準要保護者があり，要保護者とは生活保護法第6条第2項に規定される者で，準要保護者とは市町村教育委員会が要保護者に準ずる程度に困窮していると認める者とされており，その具体的な認定基準は各市町村の規定による。ここでは，より広く貧困の実態を確認するために，公立小中学校児童生徒に占める準要保護児童生徒数の割合に注目する。

　表1-8をみると，2009（平成21）年の就学援助率は，大阪大都市圏全体（大阪府）で24.15％，「中心都市」大阪市で30.73％，「衛星都市」で21.94％と，「中心都市」で高く「衛星都市」で低い。そして，「衛星都市」ではとくに東部大阪地域が24.17％と高い。また，東部大阪地域だけでなく，就学援助率が高いのは，上から順に，摂津市（36.62％），大東市（30.16％），八尾市（29.67％），岸和田市（29.17％），吹田市（29.13％），門真市（26.29％），守口市（26.22％），柏原市（26.16％），寝屋川市（25.18％），松原市（25.08％）と，いずれも「中心都市」を取り巻く「衛星都市」が多い。つまり，「中心都市」と

第1章 大阪大都市圏経済の衰退と再生

表1-8 大阪大都市圏の就学援助率（2009（H21）年度）

	要保護児童生徒数 A	準要保護児童生徒数 B	公立小中学校児童生徒総数 C	A／C (%)	B／C (%)
大阪大都市圏全体（大阪府）	23,722	171,611	710,736	3.34	24.15
中心都市（大阪市）	9,644	54,776	178,233	5.41	30.73
衛星都市合計	14,078	116,835	532,503	2.64	21.94
北大阪地域	2,295	30,561	144,048	1.59	21.22
東部大阪地域	6,082	41,935	173,476	3.51	24.17
南河内地域	1,722	10,331	56,213	3.06	18.38
泉州地域	3,979	34,008	158,766	2.51	21.42
北大阪地域	2,295	30,561	144,048	1.59	21.22
能勢町	5	63	1,032	0.48	6.10
豊能町	0	115	1,679	0.00	6.85
池田市	43	861	7,857	0.55	10.96
箕面市	116	1,394	10,138	1.14	13.75
豊中市	681	6,419	31,521	2.16	20.36
吹田市	579	8,693	29,839	1.94	29.13
茨木市	292	4,282	23,813	1.23	17.98
高槻市	454	5,748	28,709	1.58	20.02
島本町	7	436	2,497	0.28	17.46
摂津市	118	2,550	6,963	1.69	36.62
東部大阪地域	6,082	41,935	173,476	3.51	24.17
枚方市	747	7,529	35,270	2.12	21.35
寝屋川市	613	5,016	19,922	3.08	25.18
交野市	108	1,132	7,547	1.43	15.00
守口市	539	3,131	11,939	4.51	26.22
門真市	685	2,874	10,931	6.27	26.29
四條畷市	68	1,038	5,534	1.23	18.76
大東市	108	3,392	11,247	0.96	30.16
東大阪市	2,214	9,114	40,961	5.41	22.25
八尾市	868	7,000	23,592	3.68	29.67
柏原市	132	1,709	6,533	2.02	26.16
南河内地域	1,722	10,331	56,213	3.06	18.38
松原市	305	2,837	11,312	2.70	25.08
藤井寺市	248	922	5,643	4.39	16.34
羽曳野市	371	1,922	10,643	3.49	18.06
大阪狭山市	79	796	5,004	1.58	15.91
富田林市	467	2,527	10,868	4.30	23.25
太子町	21	158	1,544	1.36	10.23
河南町	3	126	1,457	0.21	8.65
千早赤阪村	0	33	406	0.00	8.13
河内長野市	228	1,010	9,336	2.44	10.82
泉州地域	3,979	34,008	158,766	2.51	21.42
堺　市	2,281	15,206	69,588	3.28	21.85
高石市	74	1,046	5,308	1.39	19.71
泉大津市	128	1,466	8,038	1.59	18.24
和泉市	478	3,857	18,549	2.58	20.79
忠岡町	64	281	1,700	3.76	16.53
岸和田市	459	5,545	19,009	2.41	29.17
貝塚市	106	2,007	8,902	1.19	22.55
熊取町	47	498	4,175	1.13	11.93
泉佐野市	141	1,636	9,485	1.49	17.25
田尻町	18	93	776	2.32	11.98
泉南市	128	1,474	6,530	1.96	22.57
阪南市	51	715	5,347	0.95	13.37
岬　町	4	184	1,359	0.29	13.54

(出所) 鳫, 2011より筆者作成。

その周辺の「衛星都市」，中でも東部大阪地域に貧困が集中していることが分かる。

　以上，階級構造と地帯構造について，(a)完全失業率，(b)ホームレス数，(c)生活保護率，(d)市民所得，(e)就学援助率の5つの指標についてクロス分析を行ってきたが，その結果，とくに2000年代に入って，「中心都市」とその周辺の「衛星都市」に貧困が集中し，さらに広がっていることが分かった。また，「衛星都市」の中でも，東部大阪地域への貧困の集中（失業，生活保護受給，就学援助受給）が目につく。

　以上，第2節では，1980年代後半から現在までの約30年間を対象に，大都市圏大阪経済について，(1)人口の動態と構成，(2)産業構造，(3)階級構造と地帯構造のクロス分析といった分析枠組にそって，「中心都市」，「衛星都市」，「大都市圏全体」に分けて分析してきた。その結果，(1)人口の動態と構成については，2000年代に入って，「中心都市」では都心回帰による人口増加がみられる一方，大都市圏人口の7割を占める「衛星都市」，そして「大都市圏全体」でも人口減少傾向にあることが分かった。近い将来，「中心都市」でも人口が減少すると予測されていることから，「縮小都市時代」の入り口にさしかかっていると言える。(2)産業構造については，この30年間で，「中心都市」，「衛星都市」，「大都市圏全体」で事業所数，従業者数が減少して経済活動が縮小し，1980年代よりも第3次産業化が進展していることが分かった。そして，(3)階級構造と地帯構造とのクロス分析では，とくに2000年代に入って，「中心都市」に貧困が集中し，その周辺の「衛星都市」に拡大して，さらなる広がりをみせていることが分かった。

　これらの分析結果から，人口では1960年代，産業構造では，2000年代に入って，大阪大都市圏は，「中心都市」大阪市が中心だった時代から，「衛星都市」が主役の時代へと変わったが，2000年代に入りその「衛星都市」で人口・経済活動の縮小が始まっており，総じて，大阪大都市圏は「縮小時代」に入ったとみることができるのではないか。

表1-9　自市区町村で従業する割合：高い順，低い順（大阪府下衛星都市，2010（H22）年）

高い順

	自治体名	%
1	東大阪市	54.68
2	泉佐野市	48.96
3	八尾市	48.12
4	能勢町	46.50
5	岸和田市	45.84
6	枚方市	43.81
7	高槻市	42.22
8	摂津市	41.73
9	門真市	41.31
10	松原市	41.15

低い順

	自治体名	%
1	豊能町	22.29
2	島本町	23.74
3	太子町	25.55
4	熊取町	27.56
5	四條畷市	27.60
6	田尻町	27.69
7	河南町	27.78
8	大阪狭山市	27.91
9	千早赤阪村	28.60
10	忠岡町	29.10
11	交野市	29.25
12	藤井寺市	29.32
13	高石市	29.72

（注）　大阪府の数値は38.9％であった。
（出所）　総務省統計局，2016より筆者作成。元データは2010年国勢調査。

第3節　大都市圏経済の再生

（1）衛星都市自立化の条件はどう変わったか

　すでに，本章の冒頭でも紹介したが，『大都市新時代』は，かつて30年前に，今後の大阪大都市圏のあり方として，「自立した衛星都市が連帯した都市ネットワーク」を提唱した。その詳しい内容は序章でも紹介されているので省略するが，衛星都市の自立化のために，居住する地域で雇用が保障され，そのための産業が発展していること，その都市独自の産業的基盤をもつことが強調されていた。この条件は30年の間にどう変わったのであろうか。

　『大都市新時代』では，とくに居住する地域で雇用が保障されていることを表す指標として，自市就業率をとりあげていた[32]。たとえば，自立度の高い大阪府下自治体として岸和田市をあげていたが[33]，同市の自市就業率は61.0％（1980年），53.3％（2000年），45.8％（2010年）と低下を続けて，「衛星都市」で第5位（2010年）の位置にある（表1-9）。なお，2010年の第1位は東大阪市（54.68％），第2位は泉佐野市（48.96％），第3位は八尾市（48.12％），第4

位は能勢町（46.50％）であった。2000年のデータと比較すると，自市就業率が高くなった都市は交野市を除いて1つもなく，総じて，大阪大都市圏の「衛星都市」の自市就業率は低下傾向にあり，「衛星都市」自立化の条件は厳しくなったと言えよう。

（2）中心都市と衛星都市の関係はどう変わったか

『大都市新時代』による提案のもう1つのポイントは「自立した衛星都市が連帯した都市ネットワーク」にあった。かつて，大阪大都市圏では，「中心都市」大阪市が絶対的に優位な立場にあって，「衛星都市」を従属させていた「一点集中＝放射型」の都市間関係であったが，これまでの分析をみる限り，この30年間で，「中心都市」の力が減退し，「中心都市」の「衛星都市」に対する優位性も低下しており，「中心都市」と「衛星都市」の関係が変わりつつあると言えよう。つまり，『大都市新時代』が提唱した「自立した衛星都市が連帯した都市ネットワーク」が実現する可能性が出てきたと言えるのではないか。

この点について，昼間人口指数とパーソントリップ調査結果を分析してみよう。まず，昼間人口指数であるが，これは常住人口を100とした時の昼間人口の指数である。**表 1 -10** は，「中心都市」大阪市，「衛星都市」，「大都市圏全体」（大阪府）の昼間人口指数を，1985（昭和60）年，1995（平成7）年，2010（平成22）年で比較したものである。これをみると，①「中心都市」大阪市の昼間人口指数は，141.0（1985年），146.5（1995年）と上昇したが，1995年をピークに，2010年は132.8と低下している。②「衛星都市」では，昼間人口指数は89.7（1985年），89.2（1995年）と低下したが，2010年では92.6と高くなっている。③「衛星都市」では，東部大阪地域の昼間人口指数が最も高く，南河内地域が最も低い。以上の分析から読み取れることは，「中心都市」大阪市の「就業の場」をはじめとする「人を集める力」がとくに2000年代に入って低下してきていること，逆に「衛星都市」の「人を集める力」が上昇していることである。

次に，人の1日の動きをすべてとらえた「パーソントリップ調査」結果をみ

てみると，①大阪市とその周辺地域，とくに大阪市で働く人々のベッドタウンとなっていた奈良県北部，北大阪地域，南河内地域，東部大阪地域，堺市との，平日における地域間流動量が，2000（平成12）～2010（平成22）年の10年間で，いずれも約10～15％も大きく減少した。②その中でも，東部大阪地域⇔

表1-10　昼間人口指数の推移

	1985年(S60)	1995年(H7)	2010年(H22)
大都市圏全体（大阪府）	105.3	106.1	104.7
中心都市（大阪市）	141.0	146.5	132.8
衛星都市合計	89.7	89.2	92.6
北大阪地域	88.0	88.3	91.7
東部大阪地域	93.5	92.3	95.6
南河内地域	84.4	83.0	86.9
泉州地域	88.8	88.7	92.1

（出所）　各年『大阪府統計年鑑』より筆者作成。元データは国勢調査。

大阪市は，地域間トリップ数が478～480（2010年）と最も大きいが，10年前（2000年）と比べて約11％減少した。③北大阪地域⇔大阪市は，地域間トリップ数が380と2番目に大きいが，これも10年前と比べて約14～15％減少した。④大阪市から東部大阪地域へ向かう地域間トリップ数（480）の方が東部大阪地域から大阪市へ向かうトリップ数（478）よりも大きく，10年前と比べて，前者は10.6％，後者は10.9％減少している。以上の調査結果からも，大阪市の「中心都市」としての「人を集める力」が低下していること，「衛星都市」の東部大阪地域の中小企業集積・産業集積によるモノづくり力も減退しているが，「中心都市」よりも求心力が強いことが分かる。

　以上2つの分析結果からも，「中心都市」大阪市の周辺「衛星都市」に対する絶対的な優位性が低下していることが分かる。

（3）新時代の都市間ネットワーク構築

　ところで，都市間ネットワークのタイプについては，①単一の強力な「中心都市」とその周辺の「衛星都市」からなる「単心型ネットワーク」，②複数の都市核ネットワークによる「多心型ネットワーク」があるとされている。

　このうち，②「多心型ネットワーク」については，S. S. バードセールが「多数の小さな核が分散し，核それぞれは，それ自身の経済活動をもっている。ただし必ずしもすべての核が機能的に同一である必要はなく，それぞれが特徴を

表1-11 自市区町村で従業する割合（大阪府下地域別，2000（H12）年～2010（H22））

市町村	2000年			2010年			2000～2010年
	就業人口 A（人）	自市区町村で従業 B（人）	B／A（%）	就業人口 A（人）	自市区町村で従業 B（人）	B／A（%）	
大阪大都市圏（大阪府）	4,134,181	1,867,258	45.2	3,815,052	1,484,069	38.9	-6.3
中心都市（大阪市）	1,231,235	537,827	43.7	1,143,389	425,398	37.2	-6.5
衛星都市合計	2,902,946	1,329,431	45.8	2,671,663	1,058,671	39.6	-6.2
北大阪地域	829,161	345,680	41.7	776,496	292,700	37.7	-4.0
東部大阪地域	986,436	479,569	48.6	873,340	385,998	44.2	-4.4
南河内地域	296,426	107,740	36.3	267,299	91,196	34.1	-2.2
泉州地域	790,923	396,442	50.1	754,528	288,777	38.3	-11.9

（出所）2000（平成12），2010（平成22）年国勢調査より筆者作成。

もってもよい。…（筆者省略）…行政的には，ローカルサービスはローカルにコントロールされ，真に一般的なサービスのみが，都市圏レベルで一元的に提供される」と説明している[37]。また，R.C.クロースタマンとB.ランプレッツが，経済的な活動のクラスターの空間的な集積が高度に都市化された地域内で生じる「多心的都市地域」（the polycentric Urban region）として，①互いに通勤可能なぐらい近くに位置していて，固有の歴史をもつ諸都市からなること，②政治的，経済的，文化的に明確な中心都市をもたず，規模あるいは経済的重要性があまり変わらない少数の大都市と大多数の小都市からなること，③それらの諸都市は空間的に異なり，独立した政治体を設立していることと定義づけている[38]。

これらの定義と本書序章で紹介されている『大都市新時代——おおさか』の「自立都市ネットワーク構想」をあわせて比べてみると，共通する部分があることに気づく。すなわち，①複数の核となる小都市は独自の政治体，産業基盤，経済活動，歴史，文化，個性，他都市と異なる機能をもっている，②単一の優勢な政治的経済的文化的中心都市をもっておらず，中小都市のネットワークを形成しているという点である。

先にみた都市間ネットワークの分類に，大阪大都市圏をあてはめてみると，高度成長期までの都市間関係は，「中心都市」と「衛星都市」による「単心型

ネットワーク」だったのが,「中心都市」大阪市が優位性を失い「衛星都市」が相対的に上昇したことによって,「多心型ネットワーク」に近くなったとみることができるのではないだろうか。

　ここに興味深いデータがある。前出の自市就業率をみると,自市就業率(2010(平成22)年)は,大阪大都市圏全体(大阪府)で38.9％,「中心都市」大阪市で37.2％,「衛星都市」で39.6％と,実は「衛星都市」の方が高い(表1-11)。そして,「衛星都市」の中では,圧倒的に東部大阪地域が44.2％と高い数値を示している。また,昼間人口指数でも,「衛星都市」は,2000年代に入って4地域ともに昼間人口指数が高まっており,「中心都市」の単なるベッドタウンから脱却しつつあるようにも思われる。これらのデータから,これからの大阪大都市圏では「衛星都市」が自立化できる可能性もまだあり,様々な自立都市によるネットワーク形成すなわち「多心型ネットワーク」形成の可能性があるとみることもできるのではないか。

　なお,この「多心型ネットワーク」形成を考えるにあたって,次の4点が重要である。すなわち,各都市が,①個性(固有の文化,歴史,自然環境など)をもっていること,②居住する地域で働くことを基本とすること,③役割を分担して互いを補うこと,そして,④ネットワークとしての一体性を維持するための組織が必要であることである。このうち①と②については,すでに『大都市新時代』で指摘されていた。[39]

　ここで,とくに注目したいのは④である。「単心型ネットワーク」の場合は,「中心都市」が大都市圏の代表として中心的な役割を果たして,大都市圏としてのまとまりをつくりだしている。しかし,「多心型ネットワーク」の場合は,それぞれの都市が対等で,優位性をもって中心的役割を果たす代表格の都市がないために,それに代わって大都市圏としてのまとまりをつくりだす存在が必要となる。そして,それはまとまりをつくりだすだけでなく,大都市圏で発生する課題にも対応しなければならない。[40]たとえば,経済の衰退に直面している大阪大都市圏にとっては,経済振興も大都市圏の抱える課題の1つであり,そのための計画・戦略を立てて実行し,発生する問題を解決する主体が必要となる。言いかえると,「多心型ネットワーク」には大都市圏ガバナンスの主体が

必要なのである。この点について，本書序章でも，大都市圏（行政）としての一体性・総合性・効率性をどうやって確保するのか，自立都市ネットワークにおける中枢性・中心性をどう位置づけるのかという問題は残されたままであると指摘していた。

　この大都市圏ガバナンスの主体をどうするかという問題を考える際に，1つのヒントとなりうるのが，岡部明子やR.C.クロースタマン・B.ランプレッツがとりあげているオランダ・ランドスタット大都市圏の事例である。ランドスタット大都市圏は，オランダ西部に位置する，アムステルダム（首都，商業，空港），ロッテルダム（港湾），ハーグ（行政），ユトレヒト（鉄道等交通の結節点，サービス業）という4つの核都市とそれぞれの周辺地域から構成される人口約600万人の地域であり，「多心型ネットワーク」の代表例としてよくとりあげられている。ランドスタット大都市圏では，大都市圏を構成する12の地方政府が，2002年にランドスタット評議会を設立して，ランドスタット地域の国土計画，経済・社会分野に関する多角的分析を行い，域内政策を調整して，地域全体としての国際競争力を高めるために戦略的な長期展望を作成し，EUの政策に意見を反映させるために，EU本部に代表も派遣しているという。[41]

　実は，大阪大都市圏でも，構成する諸都市の団体自治・住民自治を基本としながらも，ランドスタット評議会と同様の仕組みが存在してきた。すなわち，これまでも，大阪大都市圏では，「中心都市」大阪市を中心とした行政ネットワークがつくられ事務事業の連携について検討を行い，[42]官民協調組織がつくられ地域経済振興に取り組んできた。[43]しかし，これらは，あくまでも「中心都市」大阪市が主要アクターとなって，「中心都市」を中核にして大阪大都市圏を発展させるためにつくられた組織であった。

　それでは，これから新時代の大都市圏「多心型ネットワーク」を構築するにあたっては，どのような中心的存在すなわちガバナンス主体がよいのであろうか。その候補の1つとして考えられるのは「関西広域連合」である。「関西広域連合」は，滋賀県，京都府，大阪府，兵庫県，奈良県，和歌山県，鳥取県，徳島県，京都市，大阪市，堺市，神戸市の2府6県4政令指定都市によって構成され，防災，観光・文化振興，産業振興，医療，環境保全，資格試験・免許

等，職員研修の7分野の広域にわたり処理することが適当であると認められる事務に関して，広域計画を作成し，必要な連絡調整を図り，総合的かつ計画的に広域行政を推進する特別地方公共団体である。[44]

「関西広域連合」を含む「広域連合」は，何よりも，特別地方公共団体としての法人格をもち，広域行政としての一体性，効率性も確保でき，長や議員も存在して直接または間接の選挙により選出されるなど一定の民主主義が認められており，ランドスタット評議会よりもフォーマルで強い組織だと言える。しかし，実際の関西広域連合をみると，構成する府県や政令市よりも強い存在になっているようにみえないし，ガバナンス主体としては弱いように思われる。

新しい時代の大都市圏「多心型ネットワーク」の主体としては，「中心都市」だけでなく「大都市圏全体」の発展を考えなければならないし，大阪大都市圏の場合は，首都・首位都市ではない「第2位都市」[45]であることにも留意して，首都・首位都市を含む東京大都市圏とは異なった内容の大都市圏経済振興策を考えることも必要である。

以上，大阪大都市圏経済の再生には，大都市圏ガバナンスに適した組織をどう制度構築し，「第2位都市」として首位都市とは異なる戦略をどう考えるかが重要な鍵となるが，これについては今後の検討課題としたい。

注
(1) 社団法人大阪自治体問題研究所編，1987。
(2) 大阪大都市圏を「中心都市」と「衛星都市」に分けて分析した他の先行研究として，成田，1986，田口，1986がある。
(3) 富田，1995，6頁。
(4) 富田，1995，6，8-12頁。
(5) 富田，1995，6頁。
(6) 新村編，1981，229頁。
(7) たとえば，富田，1995，16頁，エイブラムス，1978，38-39頁，田口，1986など。
(8) 愛知県知事政策局企画課，2012，58頁。
(9) 大阪府，2014など。
(10) 宮本，1990，19-21頁による。宮本憲一は，地域経済構造について明らかにすべき点として，これらの他にも，(4)資本形成と所有構造，(5)土地所有とその利用形態，

(6)所得分配の構造とその動態，(7)交通・通信体系，(8)財政金融をあげている。
(11) 大阪府総務部統計課，2016，2頁。
(12) 大阪府，2014，17頁。
(13) 大阪市都市計画局，2013，第1章。
(14) 大阪市都市計画局，2013，第1章18頁。
(15) 日本政策投資銀行，2005。
(16) 国立社会保障・人口問題研究所，2013。
(17) 大阪府総務部統計課，2016，10頁。
(18) 大阪府，2014，6-7頁。
(19) 大阪市都市計画局，2013，44頁。同統計表40頁など。
(20) 社団法人大阪自治体問題研究所編，1987，2頁。
(21) 阿部，2006など。
(22) 『日本経済新聞（夕刊）』2002年3月1日付。
(23) 大阪市都市計画局，2014，資料21頁。
(24) 総務省統計局，2016。大阪市都市計画局，2014，資料21頁。
(25) 厚生労働省，2015。
(26) 大阪府立大学社会福祉学部都市福祉研究会，2002による。
(27) 全国，大阪府の生活保護率については，大阪府，2015による。
(28) 大阪市福祉局，2014，第4章，43頁。
(29) 大阪府総務部統計課，2015，56-57頁。
(30) 大阪市都市計画局，2013，47頁。一般財団法人アジア太平洋研究所，2012，23-25頁。
(31) 文部科学省ウェブページ「就学援助制度について」による。
(32) 社団法人大阪自治体問題研究所編，1987，17頁。
(33) 社団法人大阪自治体問題研究所編，1987，17頁。
(34) 社団法人大阪自治体問題研究所編，1987，20頁。
(35) 大阪市，2013，10頁。
(36) 岡部，2003，243頁による。
(37) S.S. バードセールによる説明（Birdsall, 1980）。成田，1986，6頁による。
(38) Kloosterman and Lambreghts, 2001, pp. 718-719。岡部，2003，244頁で紹介されている。
(39) 社団法人大阪自治体問題研究所編，1987，247頁。
(40) 欧州連合，2011，第4章。
(41) 岡部，2003，243-244頁，関西経済連合会，2009による。
(42) たとえば，大阪市隣接都市協議会があげられる。同協議会は，1956年，大阪市と隣接各市との行政上の諸課題を，都市圏全体の視点で総合的一体的に解決することを目的に，関係各市間で意見を交換し協議する機関として設立された。大阪市をはじめ，大阪府豊中市，吹田市，守口市，布施市（当時，のちの東大阪市），八尾市，堺市，門真市，大東市，河内市（当時，のちの東大阪市），松原市，三島町

（当時，のちの摂津市），枚岡市（当時，のちの東大阪市）で構成され，加盟市間での公共施設の相互利用といった事務事業の連携について，情報収集，行政需要の把握，調査・検討を行っている（大阪市隣接都市協議会ウェブページによる）。

⑷3 たとえば，大阪経済振興審議会があげられる。同審議会は，大阪経済の現状分析，衰退の原因解明，振興対策を検討するために，大阪府，大阪市，大阪商工会議所の代表をはじめ，財界，関係官庁，学識経験者などを委員として，1953 年に設立された（新修大阪市史編纂委員会，1992，316-318 頁，加茂，1977）。他にも，大阪 21 世紀協会がある。同協会は，大阪府，大阪市，関西経済連合会，大阪商工会議所などが中心となって，広く関西の経済界，官界，学界，文化界等を代表するメンバーを集めて，1982 年に設立された。同協会の設立理念として，来る 21 世紀に大阪が国際的・文化的な魅力溢れる世界都市になることを目指すこと，そのための文化的・学術的・創造的諸政策の提言や文化的な諸行事の推進などに取り組むことが謳われていた。そして，同協会が，2012 年に公益財団法人となって移行してできたのが，公益財団法人関西・大阪 21 世紀協会である。現在は，大阪を中心に関西一円を対象とした公益目的事業（民間版文化支援機構「アーツサポート関西」の運営と文化振興活動助成，食文化をはじめとする関西ブランドの発掘・発信など）を行っている。関西・大阪 21 世紀協会編，2013，新修大阪市史編纂委員会，1995，232 頁，関西・大阪 21 世紀協会ウェブページによる。

⑷4 総務省ウェブページ「広域連合」，関西広域連合ウェブページによる。

⑷5 Hodos, 2011.

引用参考文献
［日本語文献］
愛知県知事政策局企画課，2012，『中京都構想具体化検討基礎調査報告書』。
阿部武司，2006，『近代大阪経済史』大阪大学出版会。
一般財団法人アジア太平洋研究所，2012，『大阪再生の研究』。
エイブラムス，チャールズ／伊藤滋監訳，1978，『都市用語辞典』鹿島出版会（原著，Abrams, Charles, 1971, *The Language of Cities : A Glossary of Terms*, The Viking Press.）。
欧州連合，2011，『未来を作る都市——課題，ビジョン，今後の展望』。
大阪市，2013，『人の動きからみる大阪市のいま（第 5 回近畿圏パーソントリップ調査）』。
大阪市経済戦略局，2015，『2015 年版 大阪の経済』。
大阪市都市計画局，2013，『統計から読み解く大阪市の現状』。
大阪市都市計画局，2014，『大阪市地域別現状分析』。
大阪市福祉局，2014，『福祉事業統計集平成 26 年』。
大阪市隣接都市協議会ウェブページ（http://www.osaka-rinto.jp/about/jigyo.html 2016 年 10 月 10 日閲覧）。
大阪府，2014，「大阪府の保護動向（平成 26 年 6 月）」。

大阪府，2014，『大阪府人口減少社会白書 「人口減少」の潮流（H26.3 推計による改訂版）』．
大阪府，2015，「生活保護統計ファイル」大阪府ウェブページ（http://www.pref.osaka.lg.jp/shakaiengo/syakaiengo/toukei.html　2016 年 9 月 1 日閲覧）．
大阪府総務部統計課，2015，『平成 25 年度大阪府民経済計算』．
大阪府総務部統計課，2016，『平成 27 年国勢調査 大阪府の人口及び世帯数（速報）』2 月 22 日．
大阪府立大学社会福祉学部都市福祉研究会，2002，「大阪府に広がる野宿生活者——大阪府野宿生活者実態調査報告書概要」．
岡部明子，2003，『サステイナブルシティ』学芸出版社．
加茂利男，1977，「コンビナートと都市政治」宮本憲一編『大都市とコンビナート・大阪』筑摩書房．
関西・大阪 21 世紀協会ウェブページ（http://www.osaka21.or.jp/index.html　2016 年 10 月 10 日閲覧）．
関西・大阪 21 世紀協会編，2013，『文化立都——都市格の向上をめざして——関西・大阪 21 世紀協会「30 年記念誌」』．
関西経済連合会，2009，「関経連 NOW 関西クリエイティブ・メガリージョン——関西の国際競争力強化へ」『経済人』MARCH．
関西広域連合ウェブページ（http://www.kouiki-kansai.jp/index.php　2016 年 10 月 10 日閲覧）．
鳫咲子，2011，「未納問題から考える学校給食——子どもの食のセーフティネット」（付表），参議院調査室作成資料『経済のプリズム』第 87 号，2 月（http://www.sangiin.go.jp/japanese/annai/chousa/keizai_prism/backnumber/h23pdf/20118704.pdf 2016 年 5 月 23 日確認）．
厚生労働省，2015，「ホームレスの実態に関する全国調査（概数調査）」．
国立社会保障・人口問題研究所，2013，『日本の地域別将来推計人口——平成 22（2010）～52（2040）年』．
社団法人大阪自治体問題研究所編，1987，『大都市新時代——おおさか』自治体研究社．
新修大阪市史編纂委員会，1992，『新修大阪市史第 8 巻』大阪市．
新修大阪市史編纂委員会，1995，『新修大阪市史第 9 巻』大阪市．
新村出編，1981，『広辞苑』第 2 版補訂版，岩波書店．
総務省ウェブページ「広域連合」（http://www.soumu.go.jp/kouiki/kouiki1.html　2016 年 10 月 10 日閲覧）．
総務省統計局，2007，『統計でみる市区町村のすがた 2007』．
総務省統計局，2016，『統計でみる市区町村のすがた 2016』．
田口芳明，1986，「多核化へと向かう大阪都市圏——人口・雇用分布をめぐる中心市とその近郊地域」大阪市立大学経済研究所・田口芳明・成田孝三編『都市圏多核化の展開』東京大学出版会．

富田和暁，1995，『大都市圏の構造的変容』古今書院。
成田孝三，1986，「都市圏多核化と大阪都市圏の位置づけ」大阪市立大学経済研究所・田口芳明・成田孝三編『都市圏多核化の展開』東京大学出版会。
日本政策投資銀行，2005，『DBJ Kansai Topics 都心回帰の光と影』11月11日。
宮本憲一，1990，「序章 地域経済学の課題と構成」宮本憲一・横田茂・中村剛治郎編『地域経済学』有斐閣。
文部科学省ウェブページ「就学援助制度について」(http://www.mext.go.jp/a_menu/shotou/career/05010502/017.htm　2016年9月1日閲覧)。

［外国語文献］
Birdsall, Stephen S., 1980, "Alternative Prospects for America's Urban Furture," in *The American Metropolitan System : Present and Future*, eds. By Stanley D. Brunn and James Q. Wheeler, Edward Arnold.
Hodos, Jerome I., 2011, *Second cities*, Temple University Press.
Kloosterman, R. C. and B. Lambreghts, 2001, "Clustering of Economic Activities in Polycentric Urban Regions, The Case of Randstad," *Urban Studies*, 38.

第2章

政治的争点としての大都市圏ガバナンス
――「大阪都構想」住民投票に関する一考察――

柏原　誠

第1節　特別区設置住民投票の意義

　2015年5月17日，大阪市では，「特別区設置住民投票」（以下，住民投票）が行われ，結果は特別区設置協定書に対する賛成票69万4844票に対して反対票は70万5585票，わずか1万741票差で否決された。すなわち，指定都市である大阪市は存続することが決定されたのである。

　この住民投票が対象としたものは「特別区設置協定書」であるが，「大阪都構想」として報じられ，市民の間でもそのように理解されていた。この住民投票の過程においては，この呼称自体が争点となった。すなわち，賛成派は「大阪都構想」を好んで使用する一方，反対派・慎重派は，都構想とは法律用語ではなく，本質は指定都市である大阪市の廃市・分割構想であると主張した。「特別区設置協定書」（以下，協定書）はその意味ではニュートラルかつ法令に則した呼称ではあるが，市民には理解が進んでいないきらいがあった。本稿では，個別具体的に協定書の内容について記述する場合を除いて，「大阪都構想」の表記を便宜的に使用する。

　ところで，この住民投票は，次の点でわが国地方自治史上，画期的なものであった。

　第1に，投票の対象となったテーマが，地域に適用される大都市制度の変更という，高度に専門的なテーマであった。住民投票自体は，わが国地方自治で一定程度普及してきたが，その対象は産廃・原子力発電所等のいわゆる迷惑施設の設置，市町村合併，および近年では自治体が行う建設事業あるいは公共投資への賛否が問われるケースが多い。この点，今回の住民投票は，単なる自治

体の境界変更ではなく，自治体の種別の変更，基礎自治体の分割，事務権限の配分の変更，新たな財源調整システムの創設という多元方程式を解くような複雑なテーマを対象としたものであった。

第2に，有権者が大規模であったということと，市民は高い関心をもちつづけたということである。それは 66.83％ときわめて高い投票率を示したことにも表れている[1]。難しいテーマであったにもかかわらず，また説明不足，理解しきれていないという声は聞かれたものの，約 140 万人もの多数の市民が自らの意思表示を行った。

第3に，ただちに法的効果をもつ「拘束的」住民投票であったという点である。今回の住民投票は，2012 年に可決成立した「大都市地域における特別区の設置に関する法律」（以下，大都市地域特別区設置法）に根拠をもち，結果は拘束力を有する[2]。今回，大都市ガバナンスの変更が大きな政治的争点として浮上し，住民投票に至るまで大阪の地方政治を大きく規定するに至った大きな要因としてこの点をあげることができる。

以下，第2節で大都市の特徴と現代においてその見直しが争点化している理由について考察する。第3節ではわが国の大都市制度とその形成の経過について概観する。第4節では，「大阪都構想」の内容と論点について確認するが，協定書と協定書が住民投票にかけられるまでの過程を区別した上で，その両方を含んだ概念としての大阪都構想（広義）の論点を整理している。最後に，第5節では大阪都構想が争点化した要因の分析と評価を試みた。

第2節　大都市の特徴と大都市制度の意義

それでは，なぜこのような大都市の統治に関する制度変更が政治的な争点として浮上し，重要視されたのだろうか。今日の大都市の政治・経済・社会を規定する要因として以下のようなものが挙げられる。

（1）**集積性**

第1に大都市のもつ集積である。わが国地方自治制度で「大都市制度」とし

て参照される都区制度ならびに指定都市制度のもとで生活を営む人口は，全人口の 28.93％に及んでいる。特別区を除いた 20 市の指定都市に限定した場合でも，21.63％と 2 割を超えている。

集積性という点では，人口が多いということ以上に，経済・社会的な集積がみられる。それは経済力（生産力・消費力）が集積していることを意味している。先進資本主義国家においては，空間的分業が進み，都市には狭小な土地に，生産性の高い都市型の産業が形成される。大都市で生産された富は財政調整制度等を通じて，地方にももたらされ，一国経済全体を支える担い手として期待されている。いわゆる「集積の利益」を活用した「経済の牽引者」，「成長のエンジン」論である。

また，規模だけでなく，人口の集積が多様性を生み，都市の多様な文化接触が創造性を生み出すという「クリエイティブ都市論」という文脈から，都市をあらためて経済の成長点であるとする議論も有力なものになっている。

他方，都市のもつ集積は都市が生み出す問題の集積という意味をも有している。たとえば，高齢化問題でも，都市部は高齢化率そのものは地方部より一般的には低いと言えるが，母数が大きいため，ケアを必要とする高齢者のボリュームが大きい。さらに，地域や家族といった共同体の紐帯が弱いため，それは地方より先に可視化し，社会問題化するという傾向がある。

（2）外部性

第 2 に大都市の「外部性」である。ここでは，大都市の経済・社会が空間的な外部との相互依存，相互影響の下で存立しているということを意味している。地域別の合計特殊出生率をみれば，大都市の人口は，地方での人口の再生産力に依存していることが分かる。たとえば，厚生労働省の人口動態統計によると 2014 年度における合計特殊出生率は，全国で 1.46 だったが，都道府県別に見ると，沖縄 1.86，宮崎 1.69，長崎 1.66 など地方圏が高く，東京 1.15 をはじめとして大阪・神奈川 1.31 など大都市圏で低くなっている。一方，人口移動の面からみると，2015 年度に転入超過がみられた都道府県は，東京圏（東京・神奈川・千葉・埼玉），愛知県，大阪府，福岡県に限られ，中でも東京圏への転

入が他を圧倒していた⁽⁵⁾。すなわち，大学進学時や就職時に東京をはじめとした大都市への人口移動があってはじめて，大都市の人口集積が維持されている構造が認められる。

　さらに，大規模な人口集積を維持するための基本的な条件も外部に依存している。人間の最も基礎的な生存条件の1つである食糧をみれば，その自給率（カロリーベース，2013年度確定値）は日本全国では39%だが，東京都は1%，神奈川県・大阪府はともに2%にとどまる⁽⁶⁾。

　さらに，都市型社会は大量にエネルギーを消費する社会でもある。周知のように，わが国のエネルギー自給率は8.5%である。近年，地球温暖化問題への対策の1つとして再生可能エネルギーが地域で算出できるエネルギー源として注目されている。倉阪秀史の試算によると，2015年3月末のエネルギー自給率は，全国で6.52%であったのに比べて，東京都0.6%，神奈川県2.3%，愛知県4.7%，大阪府1.4%など，大都市圏のエネルギーの外部依存度の高さが目立っている⁽⁷⁾⁽⁸⁾。

　また，職住分離や単身世帯・核家族化が進み，家族や地域の紐帯が弱い都市部では，子どもや高齢者のケアの問題が発生し，拡大・深化しやすい。保育所の待機児童問題など子育て環境の悪化が人口の再生産力を削ぐという悪循環が起こっている。高齢者介護施設も需要に比べて供給不足の状況にあり，政府は，高齢者を比較的施設に余裕のある地方都市に移住させ，そこでケアを受けてもらうということまで検討している⁽⁹⁾。

　以上で指摘した食糧・エネルギー・ケアを自給できる自立した地域のあり方を「FEC自給圏」として，現状への対案として提示しているのが経済評論家の内橋克人である⁽¹⁰⁾。この都市の経済・社会が有する外部性は，大都市が行う公共政策の成否がもたらす外部性に結びつく。すなわち，大都市の政策ひいては統治の問題が地方部にも影響し，国政課題にも結びつくのである。また，これらの諸課題（低炭素社会，エネルギー自給，子ども・高齢者へのケア，格差・貧困問題など）は高度に都市化が進展した現代においてあらわれた，先例なき問題と言ってもよい課題である。

（3）大都市統治とリーダーシップ

先にみた，大都市が直面している先例なき課題に取り組むには，創造的なビジョンやリーダーシップが必要との議論につながりやすい。この議論は，次のような2つの水準の議論に結びついていく。

第1には，制度的なレベルでのリーダーシップの強化である。これは，さらに2つに分岐していく。1つは，政府間関係の水準での制度改編である。具体的には，広域自治体から大都市自治体への権限や財源の委譲，大都市圏域での統合自治体の創設といったことが考えられる。

2つめは，大都市の自治体での意思決定構造の変更である。たとえば，議会と首長の関係の変更がそれにあたる。また自治体官僚機構の割拠主義的な意思決定から，政治的正統性を有する首長のリーダーシップが発揮されやすい意思決定への転換，首長補佐部局の強化なども考えられる。英国・ロンドン市では，大ロンドン庁（Greater London Authority）が創設されるとともに，市長の選出方法として直接公選制が導入された。

第2として，首長のパーソナルな政治的リーダーシップに関する水準の議論である。先にふれたような大都市に期待される役割や先例のない課題に対処していくためには，フォロワーに対して新たな価値観を提示する「創造的リーダーシップ」が必要とされやすい。他方，その過程で，現状への不満を有する有権者の支持を集めるべく，従来からの利益政治を「既得権益」と批判し，それらからの脱却を訴えながら，政策レベルでは整合性の乏しい諸政策を提案し，総合的なビジョンは，「仕組みを変えること」が自己目的化するといういわゆる「ポピュリスト」的なリーダーが大都市の首長にみられるという研究も存在する。[11]有権者の側にも，地域経済の停滞や財政危機への対応について，従来型の政策の延長ではない「改革」を求める気運も醸成された。

（4）指定都市の多様化

さらに，わが国の場合，とりわけ指定都市制度については，1999年の合併特例法改正を契機として政府・総務省が強力に推進してきた市町村合併により，適用を受ける自治体が増加した。すなわち，2016年現在の20の指定都市のう

ち，2003年4月のさいたま市以降に指定都市制度を適用された8市すべてが，市町村合併の結果生まれた指定都市と言うことができる。

その結果，従来は「人口100万人以上の大都市」として理解されてきた指定都市が多様化した。たとえば，指定都市市長会は，中心性と規模性という2変数から当時の19の指定都市を「大規模中枢型」「中枢型」「副都心型」「国土縮図型」の4類型に分類している。この中で大阪市は大規模中枢型（大阪・名古屋・横浜）に区分されているが，三市の中でも突出した規模性・中枢性を有するとされている。

この分類で大規模中枢型に分類された，大阪市，横浜市，名古屋市の三市が，それぞれ単独あるいは，三市合同で新たな大都市制度の研究を行い，それぞれ「スーパー指定都市」「都市州」などを制度構想として掲げたのもこの時期である。指定都市制度の大都市制度としての性格があいまいになり，そのことが，発足当初から指定都市である横浜・名古屋・大阪の三市から，その性格に応じた大都市制度の構想が発信されたものとみることができる。大都市制度は，地方自治法に基づく人口基準にしたがって一律に適用されてきたが，指定都市自身が新たな制度を構想する段階に入ったのである。指定都市市長会も，戦前以来の悲願でもあった，府県からの独立を意味する「特別自治市」構想を公式に発表するに至っている。

第3節　日本の地方自治体系における「大都市制度」とその特徴

わが国の地方自治制度において，通例，大都市制度とは地方自治法に規定されている「大都市に関する特例」（同法第2編第12章第1節）および「特別区」（第3編第2章）を意味すると解されている。具体的には指定都市制度と都区制度である。表2-1は，その比較であるが，特別区と指定都市の比較ではなく，「都区制度」と「都道府県—指定都市制度」の比較となっていることに留意されたい。広域自治体と基礎自治体の事務配分，その関係や財政調整制度の有無および「区」の性格の違いを比較するためである。

大都市制度は，広域自治体である都道府県と基礎自治体の関係を中心として，

第Ⅰ部　大阪大都市圏の諸相

表 2-1　都区制度と指定都市制度の比較

	都区制度	都道府県ー指定都市制度 （平成26年地方自治法改正）
広域と基礎	2層制 広域：都 基礎：特別区（＋市町村）	2層制 広域：都道府県 基礎：指定都市（＋市町村）
区の性格 　―権限 　―区長 　―議会	「特別区」（特別地方公共団体かつ基礎的自治体） 「市に準じる」（地方自治法第281条の2第2項） 公選制 公選による区議会	「行政区」または「総合区」（市の内部組織） 法定事務＋市の内部事務（条例で規定） 市長による任命（ただし総合区長は特別職） 無し
広域団体の事務	＜都＞都道府県の事務＋市町村が処理する事務のうち，人口が高度に集中する大都市地域における行政の一体性および統一性の確保の観点から，（A）都が一体的に処理することが必要な事務（例：上下水道，消防，都市計画など）※ただし，特別区域外ではこれらは法令に従い市町村が実施	＜都道府県＞都道府県の事務 都道府県権限から下記（B）を除いたもの。ただし，指定都市区域外では法令に従い都道府県が実施
基礎団体の事務	＜特別区＞ ほぼ中核市並みの権限から上記（A）を除いたもの	＜指定都市＞ 市町村権限に加えて，都道府県権限のうち，（B）地方自治法第252条の19に列挙されている19項目のほか，個別法・政令で指定したもの （例）・児童福祉に関する事務 　　　・母子保健に関する事務 　　　・障害者の自立支援に関する事務 　　　・土地区画整理事業に関する事務　等
広域―基礎の協議機関	都区協議会	指定都市都道府県調整会議（2016年4月〜）

（出所）　総務省資料などから筆者作成。

組織，基礎自治体の位置付け等が，大都市行政の一体性の観点から，一般の都道府県と市町村の関係とは異なる制度であると言い換えることができる。本節では，指定都市制度と都区制度の現状について概観したのち，この二つの制度がどのような歴史的経過を経て形成されてきたかについて整理しておく。

表2-2 地方自治法における大都市特例事務

―福祉行政―
①児童福祉に関する事務 ②民生委員に関する事務 ③身体障害者の福祉に関する事務 ④生活保護に関する事務 ⑤行旅病人及び行旅死亡人の取扱に関する事務 ⑥社会福祉事業に関する事務 ⑦知的障害者の福祉に関する事務 ⑧母子家庭および父子家庭ならびに寡婦の福祉に関する事務 ⑨老人福祉に関する事務
―環境衛生行政―
⑩母子保健に関する事務 ⑪介護保険に関する事務 ⑫障害者の自立支援に関する事務 ⑬生活困窮者の自立支援に関する事務 ⑭食品衛生に関する事務 ⑮医療に関する事務 ⑯精神保健および精神障害者の福祉に関する事務 ⑰結核の予防に関する事務
―都市計画・建築行政―
⑱土地区画整理事業に関する事務 ⑲屋外広告物の規制に関する事務

(出所) 地方自治法第252条の19より筆者作成 (2015年7月現在)。

(1) 指定都市制度

1956 (昭和31) 年地方自治法改正で創設された指定都市制度は，基礎自治体である大都市が大都市行政の観点から，道府県権限を一部取り込む制度と言ってよい。具体的な委譲権限は，地方自治法に定める19の事務 (表2-2) の他，個別法でも道府県権限の一部を委譲している。また，地方分権改革において創設された事務処理特例制度を使い，指定都市と立地する道府県の間で協議の上，指定都市へ権限が委譲される場合がある。また，この地方自治法上の大都市特例事務も変化する。たとえば，地方分権改革の中で都市計画決定は原則市町村の権限とされ，地方自治法の特例のリストからは外されることになった。逆に言えば，府県が都市計画決定権限を回復するために指定都市を解体し特別区を設置するというインセンティブが働くと考えられる。

市域が複数の行政区に分割されていることが，指定都市の組織上の特徴である。行政区は市の内部組織であり，区長は一部に公募制などが実施されているものの，市長がその職員の中から任命するものとされている。区役所の機能は指定都市によって異なる。窓口業務と地域振興を分掌する「小区役所制」と土木行政なども担当する「大区役所制」のような区分が存在したが，近年では行政改革の中で流動的になる一方，住民生活に直接関連する行政サービスを総合的に担当させるという傾向が認められる。

また，国や道府県の関与の特例が存在する。すなわち，一般の市町村であれば，知事の承認，許可，認可等の関与を要している事務について，その関与の必要をなくし，または知事の関与に代えて直接各大臣の関与を要することとされる。

制度発足以後の変化を概観すると，権限配分や行政区の機能などには変化があるものの，制度の根幹部分は発足以来不変である。行政制度としての指定都市制度が比較的安定しているのに比べて，指定都市の数は拡大を続けてきた。それとともに，指定都市の都市像は多様化していることが指摘されたことはすでに第2節（4）で紹介した通りである。

この現状に対して，指定都市市長会は以下のような課題認識を有している。第1に，指定都市の役割に応じた税財政制度が存在しないこと，第2に特例的な権限配分や道府県の関与によって二重行政その他の不効率をもたらしていることである。これについて，指定都市市長会は，毎年のように政府に対して，税財源措置の拡充や権限委譲を要望し，それらの課題を抜本的に解決する方策として，指定都市が都道府県から独立する「特別自治市」構想を公表している。

また，大都市制度の見直し問題を審議してきた第30次地方制度調査会は，現行指定都市制度の課題を，「効率的・効果的な行政体制の整備」と「住民意思の的確な反映」の2点に集約した。本章の後半では，前者にも関連して，大都市制度の変遷をあとづける予定である。後者のいわゆる「民主主義の赤字」問題が指定都市制度の課題として認識されたことは特筆されるが，この課題は本書第3章で取り扱うこととなる。

（2）都区制度

都区制度は，指定都市とは逆に，都道府県が大都市行政の観点から，基礎自治体権限・財源の一部を取り込み，財源については独自の都区財政調整制度を通じて再配分を行う制度と言うことができる。特別区は，特別地方公共団体という位置付けであるが，「基礎的自治体」として位置付けられている。指定都市制度とは逆に，都区制度は制度を適用した自治体の数・範囲が変化しないのに対して，制度やその運用は，都と特別区の関係や地方分権政策により，集権

化ののち分権化の方向へ変化を繰り返してきた。

　すなわち，制度創設当初は二層制とされたものの，いわゆる逆コースによる政策変更において，特別区は都の内部団体との位置付けとされた。しかし，特別区側の自治権拡充運動による権限拡充，および自治権拡大の努力が結実し，1998年の地方自治法改正で「基礎的自治体」としての地位を確立した。

　なお，この制度が現在施行されている地域は東京23区のみであるが，地方自治法上では一般性をもつ制度とされている。これは，制度創設時に都民投票を回避するという政治的配慮のためであるが[20]，一般制度としての性格を担保するために，2012年にこの制度を他地域に導入するための手続き法としての性格を有する大都市地域特別区設置法が制定された。

　都区制度については，前述の第30次地制答申において「都区制度は概ね円滑に運営されているが，平成10年以降も，特別区への更なる事務移譲について，都区間で議論が行われている状況である」[21]と穏やかな表現が採用されているが，当事者である特別区側の主張は様相を異にする。すなわち，特別区協議会では，2000年分権改革以降においても，「大東京市の残像」を引きずったままの都区制度では分権社会にふさわしい自治を実現できないという問題意識を有し，二次にわたる研究会活動を通じて，『「都の区」の制度廃止と「基礎自治体連合」の構想』を発表するに至ったのである。同報告書は，特別区は，東京〇〇市として東京都から独立した基礎自治体とする一方で，行政需要や財源の偏在問題を克服するために，事務配分・財政調整を対等・協力の「基礎自治体連合」を通じて行うことを提言している[22]。

　以上，わが国の2種類の大都市制度について概観してきたが，森裕亮は，総合行政を担う都道府県と市町村を重視する「総合主義」と，二層制を原則として例外的なあり方を許容しない「普遍主義」がわが国地方自治制度の特徴であるという。畢竟，大都市制度を設計するにあたっては，この総合主義・普遍主義をどのように克服するかが課題となってきたと指摘している[23]。

（3）大都市制度小史

　上記の二制度は，どのような経過を経て成立したのだろうか。筆者なりに流

表 2-3 大都市に関する特例の変遷

年次		
1878（明治11）年	郡区町村編制法　東京15区　京都2区　大阪4区	
1881（明治14）年	三府神奈川県区郡部会規則　「三部経済制」施行	
1888（明治21）年	市制町村制施行	
1889（明治22）年	三市特例制度（東京・京都・大阪）	
1898（明治31）年	三市特例制度廃止	
1921（大正10）年	六大都市行政監督特例（東京・横浜・名古屋・京都・大阪・神戸）	
1943（昭和18）年	五大都市行政監督特例	東京都制
1947（昭和22）年 地方自治法施行	特別市制度 （指定されることなく制度廃止）	都区制度 （都区二層制）
1952（昭和27）年 地方自治法改正		区の内部団体化 （基礎：都，区長公選制廃止，都による調整）
1956（昭和31）年 地方自治法改正	指定都市制度	
1964（昭和39）年 地方自治法改正		区の権限拡大 （福祉事務所移管・課税権・都区協議会）
1974（昭和49）年 地方自治法改正	（中核市）1995年	自治権拡大 （区長公選制・人事権・保健所移管）
1999（平成11）年 地方自治法改正	（特例市）2000年	特別区の基礎自治体化 （都区二層制，清掃業務移管）
2014（平成26）年 地方自治法改正	指定都市の見直し （総合区，指定都市都道府県調整会議） （特例市廃止・中核市制度に統合）	

（出所）　第28次地方制度調査会，第14回専門小委員会資料などをもとに筆者作成。

れを整理したのが**表 2-3**である(24)。近代地方自治制は，大都市の統治をどうするかという問題を内包し続けてきたことが分かる。大きな流れとしては，明治新政府は，東京・京都・大阪の三都を強い中央統制により統治しようとしたが，産業の発展・都市化により伸張した地元の政界・経済界から，大都市の諸問題に対応するための高度な自治権を求める「特別市」要求運動へとつながっていく。20世紀初頭から都市の拡大局面では，中心市は郊外を合併により拡大し，広域的な都市計画の必要性が生じ，六大都市の中で，戦時下に東京で都制がしかれた。戦後，新たな地方自治法の下で，都制は，都区制度へ移行する一方，

自治体化した都道府県が総合主義・普遍主義の立場から大都市統治論を展開し，特別市の規定が置かれたことを受けた大都市側との対立を激化させた。その対立の妥協点として双方が受け入れたのが指定都市制度であった。大阪ではその後も府市間の対立がみられた。

　ここで確認しておきたいことは，大阪都構想で論点の基礎をなすような問題が，大都市制度の経過の全体を通して形成されてきたという点である。第1に，明治初期より，郡部と区別された都市部には，のちの市に先立って区が設置され，しかも三都には複数置かれた。第2に大都市の府県会には三部経済制がしかれ，区部会が大都市の利益を代表した。大都市を含む府県の区部と郡部は財政や政策の利害が異なることを意識した制度設計になっていたのである。第3に，市制施行と同時に三都には三市特例が適用された。市長の職務は府知事が代行するなど，「大都市であるが故に」市制の適用を排除される「大都市統治の論理」が貫かれた。第4に，三都市の粘り強い運動によって三市特例は撤廃され，横浜・名古屋・神戸の三市を加えた六大市は「大都市であるが故に高度な自治」を要求する運動を進めた。この時期は，都市化が進んだ時期だが，大阪では，二次にわたる市域拡張を行い，一時は人口で東京市を凌ぐ日本最大の都市となった。一方，市営地下鉄や御堂筋の整備，労働問題や衛生・環境問題，貧困問題を調査し先進的な社会政策を実行していた時期である。そのためには，国・府県の監督を排し，都市政策上の幅広い権限が必要とされ，その具体的目標として，府県から大都市が独立する特別市制が設定されたのである。しかし，実際には昭和に入り戦時色が濃くなるにつれ，地方自治制の中央集権性が強まり，特別市が実現することはなく，市制が府県的に運用され，東京で都制がしかれた。

　戦後，新地方自治法は，都区制度（特別区）と特別市を規定した。大都市側は，特別市制を要求したが，新憲法により自治体となった府県の反対に遭う。具体的には，特別市制へ移行する際に憲法第95条の特別法の住民投票を行う有権者が府県民なのか大都市住民なのかが対立点となった。政府は，当初都市住民と解釈したが，のちに五府県側の運動により，府県民へと解釈変更を行い，事実上特別市制は不可能となった。その結果，府県は特別市制条文の削除を条

件に，大都市側は十全ではないが迅速なる実施を優先するとして，指定都市制度を受容した。

第4節　大阪都構想の論点

（1）大阪都構想の概念をめぐって

　本節の目的はいわゆる「大阪都構想」の内容と，それが提起した大都市制度ならびに大阪の統治構造のもつ課題認識と改革提案について整理することである。時期区分としては2010年から2015年5月の住民投票までの過程で，「大阪都構想」が提起した問題の内容を検討することである。

　内容の検討に先立って，「大阪都構想」とはなにを指すのかを確定しておく必要がある。もっとも狭義の解釈をとれば，2015年5月17日に大阪市民による投票の対象となった「特別区設置協定書」を指すことになろう[27]。

　しかし，この協定書に記載された項目は大都市地域特別区設置法に規定された8項目に過ぎない。このため，協定書の記載内容を検討しただけで，住民投票に至るまでの「大阪都構想」をめぐる論議や政治過程が提起した，大阪大都市圏のガバナンスについての課題やその解決策についての論点を出し切ることはできない。言わば，広義の「大阪都構想」が必要である。まず，大阪都構想を推進する理由についてふれておく必要があるだろう。大阪の課題認識は共有できたとしても，その解決が都構想という「統治機構改革」なのかは重要な論点だったからである。2010年に「大阪都構想」を公表して以来，府市それぞれの行政改革プログラムを「大阪都構想」の範疇にいれてその効果とみなすかどうかという問題も争点となった。さらに，橋下徹という政治家個人の果たした役割や，「大阪都構想」を看板に設立された地域政党「大阪維新の会」の役割や政治スタイルも無視することはできない。そこで本稿では便宜的に，大都市圏ガバナンスとの関連の範囲で，これらにも言及することとしたい。以下，本節では，「協定書」すなわち狭義の「大阪都構想」について内容を整理したのち，上に述べたような要因，背景も含めた広義の「大阪都構想」の諸側面について言及する。

（2）「特別区設置協定書」の内容

　狭義の「大阪都構想」としての協定書は，大都市地域特別区設置法に規定された，特別区設置の日や名称，区域，区議会の定数，事務配分，財政調整など8項目を記したものである。以下，主要な項目について説明する。

　①設置の日付

　第1に，特別区設置の日付を「平成29（2017）年4月1日」とした。付言すると，橋下徹市長は2011年11月の市長選挙時に，2015年4月での都構想実現を公約していたが，法定協議会に先立つ条例協議会での議論のペースおよび，移行期間が一定程度必要などの判断からこの時期になったものである。

　②特別区の区割りと区議会議員定数

　第2に，大阪市を廃止して，5つの特別区（北区62.9万人，湾岸区34.4万人，東区58.4万人，南区69.3万人，中央区41.5万人：人口は2010年国勢調査結果の概数）に分割する。特別区には公選の区長と区議会を置く。区議会の定数も協定書に記載されており，上記の5区の順にそれぞれ，19人，12人，19人，23人，13人となっており，合計86名は2015年4月現在の市議会定数と同数である。

　③特別区の事務所の位置

　第3に，特別区の事務所は，旧市役所本庁（北区）の他，既存の区役所を当面活用しつつ，3区役所を建設，1区役所は賃貸により新たに確保する必要があるとしている。また，現存の各区の区役所および出張所はそのまま，窓口業務・保健福祉部門に従前通り活用されるため，住民の利便性は確保されるとしている。

　④府と特別区の事務配分

　第4に，事務配分を変更して，特別区と大阪府の役割分担を明確化する。すなわち，特別区は福祉・健康など住民に身近な事務を担い，大阪府は大阪全体の成長，都市の発展および安心・安全にかんする事務を担う。ここでは，大阪市が行っている事務のうち，広域的な事務および経済政策的な事務（大学・高等学校，病院，港湾，企業支援，交通基盤整備，都市計画等），および市町村が行う事務のうち消防を広域自治体に一元化し，小中学校，保健，社会福祉等の生活関連行政を，5特別区が担うというものである（図2-1）。

図2-1 事務分担のイメージ

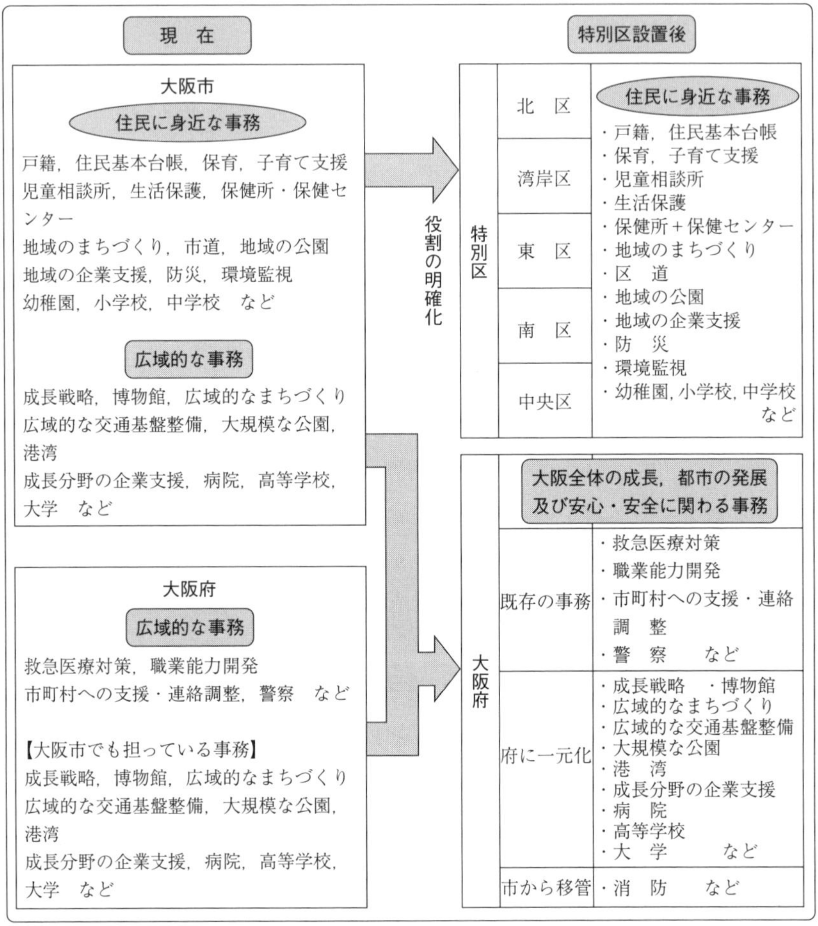

現在

大阪市
- 住民に身近な事務
  - 戸籍,住民基本台帳,保育,子育て支援
  - 児童相談所,生活保護,保健所・保健センター
  - 地域のまちづくり,市道,地域の公園
  - 地域の企業支援,防災,環境監視
  - 幼稚園,小学校,中学校 など
- 広域的な事務
  - 成長戦略,博物館,広域的なまちづくり
  - 広域的な交通基盤整備,大規模な公園,港湾
  - 成長分野の企業支援,病院,高等学校,大学 など

大阪府
- 広域的な事務
  - 救急医療対策,職業能力開発
  - 市町村への支援・連絡調整,警察 など
- 【大阪市でも担っている事務】
  - 成長戦略,博物館,広域的なまちづくり
  - 広域的な交通基盤整備,大規模な公園,港湾
  - 成長分野の企業支援,病院,高等学校,大学 など

役割の明確化

特別区設置後

特別区(北区,湾岸区,東区,南区,中央区)
- 住民に身近な事務
  - 戸籍,住民基本台帳
  - 保育,子育て支援
  - 児童相談所
  - 生活保護
  - 保健所＋保健センター
  - 地域のまちづくり
  - 区道
  - 地域の公園
  - 地域の企業支援
  - 防災
  - 環境監視
  - 幼稚園,小学校,中学校 など

大阪府
- 大阪全体の成長,都市の発展及び安心・安全に関わる事務
- 既存の事務
  - 救急医療対策
  - 職業能力開発
  - 市町村への支援・連絡調整
  - 警察 など
- 府に一元化
  - 成長戦略・博物館
  - 広域的なまちづくり
  - 広域的な交通基盤整備
  - 大規模な公園
  - 港湾
  - 成長分野の企業支援
  - 病院
  - 高等学校
  - 大学 など
- 市から移管
  - 消防 など

(出所) 大阪市,2015,10頁を修正。

⑤職員の移管

　第5に,職員の移管すなわち人的資源配分である。大阪市職員3万5400人のうち,消防と高等学校等職員はそのまま府に移管される。市長部局1万3000人のうち,1万900人が特別区職員となり,400人が一部事務組合等職員,一部が広域行政の移管に伴い府へ移管される。小中学校職員・保育所・下水

道・廃棄物・公営企業等の1万7500人は民営化を検討しているとして削減の対象となっている。また，特別区職員も15年後には，1000人の削減が明記されている点も特徴的である。これは，単なる統治機構の改革ではなく，公民分担の見直しを伴うことを表しており，次の税源配分・財源調整と相まって，行財政の持続可能性という問題を表面化した。

⑥税財源と財政調整

第6に，税財源の配分と財政調整制度である。大阪府の税源は，府税ならびに本来は市町村税である，法人区民税，固定資産税，特別土地保有税，都市計画税および事業所税とし，特別区の税源は個人区民税，市町村たばこ税，軽自動車税等とする。加えて，特別区間の財政不均衡を是正するために財政調整制度を創設する。財源には，法人区民税，固定資産税および特別土地保有税をあて，これに府の条例で定める割合を乗じて得た額を特別区財政調整交付金として特別区に交付するものとした。調整財源（上記3税）と目的税4600億円の配分の決定は，後述の大阪府・特別区協議会の協議に委ねられる。

⑦財産・債務の承継

第7に財産や債務の承継である。財産の承継は，行政財産および公営企業は，事務の分担に応じて財産が承継される。また，それ以外の普通財産は原則として特別区が承継するが，空港・港湾・高速道路・大学などの広域事務，大阪市の債務処理等府が担う事務と密接不可分な財産は府が承継することとされた。

債務は大阪市債3兆3000億円を当初府が承継し，事務分担に応じて，府が3割，特別区が7割を負担することとして，特別区の償還財源は財政調整に応じて措置することとした。

上記の枠組みに沿った財産承継の配分結果として大阪市の資産7兆6900億円は，特別区に75.1％（5兆7700億），府に24.9％（1兆9100億）が配分されることになっていた。上記の債務承継のスキームから，府には4200億円の市の公債償還基金が配分される他，交通局の民営化が完了しない場合は，地下鉄事業の正味資産3713億円などが府に承継されることになっていた。[29]

⑧大阪府・特別区協議会の設置

最後に，大阪府・特別区協議会（以下，府区協議会）の設置が盛り込まれた。

府区協議会の構成については，知事と5特別区長を基本とし，適宜，議会代表，職員，学識経験者を加えるとしつつ，特別区設置の日までに知事・市長の協議により決定するとしている。また，協議事項としては，財政調整交付金の配分，財産・債務の処分，事務分担の3点が主たるものである。

⑨「広義の都構想」概念の必要性

上述の協定書の内容は，あくまでも府と市の行政を再編して特別区を設置する行財政の仕組みの項目のみで構成されていた。したがって，特別区設置後の具体的な公共政策・行政サービスの質・量や水準については，この協定書（狭義の大阪都構想）からは判断することはできなかったのである[30]。住民からみれば，関心事である具体的な住民サービスの質や量について十分な情報が得られたとは言えないのである。

さらに，上記の「狭義の大阪都構想」の難解さ[31]に加えて，その提案者が作り出す独特の政治的環境の中で，冒頭の住民投票が行われた事実を無視することはできない。協定書（「狭義の都構想」）に加えて，それが策定され，大阪市民の投票の判断に委ねられ，否決の判断が下った過程も含めて「広義の都構想」をみる必要があるというのが筆者の主張である。

（3）大阪都構想の背景と政治・行政過程の特徴

①過去の「大阪都構想」

中心市である大阪市を廃止して，広域行政を一元化しようとする構想自体は，戦後から存在した。その最初のものは，1953（昭和28）年12月の大阪府議会「大阪産業都建設に関する決議」であり，府・市を廃止して大阪都を設置し，市内に都市区を設置するという内容であった。

1955（昭和30）年には，大阪府地方自治研究会が「大阪商工都」案をまとめている。府・市町村の権限を原則「商工都」に集約，下部組織として25程度の自治区を設置し，日常生活に関連する業務を処理することとした。昭和40年代に入っても当時の左藤義詮大阪府知事が府議会で都と区の設置について言及している。近年では，太田房江知事の下で，2003年大阪府地方自治研究会が大阪新都構想を発表している[32]。その対抗構想として，大阪市側からも「スー

第2章　政治的争点としての大都市圏ガバナンス

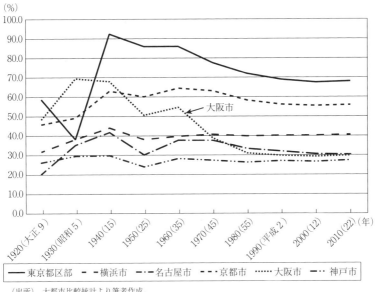

図 2-2　6大都市人口の対都府県人口比率の変化

(出所)　大都市比較統計より筆者作成。

パー指定都市構想」や「大都市州」「特別自治市」が発表されてきたが，先に提案してきたのは大阪府である。この背景として，六大都市の中でも，大阪の場合は，一貫して中心都市である大阪市人口の府人口に対する比率が低下していることを指摘しておきたい（図2-2）。府市関係は，人口で大阪市の比重が低下しているにもかかわらず，大阪市の地域経済での重みが依然として大きく，かつ大阪市が指定都市であるために権限の競合が起こった場合に，コンフリクトを避けるため，市内と市外で棲み分けを行って「二元行政」という現象がみられた。その上，近年地方分権が進展し，都市計画権限が市町村権限になるなど，狭い府域の中心部に大阪市が位置する地域構造と相まって，府側の大阪市を統合する指向が強まりやすい構造にあると言える。

　大阪都構想も，橋下徹氏が知事時代に発表し，その実現のために知事から市長に転身した経緯を考えれば，府側の提案と言うことができる。過去の諸構想は実現することはなかった一方で，大阪都構想の場合は，大阪の地方政治の中

心的争点となり住民投票にまでもち込まれた。

②大阪都構想が必要であると主張された理由

では，なぜ上記のような提案が 2010 年初頭になされるに至ったのだろうか。第 2 節に述べた一般的な要因に加えて，大阪でこの提案がなされ，住民投票にまで至った理由・要因を考察してみたい。要約して言えば，「統治構造改革による大阪の地域経済の停滞と閉塞感の打破」という改革イメージの醸成にある程度成功したからだと言えるだろう。

まず，地域経済の停滞感である。大阪大都市圏の地域経済の状況についての詳細は第 1 章に譲るが，2011 年 W 選挙後に発足した大阪にふさわしい大都市制度推進協議会（条例協議会）の初発段階で提案された「首長共同案」（2012 年 5 月）では，国内の他の大都市圏の中で，大阪の経済集積や地域経済の低迷が目立つこと，産業構造の高度化・新産業の創出が進まず事業活動が低迷していること，その結果，市民生活も所得水準の低下，高い生活保護率，高失業率と厳しい状況にあることを指摘していた。[33]

他方，府市の関係は，戦前期はもっぱら市が経済のメインプレーヤーであり，それゆえ大都市は特別市制を要求した。戦後は新たに自治体となった府県との対立の中で，指定都市が制度化されたが，高度成長期に入り，大阪でも郊外での都市開発を府が担い，二元行政が確立した。しかし，こんにちでは人口減少や経済の縮小で，市域内・外ではなく府下全域を見通す大都市戦略が必要となっており，狭い府域内の中心にほぼ同格の大阪市が存在する統治構造を改め，広域行政の一元化が必要不可欠だという論が推進派の主張である。

なお，「大阪都構想」は，2010 年 1 月頃に当時の橋下大阪府知事が提唱して以来，関係市町村等からの反応をみてその枠組を変更してきた。当初は，大阪市・堺市及び隣接市（グレーター大阪）と府の一体化による「新たな統治機構」と府内での適正数の基礎自治体の設置が提案された。[34] 2013 年の堺市長選挙で，堺市の分割反対を主張する現職と，都構想を堺市に適用して特別区への分割を主張する大阪維新の会の候補が争った。現職が勝利した結果，堺市が離脱して，焦点は大阪市の廃止・分割に絞られることになった。橋下市長の下での区長プロジェクトチームが作成した 5 区・7 区分割と中央区と北区の合区・分割案，

合計4案のうち，5区分割案をベースに名称と区割りの一部修正を加えた案が協定書に書き込まれた。この経過をみると，大阪都構想の本質は，指定都市大阪市の解体による広域行政の一元化にあったことが分かる。

③「大阪都構想」を看板に掲げた地域政党の創設・発展・国政進出

大阪都構想が住民投票の対象になるに至った政治的要因としては，大阪都構想を最重要政策として掲げた地域政党「大阪維新の会」の存在がある。2010年4月に設立した同党は，翌年の統一地方選挙で府議会の過半数，市議会で第一党の地位を獲得するなど躍進した。2011年11月には，橋下知事が辞職し，大阪市長選挙に出馬して，府知事・市長のW選挙が行われた。その結果，府知事には松井一郎，市長には橋下徹が就任した。前者は大阪維新の会幹事長，後者は同党代表であった。無所属候補が多数を占めるわが国の自治体首長選挙において，同一政党の幹部が府知事と中心市の市長に就任するという，わが国の大都市圏ガバナンスでは特異な体制が現出したのである。「大阪都構想」という共通の目標にむかって，両首長は両自治体のもつ資源を活用することによって，大阪都構想を推進していった。大阪府下自治体の首長選挙でも勝利を重ね，大阪府下での影響力・組織的基盤を確立していった。

この同党の「勢い」は大阪の統治構造の再編を国政マターに押し上げる効果も有した。第30次地方制度調査会の諮問事項に大都市制度が盛り込まれ，橋下・松井が参考人として都構想を説明した。最終答申では，大都市制度の見直しの方法の1つとして，「特別区制度の他地域への適用」が盛り込まれた。[35]

また，同党の国政進出を念頭に置き始めた諸政党（自民党・公明党，民主党・国民新党，みんなの党・新党改革）は，協議の上，大都市地域特別区設置法を共同で議員提案し，成立させた。東京都以外の地域に特別区を設置する手続きが定められたのである。[36]

なお同党は，2012年9月には国政への進出を決定し，自民党・民主党・みんなの党等の国会議員が合流し国政政党「日本維新の会」を結成した。「日本維新の会」は，同年12月6日に実施された第46回総選挙で54名の公認候補を当選させ，衆議院第3党に躍進した。結党当初から他党との離合集散，改名を繰り返したため，全国レベルでは支持が低落傾向にあるものの，大阪におい

表2-4 維新の会の得票率推移
(%)

	大阪府	全国	大阪府除く
参院選比例2016	34.9	9.2	7.4
衆院選比例2014	32.4	15.7	14.5
参院選比例2013	28.7	11.9	10.7
衆院選比例2012	35.9	20.4	19.2

(出所) 中央選挙管理委員会データなどから筆者作成。

ては,分厚い地方議員を有するため,底堅い支持基盤を築いている(表2-4)。

この支持基盤が,都構想の政治的推進力になり,府議会・市議会での公明党への態度表明に影響した。たとえば,2014年10月に,松井知事と橋下市長により,それぞれ大阪府議会・大阪市議会に提出された協定書は一旦,自民党・公明党・民主党・共産党の反対によりそれぞれ否決された。

その後公明党が「住民投票の実施については賛成する」として議会での承認について賛成に態度を変更した。2015年1月13日法定協議会で,協定書が承認されたのち,2015年2月に府議会・市議会に協定書が再提案された。3ヶ月前に否決されたものとほぼ同一の内容であったが,公明党は方針変更により賛成に回り,3月の市議会,府議会で可決された結果,冒頭に紹介した住民投票が実施されるに至ったのである。これには,明確な合意文書等はなく確認することは不可能であるが,国政選挙時における選挙調整と公明党府市両議会での維新の会への協力という取引があったのではないかと推測されている[37]。

このように,都構想は,地制調での大都市制度見直し議論,特別区設置の手続き法の制定,節目での議会議決で,大阪維新の会の勢力拡大がもたらす政治的推進力が発揮されたのである。

④橋下徹氏の政治・行政運営のスタイル

第2節で,こんにち大都市統治のあり方が争点化している要因として「大都市統治とリーダーシップ」を指摘した。自他ともに認める大阪都構想の牽引者としての橋下徹氏のリーダーシップについてもふれておく必要がある。橋下氏のリーダーシップやパーソナリティについての評価は他に譲る[38]とし,府政・市政運営から都構想の賛成・反対論の形成に影響を与えた点に絞って整理しておく。

第1に,批判勢力を敵に仕立て上げ,トップダウンで改革を進める手法であ

る。市長就任後，矢継ぎ早に，選挙期間中の職員，地域振興会等の言動を問題視し，政治的行動を制限するような政策を実行した。たとえば，職員基本条例を制定して，全職員の思想調査を行うなどである。このようなかたちで，職員や地域をはじめとした補助金受給団体への強権的な姿勢をみせることで，改革者としてのイメージを調達しようとした。もちろん，これには反対する動きも発生するが，改革者イメージこそが橋下氏の政治的資源になったのである。市民の現状への不満や停滞感の矛先を準備することで，自らの改革者イメージを作り出したのである。地域振興会への補助金停止や，文楽協会をはじめとした運営補助金見直しなど，関係者からの反発に遭いながらも，強行したことが改革者イメージを強化した。

第2に，人事政策では，区長公募制，公募校長，局長などへの民間からの公募人事を広範囲に採用した。これは，従来からの市役所組織等，外部に閉じられた組織では自己改革が起こらないとの考えにもとづくものである。しかしながら一部の区長や校長の不祥事案により，分限処分や懲戒処分がなされ，また任期を待たずに退職する事例が発生し，2013（平成25）年9月に「不祥事を起こした公募人材への厳格な対処等を求める決議」が大阪市会で採択されるなど問題化している。

(4) 大阪都構想の論点整理
①大都市制度改革と大都市圏の成長の関係
　当初都構想を実現すれば大阪は豊かになるという宣伝がなされたが，制度を変えることがなぜ経済成長につながるのかという疑問が投げかけられた。その結果，都構想は経済成長そのものをもたらすものではないがその前提条件であるという主張に変化した。二重行政の解消や民営化を通じた効率的な行政が，域外あるいは外国から投資先として選ばれる都市になるという新自由主義的な大都市改革論の影響が認められる。

　「協定書」には，大都市地域特別区設置法の定める項目以外の記述は皆無で，市民は特別区設置がなぜ大阪の発展につながるのか理解しにくいものであった。

　ガバナンス形態と経済発展について，科学的実証的に因果関係まで明らかに

できた調査研究は筆者の知る限りは存在しないが，試みの例として経済協力開発機構（OECD）の大都市圏ガバナンス調査を紹介する[40]。同調査ではOECD加盟国の260余りの人口50万人以上の都市機能地域を大都市圏と規定している。これらの地域を対象として分析した結果，人口規模が2倍になると労働生産性が5～6％上昇するとの結果を示している[41]。これは，集積の利益による経済効果と言える。

　自治体の断片化という面からみると，10万人あたりの自治体数が2倍になると，労働生産性が5～6％低下するという推計を公表している[42]。また，大都市圏の27％に決定権のあるガバナンス体が存在し，41％には決定権をもたないガバナンス体が存在し，32％には存在しないという結果になっている[43]が，これらのガバナンス体と経済成長の間の相関性を指摘する説明は見当たらない。ただし，これらのガバナンス体の多くが空間計画や交通政策を担当分野としていることから，ガバナンス体の存在がスプロールを抑制するとともに，公共交通への満足度を高めるという「政策効果」が確認されている[44]。

　以上から，大都市圏ガバナンスと「成長のエンジン」の関係には，第1に，大都市の集積と経済成長という側面と大都市圏ガバナンス体の存在と経済成長という側面を分けて考える重要性を指摘する必要がある。さらに，大都市圏ガバナンスと経済成長の間には政策的効果という媒介変数が必要であり，それを介した因果関係が証明される必要があるという点を示唆している。さらに，大都市圏ガバナンス体の内容についてもこのOECDの調査研究では決定権の有無の区別があるだけであり曖昧である。

　なお，日本と韓国の大都市圏ガバナンスの比較という本書の関心から，大都市圏と国内の経済成長の牽引者としての役割の関係という点で一言しておく。OECDの調査で，大都市圏のGDPの国内シェアと人口の国内シェアを比較した場合，日本を含む多くの国でGDPのシェアが人口のそれを上回る。すなわち経済の牽引者の役割を一定程度果たしているのに対して，韓国とメキシコでは逆になっている。両国では大都市圏に相対的に貧困が集積しているのである[45]。ちなみに，詳しくは本書第6章に譲るが，韓国は日本以上にソウル首都圏一極集中の経済・社会構造を有するとともに，大都市自治体は，広域自治団体とし

ての地位を有する統合度・自立度の高い大都市制度を有している。したがって，現時点では地域の経済成長と大都市のガバナンス構造の関係について，因果関係を実証的に明らかにするのは今後の課題である。

②二重行政の解消問題

大阪都構想においては，推進派から最大のメリットとして「二重行政の解消」が強く前面に押し出され主張された。施設の重複等，市民にも分かりやすい形で二重性をアピールできるためだと思われるが，二重行政すべてが否定・解消されるべきものかについて論争が繰り広げられた。

ここで言う二重行政は広域自治体と基礎自治体の間に存在する二重行政のことである。指定都市の場合は，分権改革によって事務移譲が進められてきたことと，行政能力が高く，さらに県庁所在地でもあることが多いため，指定都市と府県との間でより顕在化しやすい側面がある。

この点，第30次地方制度調査会第14回専門小委員会資料における整理が興味深い。総務省の整理によると，大都市制度に伴い課題とされる「二重行政」には，次の3類型が認められるという。第1に任意事務で広域自治体と基礎自治体双方が実施しているものや，法定事務で双方に義務や努力義務が課されているもの（重複型）。この重複型はさらに，ハード重複型（例：公営住宅，図書館・博物館等）とソフト重複型（例：中小企業支援，地球温暖化対策等）に分類される。第2に同一・類似事務について広域自治体・基礎自治体が事業規模等により役割分担をしているもの（分担型　例：県費負担教職員の給与負担者と任免権者）。第3に，基礎自治体が行う事務について広域自治体の関与が存在するもの（関与型　例：市町村立高等学校に対する県教育委員会の許可等）である。興味深いのは，二重行政として市民に認識されやすい重複型は「任意事務」が多く，事務権限は明確に分かれているが，分かれていることによって非効率が生じる「分担型」「関与型」には法定事務が多いという分析である。したがって任意事務は，「都構想」では解消できないという結果に行き着くのである。これについて府議会自民党は，維新会派が二重行政の無駄であると主張する事例（例：ATC・WTCとりんくうタウン開発等）は，特別区になっても建設可能だという答弁，また特別区設置という制度変更がなければ解消できない二重行政は

当時の段階で指定都市に設置義務がある精神保健センターのみであるという答弁を理事者から引き出している。[48]

　一方，上記のような行政サービス供給側からの二重行政分析とは異なる視点，すなわち行政需要者側の視点に立った二重行政分析が村上弘教授により提起された[49]。この主張によれば，二重行政すべてが解消されるべきものではなく，「悪い二重行政」が存在すると同時に「良い二重行政」も存在することになる。ここで，「良い二重行政」とは，府と市の両者が同種の施策・行政サービスを実施していても，需要量が供給量を上回っている場合，および，立地を変えることやその内容に差をつけることによって，行政サービスのターゲットが重ならないようになっている場合が該当する。

　二重行政については，自治体の財政効率への関心が高まるに伴い，重複した行政の無駄を削減することが，大都市制度改革の中では主な課題として認識されてきた。しかしながら，市民の眼に「二重行政」と映りやすい公共施設をはじめとする重複型の二重行政はその多くが任意事務であり，法定されたものではなく，「大阪都構想」のような自治体改編では解消できないことが明らかになった。むしろ，法定されているがゆえに分担型になっており行政サービスを一体的に供給できない問題や，関与型を問題とすべきであるが，これも自治体の改編を行わなければ解消しない問題ではない。また，行政サービスの性質から分担型や関与型になっていることに意味がある場合もありうる。こうした非効率性は，政策調整の中で解消すべき問題である。ここで論点となるのは，地方自治史上長きにわたり形成されてきた権限配分を変更すること，大都市・大阪市の論理からは，大都市自治体を解体し，多元的な広域事務を広域自治体である府に一元化することをどう評価するかである。都構想の推進派は，この状況を非効率とみなす一方，慎重派は権限の分割を，「２つのエンジン」，大都市行政の充実であり，復元力の源泉とみなしている。また二重行政は自治体構造を改編するのではなく調整の問題であると主張した（表２-５）。

　事務配分にあたっては次の２点についてもあわせて留意する必要がある。１つは，大阪市の公営事業として規模が大きい，大阪市営地下鉄・バスの取り扱いである。これについては，橋下市長時代から幾度となく，民営化案が市議会

表 2-5　二重行政の例

項　目	対　象		分　類
A項目 【経営形態の見直し】	地下鉄，バス，病院，市場		公営企業
	水道，一般廃棄物，消防，港湾，下水道		法定事務
	大学，公営住宅，文化施設		任意事務
B項目 【類似・重複している行政サービス】	大阪府	大阪市	
	＜出資法人＞ 中小企業信用保証協会 （公財）大阪府国際交流財団　等 ＜公設試験施設＞ （地独）大阪府立産業技術総合研究所 大阪府立公衆衛生研究所 ＜集客施設（公の施設等）＞ 府立中央図書館 大阪国際会議場　　　　　　　　　等 ＜その他の施設（公の施設等）＞ こども青少年施設 大阪府立障がい者交流促進センター等	＜出資法人＞ 信用保証協会 （公財）大阪国際交流センター等 ＜公設試験施設＞ （地独）大阪市立工業研究所 大阪市立環境科学研究所 ＜集客施設（公の施設等）＞ 市立中央図書館 インテックス大阪　　　　　　　　等 ＜その他の施設（公の施設等）＞ こども青少年施設 大阪市障害者スポーツセンター等	任意事務
	大阪府犬管理指導所　　　　　　　等	大阪市動物管理センター　　　　等	法定事務
その他	A項目及びB項目以外の事務事業の政策統合，類型化，見直し　等 （府市共同による業務改善や出先事務所の統合等を含む）		

（出所）　総務省，2012a，スライド18より抜粋。

に提案され，否決されてきた経過がある。民営化が実現しない間は，大阪府が担当するとしている。

　もう1点は，協定書では特別区の事務（約1670）のうち120の事務を一部事務組合で実施する点である。この一部事務組合は国民健康保険，介護保険，水道・下水道等の生活に密着した分野を担当する。市民生活に密接に関連する事務について，大阪市を解体できないことを証明する結果となる上，一部事務組合への民主的統制の弱さ，三重行政になるのではないかという点が批判された。

③特別区行財政の持続可能性

　特別区の行財政が持続可能かどうかも問題となった。持続可能性で懸念が出されたのは，移行コストを端緒にした財政の持続可能性と行政体制の持続可能性である。

　第1に，庁舎の建設コストのほかシステム改修のため約600億円もの初期コ

ストが必要となった。また，現区役所の活用期間は，近隣に事務所を賃貸により確保するとしているが，その実現性および，「分散型庁舎」では特別区の行政の効率的執行を損なうのではという懸念が表明された。

第2に，特別区の財政の持続可能性である。まず，自主財源の乏しさである。大阪市税6300億円のうち，特別区の自主財源として残るのは，わずか1700億円であり，4600億円は一旦府に配分される。特別区からすれば，財政自主権を損なう制度である。つぎに，4600億円のうち府条例に規定された額が財政調整交付金として特別区に配分される。そもそも財政格差が激しい特別区間の平衡を図るのが，特別区財政調整制度である。東京都区部に比して大阪市の財政力が弱いため，自主財源に乏しく調整財源に多くを頼る構造になっている。[50] さらに，次の④で検討するが，調整財源の割合は府条例により決定し，見直しは府・区協議会で行うため，府の主導となる可能性が高い。同時に，特別区間の財政力の違いが大きいことから財政調整の規模も大きなものとなり，可視化された財政力格差は特別区間の対立を惹起することが問題とされた。

④特別区と指定都市のどちらが住民自治を実現できるか

都構想がどのような住民自治を実現できるのかは核心的な問題である。住民自治の拡充は，二重行政の解消と並んで最も市民にアピールされた点であるからだ。本書では住民自治をどう考えるかは，次章の課題としている。したがって，ここでは，狭義の都構想に対するコメントにとどめる。

第1に，特別区議会についてである。議論の過程では，中核市並みの権限を想定していることから，近隣の中核市の議員一人あたりの市民数から，議員総数二百数十名という事務サイドの試算も存在したが，議員数・報酬の削減を重要視する知事・市長の意向が反映され，議会コストを現状より抑えることが最優先され議員定数の維持と報酬の3割減を明記している。したがって，新たに設置される特別区議会の議員1人あたりの区民数は，5区平均で3万1330人，東京23区議会平均の1万248人[51]と議員の代表性は3分の1にとどまったのである。

次に，府による特別区の自治への介入の懸念がある。府区協議会の協議事項には，事務分担，財政調整，財産・債務の処理に関することがあげられているが，これらは本来基礎自治体が自律的に処理する性質のものである。とりわけ，

特別区歳入の相当部分を占めることになる財政調整交付金の配分は，府と区の間の利害対立の要因となりえ，以下の理由で府が主導権を握りやすいと考えられる。第1に，調整税源から財政調整交付金への配分を規定するのはあくまでも府の条例であるからである。府議会において特別区部から選出される議員は，府議会内では少数派である[52]。したがって，大阪の場合は，大阪府において特別区部（旧大阪市）の影響力は府議会において低いままであり，特別区に移行した場合に財政力を左右する財政調整交付金を決定する場面においても少数派にとどまる。第2に，特別区の財政が独立し，財政力の格差が可視化されることによって特別区間に対立が生まれることが予想され，府の主導権が相対的に強まることにつながる。以上のことから，特別区の行財政の資源配分に対する府の支配が強まることが予想される。

第5節　大阪都構想が争点化した要因の分析と評価

　これまで考察してきたことを2つの問いに沿って整理することで，本章を閉じる。2つの問いとは，第1に，なぜ2015年に住民投票が行われるところまで，大阪都構想が政治的争点として浮上したのか，そして否決されたのかという問いである。第2に，大阪都構想を大都市圏ガバナンスの変更提案としてどう評価するかという問いである。

　第1の問いについては，まず世界的に，大都市圏ガバナンスへの関心が高まっているという一般的傾向がある。すなわちグローバルな都市間競争への対応であり，地球温暖化問題，住宅・貧困等の都市問題への対応が大都市圏ガバナンスの課題になっているという認識である。これは，ビジネスや公職者の一般的な意識である。次に一国の大都市制度の形成過程にかかわる要因である。大阪市が施行している指定都市は，それ自身も十全の制度として認めていない，次善の制度であり，しかも長年にわたり大きな変更が加えられていなかった。一方，その制度を適用する自治体が増加し，特徴が見出しにくくなっていた。戦後改革以降，大都市制度をめぐっては府県と大都市が対立関係になりがちであった。大阪の場合は，狭い府域の中心部に，経済力は大きく中枢性のある大

阪市が存在してきた。大阪市は，指定都市であるため行政的な存在感は大きく，二元性が問題視され続けてきた。経済的な面では，客観的な経済指標が地域経済の停滞・衰退を示すことに対して，住民は不満や停滞感を感じるようになった。そのようなところに，テレビタレントとして知名度をもち，弁護士としての交渉術を有する政治的リーダーがあらわれ，府市の対立解消というテーマを，都構想という統治機構改革にフレームアップすることで改革者イメージを調達することに成功した。彼を中心とした政治グループが急速に支持を広げ，地方政界，そして国政に進出し第三党になるまで成長した。その過程で，大阪における大都市圏ガバナンスの課題は，地方政治マターから国政マターへと飛躍を遂げたのである。そして，この政治勢力が大阪府市の政権を獲得し，府市の改革をトップダウンで進めることで，改革者イメージを増幅し，これが都構想の推進力を供給し続けた。

　それでは，協定書はなぜ否決されたのだろうか。加茂利男は，「賢い迷い」が都市と民主政治を守ったと論じた。賢い迷いとは，都構想提案が市民によって，判断材料として不十分であると評価されたことを意味する。加茂も紹介しているように，推進派側も，都構想の議論がかみ合っていないことを認めていた。協定書を詳細に検証した行政学・財政学を中心とした学者グループからは，特別区の行財政の持続可能性や，少ない財政メリットと大きなコストなど，東京23区の特別区制度への対抗構想が特別区自身により示されている点などがあげられた。

　大都市特別区設置法の規定の問題ではあるが，協定書が大きな方向性しか示さず，細部についての疑問への説明が不足したまま判断を迫られたという点も重要だと思われる。協定書に確信をもって反対した者ばかりではなく，さらなる熟慮の機会を求めて，迷いながら反対票を入れた者が相当程度存在したと推測しうる。協定書そのものが内包している問題と同等かそれ以上に，協定書が投票にかけられる過程で表明された設計者たちの民主主義観への拒否感をも含んでいた。そうでなるなら，次の課題は，大都市ガバナンスにおいて，住民自治はどのように確保されるべきかということになる。この課題の検討は，次章で行うこととする。

第2章　政治的争点としての大都市圏ガバナンス

注
(1) 参考までに2011年4月に行われた大阪市会議員選挙,同年11月の大阪市長選挙,2014年3月の大阪市長選挙,2015年4月の大阪市会議員選挙,同年11月の大阪市長選挙の投票率は,それぞれ49.27％,60.92％,23.59％,48.84％,50.51％であった。なお,2014年3月の市長選挙が著しい低投票率を示しているのは,大阪都構想推進の是非を問うとして辞職したことによって実施された出直し選挙であり,都構想慎重派・反対派は「大義がない」として意識的に不戦敗を選択し,有力な対抗馬が出なかったためである（大阪市選挙管理委員会ウェブサイト「選挙の記録」http://www.city.osaka.lg.jp/senkyo/category/541-0-0-0-0.html　2016年2月15日閲覧）。
(2) 大都市地域特別区設置法第7条第1項は「前条第3項の規定による通知を受けた関係市町村の選挙管理委員会は,基準日から60日以内に,特別区の設置について選挙人の投票に付さなければならない」。同第8条第1項は,「（略）前条第1項の規定による投票においてそれぞれその有効投票の総数の過半数の賛成があったときは,共同して,総務大臣に対し,特別区の設置を申請することができる。（略）」と規定している。
(3) 平成27年国勢調査速報集計値をもとに,20指定都市と東京都特別区部人口を合計した値の人口総数に対する100分率を算出した。
(4) 厚生労働省,2015,6頁。
(5) 総務省統計局,2016,5頁。
(6) 農林水産省,2015。
(7) 地域エネルギー自給率＝域内の再生可能エネルギー供給量／(域内の民生＋農林水産業用エネルギー需要量)（千葉大学倉阪研究室＋永続地帯研究会,2016,13頁）。
(8) 千葉大学倉阪研究室＋永続地帯研究会,2016,13頁。
(9) 内橋,2009,48頁。
(10) (9)と同。
(11) 松谷,2011,181-203頁。
(12) 指定都市市長会,2009,7‐8頁。
(13) 大阪市,2003,10-14頁。名古屋市,2011。横浜市,2008。横浜・大阪・名古屋3市による大都市制度構想研究会,2009。
(14) 指定都市では1948年1月の五大市共同事務所（横浜市,名古屋市,大阪市,京都市,神戸市）の設置,その後の1963年10月の指定都市事務局への名称変更を経て,大都市の立場からの地方分権改革に関する主張をより機動的・効果的に表明し,共同活動を強化することを目的として,2003年12月21日に「指定都市市長会」を発足した。
(15) 指定都市市長会,2011,8‐14頁。
(16) 大杉,2011,1頁。
(17) 改正都市計画法（2011年,2012年改正法）。なお,第4次分権一括法により,25法律の事務権限が都道府県から指定都市へ委譲された。病院の開設許可や県費負担

教職員の給与負担や定数決定なども含まれている。詳細は，内閣府地方分権改革推進室，2014 を参照のこと。
⒅　柏原・西村・自治体問題研究所編，2012，48-51 頁。あわせて総務省，2012b を参照されたい。
⒆　「効率的・効果的な行政体制の整備」とは具体的には「二重行政の解消」を意味する。総務省，2013，6 頁。
⒇　日本国憲法第 95 条は「一の地方公共団体のみに適用される特別法」の住民投票を規定している。
㉑　総務省，2013，11 頁。
㉒　第二次特別区制度調査会，2007，6，8，11-14 頁。
㉓　森，2008，63 頁。
㉔　本項の記述は，その多くを指定都市市長会，1984 に依拠している。
㉕　三府と神奈川県に，府県会に区部会と郡部会を置き，都市（区）に直接かかわる問題や財政は区部会が，郡部にかかわる問題や財政は郡部会が扱い，両者に共通する事項は連帯して議決する制度。あわせて，坂本，1991，1 頁を参照。
㉖　1950 年国勢調査によると，各市人口が府県人口に占める割合は，横浜市 38.2％，名古屋市 30.4％，京都市 60.1％，大阪市 50.7％，神戸市 24.3％であった。
㉗　ただし，本章冒頭でも触れたように，この特別区設置協定書を「大阪都構想」と呼称することについては，投票権者の誤解を招くため不適当とする有力な見解がある。特別区設置協定書に「大阪都」が出てこないこと，実質的な内容は大阪市の解体であること，仮に可決されても広域自治体としての大阪府の名称は直ちに変更されないことがその理由としてあげられる。一例として，適菜，2015。
㉘　なお，2013 年 10 月時点の区役所職員総数は 4640 人である。市役所を活用する北区役所以外は執務スペース不足となることが予想された（大阪市『大阪市統計書』ウェブサイト）。
㉙　2014 年度。資産合計 9139 億円－負債合計 5426 億円の額。大阪市交通局，2015。
㉚　推進派は，それを決定するのが特別区の住民自治だと主張した。たとえば，橋下市長は筆者が参加した大正区での説明会（2015 年 4 月 21 日）で，市バスのサービス水準についての質問に対して，それは特別区が決める問題であると回答している。
㉛　難解さの意味は，1 つには現行の特別区制度を援用した，一般の市民にはにわかに理解しがたいことが記述されていること，いま一つは制度枠組しか記述されていないにもかかわらずきわめて短い期間で判断を迫られたことを意味する。
㉜　砂原，2012，152 頁。
㉝　松井・橋下，2012，スライド 17。
㉞　大阪維新の会，2010。
㉟　総務省，2013，12 頁。
㊱　同法の制定過程について詳しくは，岩崎，2012，34-38 頁。
㊲　『毎日新聞』2014 年 12 月 29 日付配信記事。
㊳　類書は多いが，一例として，橋下，2003。産経新聞社大阪本社社会部取材班，

2009。吉富，2011。
⑶⁹　大阪市公募制度のあり方検討プロジェクトチーム，2014，1頁。
⑷⁰　数多くの文献が発表されているが，包括的なものとして，Ahrend et al, 2014。
⑷¹　OECD, 2012, p. 3.
⑷²　OECD, 2012, p. 4.
⑷³　Ahrend et al, *op. cit*, pp. 8-11.
⑷⁴　Ahrend et al, *op. cit*, p. 20.
⑷⁵　OECD, 2013 のデータから，大都市圏域の人口と GDP の国内シェアを比較して算出した。大都市圏の国内人口シェアが国内 GDP に占める比率を上回った場合は，大都市圏に貧困がより蓄積していると言える。
⑷⁶　大都市圏を統合する政府に限定せず，政府間の協議などのネットワークを含む。
⑷⁷　総務省，2012，スライド 16-17。
⑷⁸　大阪府議会ウェブサイト，2015。
⑷⁹　村上，2011，586，599 頁。
⑸⁰　それに比べて東京 23 区の 2014 年度決算においては，区税 9907 億円に対して財政調整交付金は 9816 億円となっている。東京 23 区は一部の区を除いて相対的に財政力が高く，他の区への財政移転よりも都に財源を奪われることを問題視している。
⑸¹　算出にあたっては，2015 年 5 月 1 日現在の大阪市と東京都区部の推計人口を，それぞれ大阪市議会定数と 23 特別区議会の条例定数の合計で除して算出した。2015 年 5 月 1 日現在の推計人口は，大阪市 269 万 4392 人，東京都区部 924 万 3280 人，議員定数は，大阪市議会 86 人，東京 23 区区議会議員総数 902 人である（議員定数は 2015 年 12 月末時点）。
⑸²　協議はあるが，府条例で決定されるため，府議会における特別区部の代表性に係っている。大阪府議会定数 88 名のうち市部の選挙区定数は 27 名 30.7％にとどまっている。これに対して，東京都議会の議員定数 127 名のうち特別区部選挙区の定数は 89 名 70.1％である。東京都議会においては区部選出議員は多数派であると言える。
⑸³　加茂，2015。

引用参考文献
［日本語文献］
岩崎忠，2012，「大都市地域特別区設置法の制定過程と論点」『自治総研通信』第 408 号，29-58 頁。
内橋克人，2009，『共生経済が始まる──世界恐慌を生き抜く道』朝日新聞出版。
大阪維新の会，2010，「大阪再生マスタープラン」（http://oneosaka.jp/policy/policy detail/02.html　2010 年 4 月 23 日閲覧）。
大阪市，2003，「新たな大都市制度のあり方について」（平成 15 年 8 月）。
大阪市，2015，『特別区設置協定書について（説明パンフレット）』（平成 27 年 4 月）。
大阪市ウェブサイト「大都市比較統計年表」（http://www.city.osaka.lg.jp/shisei_top/category/1756-8-4-0-0.html　2016 年 10 月 10 日閲覧）。

大阪市『大阪市統計書』ウェブサイト「市職員数」(http://www.city.osaka.lg.jp/toshikeikaku/cmsfiles/contents/0000160/160886/19-3.pdf　2016年9月1日閲覧)。

大阪市交通局，2015,「平成26年度の地下鉄事業のデューデリジェンス等業務の結果を取りまとめました」(http://www.kotsu.city.osaka.lg.jp/general/announce/w_new_info/w_new/list_h27_all/20150422_h26duediligence.htm　2016年9月1日閲覧)。

大阪市公募制度のあり方検討プロジェクトチーム，2014,「大阪市公募制度のあり方検討プロジェクトチーム」(平成26年6月)。

大阪府議会ウェブサイト，2015,「平成27年2月定例会　総務常任委員会（3月16日）」(「花谷議員の質疑」http://www.pref.osaka.lg.jp/gikai_somu/2702outline/270316soumu.html　2015年8月5日閲覧)。

大杉覚，2011,『日本の大都市制度』自治体国際化協会・政策研究大学院大学比較地方自治研究センター分野別自治制度及びその運用に関する説明資料 No.20。

柏原誠・西村茂・自治体問題研究所編，2012,『指定都市の区役所と住民自治』自治体研究社。

加茂利男，2015,「『賢い迷い』が都市と民主政治を守った──大阪『都構想』住民投票」『住民と自治』2015年7月号 (http://www.jichiken.jp/download/article_08.pdf　2015年8月1日閲覧)。

厚生労働省，2015,『平成26年人口動態統計月報年計（概数）の概況』。

坂本忠次，1991,「明治期広島区における三部経済制の成立」『岡山大学経済学会雑誌』第23巻第1号，1-25頁。

産経新聞社大阪本社社会部取材班，2009,『橋下徹研究』産経新聞社。

指定都市市長会，1984,『大都市制度史』ぎょうせい。

指定都市市長会，2009,「大都市にふさわしい行財政制度のあり方についての報告書」3月。

指定都市市長会，2011,『新たな大都市制度の創設に関する指定都市の提言──あるべき大都市制度の選択「特別自治市」』。

砂原庸介，2012,『大阪──大都市は国家を超えるか』中央公論新社。

総務省，2012a,第30次地方制度調査会第14回専門小委員会資料「課題に係る論点関連資料」。

総務省，2012b,第30次地方制度調査会第15回専門小委員会資料「指定都市の区の概要」。

総務省，2013,第30次地方制度調査会答申「大都市制度の改革及び基礎自治体の行政サービス提供体制に関する答申（平成25年6月25日）」。

総務省統計局，2016,『住民基本台帳人口移動報告2015年度　結果の概要』。

第二次特別区制度調査会，2007,「『都の区』の制度廃止と『基礎自治体連合』の構想」(平成19年12月)。

竹村保治，1996,『大都市行政区再編成の研究』清文堂出版。

千葉大学倉阪研究室＋永続地帯研究会，2016,『永続地帯2015年度版報告書』(http://www.isep.or.jp/library/9330　2016年7月10日閲覧)。

適菜収，2015，「これぞ戦後最大の詐欺である」『新潮 45』2015 年 5 月号（http://www.dailyshincho.jp/article/2015/04230900/?all=1　2015 年 4 月 23 日閲覧）。

内閣府地方分権改革推進室，2014，『地域の自主性及び自立性を高めるための改革の推進を図るための関係法律の整備に関する法律（第 4 次一括法）の概要』。

名古屋市，2011，「道州制を見据えた『新たな大都市制度』に関する調査研究報告書」（平成 19 年 2 月）。

農林水産省，2015，「平成 26 年度（概算値），平成 25 年度（確定値）の都道府県別食料自給率」(http://www.maff.go.jp/j/zyukyu/zikyu_ritu/attach/pdf/zikyu_10-1.pdf　2016 年 4 月 5 日閲覧）。

橋下徹，2003，『最後に思わず YES といわせる最強の交渉術』日本文芸社。

松井一郎・橋下徹，2012，「大阪にふさわしい大都市制度"大阪都の実現"」第 2 回大都市制度推進協議会（2012 年 5 月 17 日）資料。

松谷満，2011，「ポピュリズム――石原・橋下知事を支持する人々の特徴とは何か」田辺俊介編『外国人へのまなざしと政治意識』勁草書房。

『毎日新聞』2014 年 12 月 29 日付 22：39 配信記事「大阪都構想：公明市議団，住民投票実施を了承」(http://mainichi.jp/select/news/20141230k0000m010078000c.html　2014 年 12 月 30 日閲覧）。

水内俊雄，2004，「スラムの形成とクリアランスからみた大阪市の戦前・戦後――Formation and Clearance of Slum in Osaka, from 1910 to 1975」『立命館大学人文科学研究所紀要』第 83 号，23-69 頁。

村上弘，2011，「大阪都構想――メリット，デメリット，論点を考える」『立命館法学』第 335 号（2011 年 1 号），557-613 頁。

森裕亮，2008，「わが国における大都市制度の改革とその課題――普遍主義バイアスをめぐって」『関門地域研究』17 号，63-73 頁。

横浜・大阪・名古屋 3 市による大都市制度構想研究会，2009，「日本を牽引する大都市――『都市州』創設による構造改革構想」。

横浜市，2008，「新たな大都市制度の提案　中間報告」（平成 20 年 3 月）。

吉富有治，2011，『橋下徹　改革者か壊し屋か』中央公論新社。

［外国語文献］

Ahrend, R. C. Gamper and A. Schumann, 2014, "The OECD Metropolitan Governance Survey : A Quantitative Description of Governance Structures in large Urban Agglomerations," *OECD Regional Development Working Papers*, OECD Publishing.

OECD, 2012, *The Metropolitan Century : Understanding Urabanization and its consequence -Policy Highlights-*, OECD Publishing.

OECD, 2013, "Metropolitan areas database," Website. (https://stats.oecd.org/Index.aspx?Datasetcode = CITIES　2013 年 5 月 15 日閲覧）

第3章
大都市圏ガバナンスと住民自治
―――大阪大都市圏を事例として―――

柏原　誠

第1節　大都市圏ガバナンスの課題：住民自治の観点から

（1）規模における住民自治と団体自治のトレードオフ

　本章の目的は，大阪大都市圏のガバナンスの民主主義的性格を考察することである。前章でみたように，大都市圏ガバナンスの問題は，どちらかと言えば自治体の権限・税財源配分の問題，すなわち団体自治の観点から扱われてきた傾向がある（前章第3節を参照）。

　しかしながら，本研究の直接的動機の大きな部分をなす，「大阪都構想」の提案とそれを巡る政治過程では，二重行政の解消とともに，特別区への再編による「住民自治」の充実が主張された。すなわち，大阪市役所を住民がコントロールすることは不可能であり，「概ね30万人から50万人単位で中核市並みの権限財源を有する特別自治区を設置する方が，住民により近く，寄り添う役所を実現」できるとしたのである[1]。

　都構想の慎重派・反対派の主張は，公選区長・区議会があっても，都構想では，大都市を一体的に管理運営する権限および本来の市町村が有する財源を，財政調整のために大阪府に奪われ，コスト重視の計画から特別区の職員体制では十分な住民サービスは不可能であるというものであった。

　ここで重要な点は，住民自治と団体自治はコインの裏表の関係にあるということである。自治体の規模が小さくなって住民の意思が反映されたとしても，その自治体がその意思に応じた行政のためのリソース（権限・財源・人的資源）を備えていなければ，住民自治は意義を失うし，逆に自治体の有するリソースがいくら充実しても住民の意思が反映されていなければ，自治ではなく統治の

側面が強くなるのである。

　このトレードオフ関係は自治体一般にみられる論点ではあるが，都構想の提起以来の論争の中で，指定都市の住民自治の課題が注目されることとなった。すなわち，都構想の推進論の論拠の1つとして，二重行政の解消とともに，特別自治区の施行による住民自治の充実があげられたのである。別の言い方をすれば，人口260万人の大阪市を1人の市長と市議会で統治するよりも，5区～7区の30万人から50万人規模の特別自治区に分割し，それぞれ公選の区長と区議会を設置した方が住民自治の充実につながるという主張である。

　前章第3節でみたとおり，歴史的にみると，大都市制度をめぐる利害対立の焦点は，知事が市長を兼任する国・府県による監督からの自由や権限・財源配分が主にテーマとなっていた。これは，わが国地方制度そのものが，知事が官選制であり，実質的に市町村長は議会による選出，地方議会は等級選挙・制限選挙制のために住民全体というよりむしろ名望家層の代表であるという，住民自治の観点からはきわめて制限が多い制度となっていた点に大きな要因がある。

　戦後，地方自治は，首長に住民直接選挙制や男女普通選挙制が導入されるなど，住民自治の側面が強められたが，府県が自治体化したことにより，戦前からの大都市制度をめぐる対立はより複雑かつ先鋭的となった。その結果，妥協の産物として成立した指定都市と府県の権限争いや，指定都市の市域拡張をめぐる争いも繰り広げられたが，それは府県と指定都市の行政上の，団体自治的観点の上での対立という性格が強いものであった。言い換えれば，指定都市において，住民自治が制度改革の重要項目として認識されるようになるのは地方分権改革が本格的に議論され，第1次地方分権改革として結実する時期（1990年代後半）を待たなければならなかったのである。もちろん，1960～70年代にかけて，公害反対運動をはじめとした住民運動と労働運動と野党の連携により革新自治体が生み出され，市民参加，職員参加，情報公開等重要な行政文化の変化がみられたが，住民自治のシステム化が十分に行われたとは言えなかった。1990年代に入って，地方分権論議が進むとともに，住民投票条例による住民意思の表明・反映を要求する動きが見られるようになった。具体的には地方議会の不活性を改革しようとする動きが議会内外から現れて地方議会改革の流れ

が生まれるのと軌を一にして、大都市における住民自治すなわち規模と団体自治（行政能力）と住民自治（民主主義）という問題が関心の対象となり、大都市の改革の課題とされるようになった。

　一例をあげてみよう。筆者は以前に、指定都市の区役所に対する調査を行ったことがある。そこで確認できたことは以下のような3点である。第1に、指定都市は、制度発足以降長らくの間、区レベル、地域レベルでの住民参加の強化に関心をもったとは言えない状態が続いた。しかし、2000年のいわゆる地方分権一括法成立とその後に続く合併による指定都市の増加により、地域自治区制度の導入によって、区や地域レベルの住民参加制度の導入が促進されたことから、この問題への関心が一定程度高まったことが確認できる。

　第2に、「大阪都構想」は、その出発点で、大都市の民主主義の赤字問題を取り上げていたが、特別区設置協定書は、法が要求する内容に限定されていたため、住民自治に直接関連する内容としては、公選の区長と区議会を置くことと区議会の定数を規定しているに過ぎない。基礎自治体の充実という方向とは逆行する点、大都市としての権限を失う点も団体自治と住民自治の不可分性からは問題であった。また、生活に密接した広範囲の事業（国民保険・介護保険・水道等）が、民主的正統性の調達が間接的になる一部事務組合で執行される点も住民自治上の問題である。第3に、大阪市の合区問題の経緯を踏まえると、地域住民の意見交換・意思表明の機会を欠いたまま全面的な合区を企図している点も民主主義的な手続きを踏んでいるかという論点になりえた。このように、大阪都構想は、多岐にわたる住民自治の問題を提起していたのである。

（2）住民自治を規定する大都市の特性

　上述した規模や効率性と民主主義の問題を、大阪大都市圏のような都市圏域の特性が問題をさらに複雑にする。大都市圏域の社会経済的な特性から、前章と一部重複するが、大都市圏ガバナンスの課題が複雑化する論理を再整理する。

①大規模性

　第1に人口や事業活動が大規模に集積していることである。合併特例で指定都市を施行した場合を除いて、指定都市の大部分は100万人以上の人口が集積

し，その圏域の経済的中心都市としての事業活動が大規模に集積し展開している都市である。このことは，大都市自治体に大きな政策的資源を要求する。

つまり，自治体機構および財政の規模の大きさにつながるのである。経済活動の集積は，全市的なインフラ整備や産業経済政策の立案・実施を要請する一方，住民サービスは住民に近いところで供給する必要があるために，下部行政機構による多元的な行政が必要とされる。指定都市の区役所がこれにあたる。その他の自治体でも，面積や人口規模に応じて支所・出張所を整備するが，区は，後述のように，いくつかの点で支所・出張所と異なる。一般的に，大規模な財政や複雑な機構は，市民の統制可能性を低くすると考えられる。

政治的な面では代表密度に影響する。とりわけ，議員1人あたりの市民数ないし有権者数が問題となるが，指定都市の議員1人あたりの市民数は他の市町村の類型よりも多い。総務省の資料によると，それぞれ町村では996人，10万人から20万人の人口規模の市では5221人，指定都市では2万2203人であった。[4]

そして，市民個人と議員の間の距離が遠くなるため，仲介者としての政党の役割も大きくなる。また，区を単位とした選挙区制の選挙となっていることも，選挙時における候補者と有権者の距離を縮める工夫である。[5]同時に，区を選挙区としているため定数が比較的小さいため，政党組織を基盤としたほうが選挙戦略として有利である。一例をあげると，2015年4月の統一地方選挙において，仙台市，静岡市，北九州市を除く17指定都市市議会議員選挙の当選者の政党化率は84.9％，一般市295議会と特別区21議会をあわせた316市区議会議員選挙の当選者の政党化率は39.8％と大きな開きがあった。[6]

あわせて，市民が有しているソーシャル・キャピタルの状況も，政治参加の量や質を規定すると思われる。よって，コミュニティ政策による地域社会の編成は大都市の自治にとっても重要である。

この政策執行の統一性・効率性と住民の統制の関係は古典的なテーマである。そして，大規模な集積は，移動によってもたらされるものである。

②外部性

第2に，人口の移動に代表されるように，大都市の諸活動は外部性を伴う。

表3-1　大都市の人口流動
(％)

	昼夜間人口比率	流動人口比率
東京特別区部	130.2	39.4
横浜市	91.7	30.5
名古屋市	113.2	31.3
京都市	109.3	25.4
大阪市	132.1	50.0
神戸市	102.2	25.7
大都市全体	110.2	30.7
指定都市全体	103.5	27.7

(注)　昼夜間人口比率＝昼間人口／夜間人口×100。流動人口比率＝(流入人口＋流出人口)／夜間人口×100。
(出所)　「平成27年国勢調査 速報集計 抽出速報集計」より筆者作成。

つまり，自治体は領域政府であるため，その管轄範囲が明確であるが，様々な人間の活動が外部からもたらされ，または，自治体の内部で行われる諸活動は外部に依存し，その影響が領域外へも波及するのである。

たとえば，空間的分業が進んだため，郊外自治体の市民が大都市に通勤して経済活動を行い，所得は郊外自治体で消費する。自治体は公的には選挙をはじめ住民参加の主体を住民に限定しているため，彼らは大都市の政策に関心をもつが公式の参加チャンネルを欠く。逆に，大都市から昼間に他自治体へ流出する大都市市民は，居住地である大都市の政治への関心が低くなる可能性がある。

たとえば，流出・流入人口の合計を夜間人口で除し100を掛けた数値をみると，指定都市全体では27.7％であるのに対し，大阪市は50.0％と，指定都市中最も高い数値を示した(7)(表3-1)。

また，一体的な大都市圏域では，交通や上下水道，廃棄物処理といった広域的な公共サービスへの需要が高まる。公共サービスを統合的に供給する統合政府か，自己のニーズに合致したサービスを提供する小規模な自治体を市民が選択する多極型モデルかといった論争が1940年代以降，アメリカで起こった。

統合政府論は交通，ゾーニング，公園，レクリエーション，上下水道，公衆衛生，住宅といった問題の範域と大都市圏の自治体の範域が合致していないことを効率性と民主的統制の両面から問題視した。つまり，大都市圏を統合する自治体が存在せず，断片化が放置されることは，重複行政の無駄を生み，スケールメリットを生かせない。また，市民にとっては自らが発言できない他の自治体の決定に自治体や自らの生活が影響を受けることにもなる。解決策として大都市圏を統合して管理する単一の自治体の創出を主張する(8)(Jones 1942)。

具体的には，大都市圏を統合する広域自治体を創設するか，中心市が周辺市を編入合併し市域を拡張するという方式をとる。

　この議論は，統合政府がもつ行政能力，行政官僚制への信頼に依拠している。すなわち，問題の範域に対応した大規模な自治体はその分，行政資源に富み，専門性の向上も期待できるため，効率的な課題解決を市民に供給できるというのである。

　民主主義との関連では，公選の議会や政治的リーダーといった，制度化された住民意思を反映させる制度が存在することが重要だとみなされる。

　これに対する議論が，公共選択論である。ティボーの「足による投票」論を根拠にするこの論は，逆に大都市圏内の自治体が断片化していることが多数の自治体による政策提示を促し，自治体間の競争と公衆による選択を通じて，効率的な公共財の供給が行われ，結果市民の効用も最大化すると主張する。[9]

　この議論は，大規模な自治体は非効率を生み出し，小規模な自治体の方が市民の選好をより反映しやすいとの考えに基づき，複数の小規模な自治体が必要に応じて自発的協力を行うことを提案する。

　北米を中心に展開されたこの論争は，効率性と民主的関与という矛盾した2つの側面にどう折り合いをつけるかという論点を有していた。

　また，大都市圏のガバナンスが一国経済にとって重要であるという論拠に，「成長の牽引者」であるという議論がある。民間部門・公共部門を問わず，大都市圏の経済活動が他の地域で必要とされる資源も生み出すことを期待するというものだ。現代地方財政制度では，相対的に豊かな地域からそうでない地域に財政移転して財政力を平準化する制度がほぼ共通してみられる。わが国では地方交付税制度がこれにあたる。

　他方，大都市圏の諸活動は資源を外部に依存している度合いも高い。産業活動のための原材料・エネルギーの他，食料をはじめとした生活資源についても大都市圏の域外に依存している度合いが高い。したがって，一方的な自立や依存ではなく，様々な領域における相互依存関係の中で大都市圏が存在し続けると理解することが適当である。社会経済活動の越境性と自治の制度および運用の領域性のギャップという言い方も可能である。

これらの特性を大都市の自治という文脈でとらえると、大都市の決定する都市政策は広域的に影響しうるにもかかわらず、自治制度は「住民」を基盤に設計されているため、利害関係をもっていても政治参加のプロセスから阻害されることが、大都市圏の中心都市と他の自治体の間で起こりうる。また、その関係は一方的かつ非対称的になりがちである。そこで重要なのが、垂直・水平の自治体間の権限再配分や協議機関の設立といった「調整」である。前章でみた「大阪都構想」は、これを調整のレベルにとどめず、権限・資源配分の変更と財政調整制度を伴わせて、指定都市を解体し、特別区に分割するという自治体構造の大きな変更を企図したものである。

③新規性（先端性）

第3に、大都市圏では外部との接触を通じて様々な新規の事項が発生する。様々な文化が融合して新たな文化が興ること、新技術が開発されるなどである。新たな問題にも対処する必要がある。たとえば、大都市圏には国際空港が立地することが多いが、それを通じてもち込まれる感染症の予防や対応は、近年その重要性を増している。空港や地域の衛生・防疫管理を行う自治体の機能が重要になっている。

歴史的にみると、都市問題は先端的な社会問題という性格を有していた。もちろん、都市は人類有史以来の集住の形態として存在してきたが、19世紀から20世紀にかけての都市では、産業革命が起こって工場生産が一般化するとともに人口が集積した。都市化に伴って、伝染病、住宅問題、貧困問題、労働問題、公害問題など、他地域に先駆けて問題が顕在化し、政治・行政が対応を迫られた。

関一が助役・市長をつとめた時期の大阪市がその典型であろう。1925年、大阪市は市域拡張を行い、当時の東京市を抜いて全国1位の人口211万人を有するに至った。しかし、都市の成長と同時に、土地不足、住宅難、上下水道の未整備、交通インフラの不足など「過群生活の最も憂ふべく恐るべき害毒」[10]がみられるようになっていた。これらの諸問題に対して、現在の一橋大学から市助役として招聘され、のちに市長に就任した関一は、「住み心地よき都市」を市行政の目標とした。具体的には、市域拡張によって大大阪を実現することに

よってスプロール化を防止し，都市計画を推進した。また，都市の行財政の特徴を水道，ガス，電気，電車，乗合自動車などの住民サービスの比重が高い点に求め，電灯，バスなどを市営事業化した。同時に，貧困・社会問題に対しては，社会部を設置し市民生活に関する実態調査を行うとともに，市営住宅，託児所，質舗など様々な社会事業を展開した。関一の研究者，芝村篤樹によれば，「この時期を大阪の黄金時代とすれば，それは単に経済指標の高さのみによったのではなく，大阪が都市問題・都市政策に関する情報発信源であったことによる」のである。[11]

そのため，大都市自治体は大規模な行政課題だけではなく，新規なもの・先端的なものにも対応する必要があり，専門的な職員を必要とし，それ自体は住民サービス機関ではない各種の研究所等を行政機構に抱えることとなる。

このような大都市ならではの行政資源・コストを有することを住民に説明し，理解を調達できるかは，自治体の説明責任の範囲であり，能力の課題である。加えて，大都市の住民自治の課題でもある。

④多様性

第4に，人口・経済活動が集積して空間的分業が進み，グローバル化によって国内外他地域との交流が盛んになっている大都市圏域では，様々な意味で，少数派の生存条件を提供しているために，エスニックマイノリティ，文化的少数者が集住するという現象がみられる。

たとえば，グローバル化に伴って，国際労働力移動が顕著である。大都市には外国籍住民が比較的集まりやすいが，その内容は，金融や高度な専門サービスを業とするグローバルエリートと言われる階層に加えて，人手不足を補うケア労働を底辺で支え，製造業に従事する低賃金労働者など「出身国を出ざるを得ない」人々も含まれる。[12]彼らを支援する市民活動も数多くみられるようになり，彼らに地域社会での社会サービスへの接近を支援する活動が取り組まれている。大阪においては，戦前から植民地統治下の朝鮮半島，特に済州島出身者の集住がみられたが，近年ではブラジルやフィリピン，ベトナム等からの移住者が増加し，集住する地区もみられるようになっている[13]（表3-2）。

大阪市内の区長の中には，性的少数者への支援を区として打ち出す例もみら

表3-2 大都市の外国人人口

	外国人人口（人）	比率（％）
東京都区部	350,863	3.83
横浜市	77,828	2.10
名古屋市	65,449	2.87
京都市	40,565	2.76
大阪市	116,859	4.35
神戸市	42,587	2.77
大都市（指定都市20市＋東京都区部）平均	910,873	2.49

(出所)『大都市統計年報』(2014) より筆者作成。

れる。このような伝統的な価値観とは異なる対抗文化が都市で形成される。都市の文化的多様性は，都市の成長の源泉であるとする議論もみられる。こういった現象は，大都市の自治に，価値観を異にする人々との共生や寛容の問題，あるいは，国民ではないが地域社会でともに生きていく存在という問題を提起している。

上に述べた主体の多様性や，②の外部性とかかわるが，利害関係が多様であることも大都市の自治の特性である。大都市で発生する問題の数だけ，争点が存在し，利害関係が生じる。争点の中には，潜在的なものにとどまるものもあれば，政治的争点として顕在化し，議会での意思決定に委ねられ，市民の政治的判断の対象となるものもある。その場合に，争点にかかわる利害関係のあり方は多種多様なものになるが，住民自治との観点からみれば，その争点にかかわる決定への関与の仕方の多様性を確保する必要がある。

市民や市民団体の中には，公共サービスを供給する能力を有するに至り，公民協働を行うようになるものも出現する。一方，行財政資源の減少に直面した自治体には，市民セクターに公共的役割を期待して，NPO やコミュニティに公共サービスの代替を期待する傾向が生じる。

選挙等の制度的な参加は，自治体の住民に限定されている。しかし，②の外部性でもふれたように，大都市の自治や都市政策には，外部のアクターも関心を示す。また，その領域自体が重層的であり，より広域的な領域からの利害関心がかかわることもある一方で，後述する通り，指定都市には行政区が設置され，より狭域的な自治に委ねられる部分も存在する。

また，制度的な参加の「資格」も様々である。日本国籍を有し自治体の住民として登録されている有権者は，選挙をはじめとした参政権を行使できるが，外国籍住民や，他市の市民は利害関心をもっていても，参政権を通しての参加

はできない。しかし，政党や利益集団，市民団体・運動への参加や，大都市には立地しやすいマスコミへの情報提供・意見表明，シンポジウム等への参加など，その方法も多様に存在しうる。

第2節　大都市自治の枠組みと考察対象の限定

(1) 多様な利益媒介モード

　本節では，本章の考察範囲の限定を行う。前節で述べたように，大都市のガバナンスには，自治体一般の住民自治の課題に加えて，大都市特有の課題が存在する。大都市自治の特徴とそれらに対応した制度設計・運用の課題を明らかにすることが本節の目的である。

　表3-3は，ハイネルトらの作成した図を再構成したものであるが，大都市圏ガバナンスに存在する，市民意思や利益を議会や官僚制といった統治構造に媒介する利益媒介のチャンネルを整理して示している。表の上半分（①と②）は，多数決やヒエラルキーといったガバメントの側面がより前面に出ている。いわば政府が前提の領域と言える。①は最もコアな領域的自治体の決定が多数決によって行われていることを示し，市民は選挙というルール下で政党を通じて関与する。②の領域は階統制に基づく指揮命令により意思決定を行う行政官僚制に対して直接，市民が発言を通じて参加する。下半分（③と④）は，多様なアクターのネットワーク，交渉や協議が支配的な領域である。③は，経済的利益を中心にした利益集団が，政治的取引・交渉を中心とした方法により，影響力を及ぼす領域であり，その基礎になっているのは結社の自由である。この領域では，自治体の市民でないものも関与することが可能である。④の領域は市民社会の領域であるが，ここでの意思決定で重要視されるのは公開の討議である。主たる担い手である市民社会組織などの基礎には，政策に関する情報や知識，政治的コミュニケーション能力といった市民的インフラが存在している。さらに，大都市圏の場合は，個々の自治体ごとに統治構造および利益媒介の4セグメントが存在する他，大都市圏レベルにも存在しうる。つまり，マルチレベルかつネットワークの構造を有するのである。ただし，大都市圏レベルの場

表 3-3　利益媒介・決定モデル・アクター・シティズンシップの分類

利益媒介のセグメント	意思決定モード	集合的アクターの型	シティズンシップの性質
①領域的利益媒介	多数決	政党	投票
②行政的利益媒介	階層的指揮命令	自治体政府・準政府	発言(抗議,直接行動含む)
③機能的利益媒介	交渉・政治的取引	法人（結社，商工会議所，職能団体，労組等）	結社・加入の自由
④市民社会による利益媒介	公開の議論・討論	市民社会組織（社会運動，NGO等）	発言(抗議,直接行動含む)

（出所）　Heinelt and Kübler, 2005, p.18 の図を筆者が翻訳して表に再構成した。

合，議会や官僚制を有する政府が存在するとは限らない。議会の有無，固有の行政組織の有無，財源調達，決定権限の有無および決定ルールによって，大都市圏の統治構造は大きく変わってくる。圏域レベルになんらかの決定権をもつ政体が確立された場合は，各自治体はそれに従属する一方，このような政体が不在の場合は，各自治体による交渉・協議か利益媒介・決定のモードとなる。

　模式的に表せば上のようになる大都市圏ガバナンスであるが，民主主義論からみれば両面の評価がある。古典的な民主主義の立場からは悲観的・否定的な見解が導かれる[15]。批判のポイントは，自己統治的ネットワークが，選挙により選ばれた公職者による意思の反映という代表制とその手続きを軽視することにつながる危険性，ネットワークに参加している非政府組織がそれじたい民主的正統性を伴なう決定手続きを有するとは限らない点，ガバナンスがもとは政策のアウトプットへの関心から出てきた主張であり入力への関心は薄いという点である。総じて代表民主制を通じた市民の入力による正統性が不足するという批判である。

　これに対して，意思決定モードと参加アクターの多様性という点から，大都市圏ガバナンスに民主主義の深化・拡大をみる立場もある。まず，大都市圏のようにスケールの取り方が機能的で，参加者の範囲が確定しにくい不規則性をもつ場合，多数決による意思決定が困難な場合が生じ，協議や交渉による合意形成が意思決定モードになる。さらに，都市に集まる様々な性格の民間セクターが政策過程に参加することが，多元的な市民政治文化を醸成するとともに地

第3章　大都市圏ガバナンスと住民自治

方の政府セクターを多元化するのである。古典的な議論は民主主義を政府と市民の関係（説明責任）に限定しようとし，それに対して，新地域主義論はそれを意思決定方式やアクター間で協力して影響力を行使するチャンネルへと拡張しようとしているのである。

前節でみた，大都市圏ガバナンスをとりまく環境の特性から，大都市圏ガバナンスのあり方も，参加の主体・対象の範囲が明確な公式制度にとどまらない，ガバナンス様式を包含せざるをえないという事情を反映している。

ここで，ハイネルトの分析枠組みの意義を整理しておこう。前節では，大都市圏ガバナンスをとりまく環境の特性をみた。それとともに，多様な利害関係が発生し，主体も多様化する。これに伴い，表3－3の①や②の自治体政府を前提とした公式的な利益媒介だけではなく，③や④といった，多様な利益媒介チャンネルが相対的な重要性を増してきているのである。大都市ではとくに，複雑な利害関係がみられ，また各種の機能的団体や市民団体が集積していることから，こういった現象がとりわけ重要になっており，住民自治の回路が多様に，かつ重層的に構想される必要性を示している。

（2）大都市における住民自治の枠組

これまで検討してきた点を考慮しつつ，大都市ガバナンスにおける住民自治の課題を整理して簡略に示しているのが，表3－4である。太線で囲まれた部分が指定都市の自治制度にかかわる部分である。

ここで，指定都市の自治制度を検討する際に避けて通れないのが，行政区の存在である。行政区自体は，大都市自治体である指定都市の内部組織であるが，政治的意思の単位でもある。行政区と特別区は，こんにちの法的位置づけは異なっており比較の対象ではないという見方が存在するが，前章でふれたように，その出自や経緯は共通している上に，大都市自治体とコミュニティや市民の間に位置する中間行政組織であり（潜在的な）政治的利益表出の枠組としての共通した性格を有するのも事実である。

さらに，指定都市の住民自治の課題を，前節でふれた特性と関連させて検討する。大規模性との関連は，すでに冒頭で述べたが，具体的な制度表現として

89

表 3-4　大都市における住民自治改革のイメージ図

スケール	政治改革	行政改革	外部環境・資源
中央政府・広域行政・都道府県	政党の内部構造	中央政府と地方の協議, 事務移譲, 財政的分権等	エネルギー, 食料等の資源, 交通, インフラ, 自然, 労働力
市	議会改革・選挙制度改革, 全市的フォーラム等	権限・財源の強化, 行政評価, 広報・広聴機能強化, パブリックコメント等	NPO・市民活動団体 企業・経済団体等
行政区	市議会における区民意思形成, 区長の選任方法	区長・区役所の権限強化・財政拡大, 行政評価, 広報・広聴等	参画
地域（小中学校区等）	選挙　支　援　　地域自治組織　参　加　　住　民		支援・参画協働

（出所）　筆者作成。

は選挙の単位を行政区としていることであり，市域を分割して総合的行政執行機関としての区役所を設置していることに現れている。しかし，基礎自治体としての法人格は指定都市が有しているのであり，政治的意思決定の単位は指定都市である。この点からは，「大阪都構想」論争は，住民からみた基礎自治体は，指定都市大阪市なのか，5区に分割され公選の区長・議会を有する特別区なのかという対立であった。

　もう1つ，大規模性が，政治的代表のあり方にどのように影響するかという問題がある。二元代表制を採用していることから，一方では首長選挙や首長のリーダーシップのあり方，議会を上述の区行政にどのように関連づけるかという問題が検討の対象となる。

　また，指定都市と外部性の問題は，権限配分と調整をどうするかという問題を提起する。これは，垂直調整と水平調整の両者が存在しうる。広域計画や都市計画，交通，産業政策，新規の問題に対応する先端行政など外部性をもつ政策決定を誰が行うのかという問題である。この観点からすれば，大都市政策の主体を一元化し，指定都市は特別区に解体して住民向けサービスのみを担当するべきとする府市統合論と，一元化は不要で調整を通じて不効率は解消すると

いう議論(指定都市存続論)との対立であったと言える。

多様な主体が参加する機会や場を市全体に加えて,区やより狭域の地域という重層的な領域の中に設定するという課題に指定都市が取り組んでいる。

以上を踏まえて,大都市ガバナンスにおける住民自治の課題として,近年の指定都市および大阪市の現状や課題を踏まえつつ,下記の点に絞って検討する。第1に指定都市の都市内分権についてである。指定都市では市を分割して区が設置される。同時に,指定都市の区は政治的単位でもあることが発見される(第3節)。具体的には,区長・区役所への分権(行政的分権,第4節)と区民参加である(第5節)。第2に,区より下位の地域単位における地域自治の課題である(第6節)。指定都市の区は,人口規模平均が15万5382人であり[17],基礎自治体と比較しても大きな人口規模を有している。同時に,少子高齢化や地域防災などのコミュニティで供給することが求められるサービスが増大する一方で,自治体は行財政資源の制約からそれらの供給を地域やNPO等の地域・市民活動組織に依存するようになり,地域自治の組織化が課題になっている。この場合の地域自治は,地方自治の本旨を構成する住民自治とは区別する必要がある。つまり,地域自治とは,自発的結社である町内会等地域自治団体の自主的活動のことであり,本来民主的統制は義務付けられず,また住民を代表するものでもない。しかしながら,地域自治が公共性を獲得するにあたっては,民主的統制や住民代表性が一定程度求められるようになる。その際の市や区の行政との関係づくりが指定都市の区の下位区分としての地域における協働構築の課題となっているのである(第7節)。

第3節 指定都市の都市内分権:行政区・総合区・地域自治区

前節で,本章の分析枠組みについて述べてきたが,その中心点でもあり,準拠点として重要な位置を占めるのが,区と区役所の存在であると考えられる。現在,指定都市における区には,行政区と総合区の2種類がある。両者とも,指定都市の内部組織であって,法人格を有しない点で共通しているが,前者は必置で,後者は行政区に代えて設置することができるとされている。さらに,

表 3-5　大都市における区の比較

	行政区	総合区	地域自治区	特別区（参考）
法的位置付け	指定都市の内部組織	指定都市の内部組織	市町村の内部組織	特別地方公共団体
区長の選任	市長が任命	議会の同意を経て市長が任命（特別職）	市長が任命[1]	公選職（特別職）
区長リコール	不可	可	不可	可
区議会	なし（区協議会設置可）[2]	なし（区協議会設置可）[2]	なし（地域協議会必置）	あり
人事権限	なし	あり	なし	あり
予算権限	なし	市長に予算提案権	なし	独自に予算編成・執行

（注）　1）　名称は区事務所長である。
　　　　2）　区協議会は，地域協議会を指定都市の区に設置するものである。
（出所）　筆者作成。

後者は，前者の住民自治の強化を目的として制度化された経緯がある。また，平成の合併を通じて都市内分権の一般制度として「地域自治区」が制度化された。これも指定都市での適用を排除されていない（表 3-5）。

（1）行政区

行政区は，1956 年の指定都市制度発足以来の制度で，指定都市の組織上の特徴となっている。この行政区の仕組みは，指定都市制度創設以来大きな変更はなされていない。

法人格はなく，指定都市の内部団体である。区役所は必置とされており，支所・出張所との違いは，選挙管理委員会・農業委員会・区会計管理者を置くことおよび所掌事務の総合性である[18]。区役所の事務は，個別法で区が処理することとされている事務と，市長の権限に属する事務を分掌するものである。前者の例としては，戸籍事務，住民基本台帳事務，選挙管理委員会関係事務などがあり，後者は自治体の裁量とされているが，共通するものとしては諸証明，国民健康保険，介護保険，国民年金やコミュニティ施策，自治体により差異があるものとしては，土木事務，農政，保育所などがある。区役所の事務権限の範

囲は制度創設以降拡大傾向にあったが，2000年代に入り，行政改革に伴い本庁ないしは区より広域の単位に設置された出先機関に再集約する傾向もみられる[19]。

　区長は市長が任命する一般職の職員である。区長を民間も対象に含めた公募で選任する例もみられる[20]。このうち，24区の区長すべてを公募の対象とした大阪市の例については後述する。指定都市の多くで，本庁の職制の長と同一の位置づけを与えられており，各市の運用により区内の市行政の総合調整や，区役所内の人事，区独自予算等の権限をもつ市も少なくない[21]。

(2) 総合区

　総合区は，2014年地方自治法改正で新たに設けられた制度である[22]。まず，指定都市は，従来の行政区に代えて総合区を設置することが可能である。市域の一部を総合区とすることもできる。指定都市の内部組織である点は，行政区と変わるものではない。総合区を導入した場合も，住民に最も近い基礎自治体は指定都市のままであり，総合区は自治体内分権の制度にとどまる。

　大きな変更点は，総合区長の性格である。まず，市長が任命する点では行政区長と共通だが，その選任にあたっては議会の同意が必要とされ，特別職と位置づけられた。任期は原則として4年であり，総合区長の側からはまちづくりのビジョンが描きやすくなる他，区民からみても任期が定まっていることのメリットが存在する。さらに，総合区民による解職請求の手続きも条文化された。行政区長よりも政治的正統性が高められたと言ってよい。

　総合区長の権限および区役所の事務分掌についても変更された。総合区では，次の3つの事務（いずれも，法律もしくはこれに基づく政令または条例により市長が執行することとされたものを除く）および条例に定めて総合区の事務としたものについては，総合区長は市を代表するものと位置づけられた。第1に，「総合区の区域に住所を有する者の意見を反映させて総合区の区域のまちづくりを推進する事務」である。区政の政策企画に住民の意見反映が求められる。第2に，「総合区の区域に住所を有する者相互間の交流を促進するための事務」である。いわゆるコミュニティ政策にかかわる規程だが，これまでも指定都市の区役所

の業務の柱であった。第3に,「社会福祉及び保健衛生に関する事務のうち総合区の区域に住所を有する者に対して直接提供される役務に関する事務」である。いずれもすべてではないが多くの指定都市ですでに区役所の事務とされてきたものである。さらに,条例により全市で統一して行うべきもの,区域を超える事務など市で統括管理すべき性質のものを除けば,条例により区役所事務とすることは可能である。ただし,地方自治法に具体的な事務の例示はなく,具体的な区役所への権限委譲は,各市の事務分掌条例に委ねられている。

　まとめると,行政区との質的な違いは,区長が議会の同意が必要な特別職となり,総合区民による解職請求が可能となるなど,民主的正統性が強化されたことが1点である。これは政治的な側面と言える。他方,区政の企画,まちづくり・住民交流,地域保健・福祉等の権限が明確化するとともに,市を代表すること,予算具申権が法定されたことなど,行政上の権限が強化された面がある。

　しかしながら,大都市自治の強化策としての総合区議論がひろがっているとは言えない。報道機関の調査によると,総合区の導入を検討しているのは,大阪市,新潟市,名古屋市の3市にとどまるという。[23]理由は,行政側からみると,区役所のサービス強化は現行制度のもとでも可能であるというものである。また,行政区との違いが,区長の特別職化とリコールが可能になることが目立つ程度で,市民にとっては分かりにくい。市民からはあくまでも市の組織内部の枠内の自治体内分権の議論であって,法人格を有する特別区以上に難解という点は否めない。また,権限配分等,法規定それ自体が具体性を欠き,それぞれ市での制度設計が別途必要であるという事情も作用している。

(3) 政治的単位としての区

　指定都市の区の特徴として,行政区が住民意思の単位すなわち政治的単位としての性格を有することは,あまり注目されていない。行政区は指定都市の自治体内分権の地理的区分としてのみみられがちであるが,支所や出張所とは違って選挙管理委員会が設けられている。つまり,行政区を単位として各種の選挙が行われるのである。当該の市議会議員は行政区を選挙区として選出されて

いる。また，道府県議会議員選挙の場合も，行政区が選挙区となっている場合が多い。大阪府議会の場合は，区の人口・面積規模が小さい大阪市の一部と，合併を経て指定都市を施行した堺市の一部で，複数の区を選挙区としているが，区を分割したものはない。[24]

　このように，指定都市の行政区が少なくとも，市議会，道府県議会には行政区を代表する議員を送り込むことができるのである。しかし，市議会においては，選出区の利益代表として議会内で活動することは想定されていない。

　議会に区別の常任委員会を設置している市は皆無である。また，議会内では，政党をベースとした会派が議員の活動単位である。「議員の役割」「活動原則」を明記した議会基本条例が指定都市でも 15 市で制定されているが，大阪市は未制定である。[25] 一例をあげると，相模原市議会基本条例第 5 条は「市民の代表であり，かつ公職であることを自覚し議員として品位を保ち，市民全体の利益を念頭に置くこと（傍点は筆者）」を議員の責務の筆頭に掲げている。

　この点，特筆すべきは，横浜市議会基本条例とそれにもとづく横浜市議会の取り組みである。常任委員会ではないが，区選出議員による「区づくり推進横浜市会議員会議」が，個性ある区づくりの推進に係る予算の編成および執行ならびに当該区の主要事業について協議することとされているのである。全 18 区で，毎年度 3 回ずつ程度，区選出議員と区長はじめ区役所の主要職員の間で，区予算のうち，区に権限が委ねられている 1 区平均約 8 億 3000 万円の区づくり推進費について協議を行っている。[26] なお，このような取り組みが可能となるのは，横浜市の区の規模が大きく，したがって区別の議員定数も主要会派が議員を当選させることができ，多様な意見を反映できるからだと推測されるが，定数が 2 名の同市西区でもこの取り組みは行われている。

　選挙の箇所でもふれたように，市長選挙は，地域の要望をくみ上げる仕組みとしては十全に機能せず，また大阪市の場合，審議会や市民モニター，パブリックコメントを除いては，市民が市役所本庁に意見を述べるチャンネルも存在しない。

　その意味では，比較的距離が近いと考えられる市会議員と選出区の協議の仕組みを制度化することが求められる。その場合，権限が強化された総合区では，

区予算の編成についてどういう意見を市長にあげるか（予算具申）が協議対象となるだろう。

なお，区長の準公選制も，区民の政治的意思の表現の1つになりうる。条例にもとづく住民投票の結果を参考にして，市長が選任するというものである。住民投票による選任の意義は，区役所の事務，区長の権限の大きさに比例して大きくなると考えられる。とりわけ，議会同意職および区民有権者によるリコールが可能とされた総合区長は準公選制になじみやすいと言える。

過去には，東京都の特別区で，区長を知事が特別区議会の同意によって選任していた1967年に，練馬区で区長準公選条例の制定請求運動が起こったことがきっかけとなり，1972年に品川区，練馬区，大田区で区長準公選条例が制定された。[27]

大阪市においても，平松邦夫市政の最終盤において検討するとの報道があり，都構想推進の橋下徹大阪府知事（当時）はこれを批判した。[28] 地方自治法改正案の国会審議では，橋下大阪市長（当時）が参考人として，衆議院総務委員会で，区長公選制を規程に盛り込むように主張した。[29] また，大阪都構想が否決されたあと，総合区長に準公選制を導入することの検討を維新大阪市議団に指示した。[30]

他方，2011年に開催された大阪市行政区調査研究会の議論では，区長の政治的中立性が，地域団体等とのコミュニケーションを図る際の信頼性を高めているという意見がみられた。コミュニティ政策の推進者としては，準公選制や議会同意職など民意の反映が逆に阻害要因になるのではないかという重要な指摘である。[31]

内部団体の長である区長の選任方法は，区役所の所掌事務の拡大，権限の拡大とともに民意の反映や政治的正統性を要請する一方で，多様なシティズンシップを有する住民からなるコミュニティ政策の執行者としての地位から，慎重な検討を要する。

（4）地域自治区

なお，指定都市において適用可能な自治体内分権制度として，必置の行政区の他に地域自治区が存在する。地域自治区は，2004年5月の法改正で導入さ

れた制度である。地域自治区には，地方自治法にもとづくものと合併特例法にもとづくものの2種類が存在する(32)。

　地方自治法では，地域自治区は「市町村長の権限に属する事務を分掌させ，及び地域の住民の意見を反映させつつこれを処理させるため，条例で」設置できるとされており，分掌する事務を執行する「事務所」の設置と，住民の意見を反映するため「地域協議会」を設置することとなっている。

　この「地域協議会」は，当該地域自治区の居住者のうちから市町村長が選任した者で構成される必置機関であり，当該区域の事務に関する事項等を審議し，市町村長等に意見を述べる権限を有する。

　指定都市については，すでに市町村長の事務を分掌する行政区が必置とされていることから，行政区を単位として「区地域協議会」を設置できる特例が設けられている。また，行政区の範囲をさらに分けて，地域自治区を設けることもでき，行政区ごとに設置の有無があることも認められている。

　指定都市で区地域協議会を設置しているのは新潟市と浜松市であり，いずれも合併を経て指定都市を施行した市である(33)。

　地域自治区は，導入によりボトムアップ型の地域課題解決を図り，住民の意見を反映する仕組みとして一定の意義があるが，指定都市とりわけ大都市の都市集積が高密かつ連続的に存在している地域に適合的だとは言えない。1つには，地域自治区制度には現行制度でも可能な内容が多いということである。住民が主体となった諮問機関の設置は現行制度でも可能であり，諮問事項にかかわらず任意の議題を審議し，市長がそれを尊重した意思決定をすることも現行制度の枠内で可能である。必要に応じて支所の設置も可能であり，事務吏員として採用すれば，地域住民を区長（区長民間公募制）とすることもできるからである。

　さらに，2つ目の理由として，制度化したことによる不自由さということがある。とりわけ，人口200万人を超えるような指定都市では，都市集積は高密かつ連続的で，住民の区を越えた日常的交流も活発であり，住民の行政ニーズの解決が複数の行政区にまたがる場合も少なくない。しかしながら，地域自治区は単一の排他的管轄をもち，行政区界を越えて設置することは不可能である

ため，大都市の生活ニーズに柔軟に適応できるかどうか疑問である[34]。

このような事情を反映して，こんにち，指定都市では地域自治区の設定はみられない[35]。また，設置されている自治体も地方自治法に基づくもの15団体，合併特例法に基づくもの12団体にとどまっている[36]。一般制度としての地域自治区は都市内分権制度として普及しているとは言えず，とりわけ大都市の人口密集地域では適合的であるとは言えない。

第4節　大阪市の区役所改革：区長公募制と区CM

（1）区長公募制

指定都市の行政区への事務委譲や区長の権限強化は，住民自治を促進する要因である。冒頭でみたように，より小規模な単位での決定の方が構成員の意思を反映しやすいという点から言えば，市全体よりも区で事務を行い，また予算や執行の内容・箇所付け等が決定できた方が，住民意思を反映する実質的な意義が生まれる。本節では，指定都市の行政区の中では，前例のない区役所マネジメント改革となった大阪市の区長公募制と区シティマネージャー制に焦点をあて，「特色ある区行政運営」を検証する[37]。

2011年11月のダブル選挙で誕生した橋下大阪市長は，全区長を公募し，本庁の局長より上位に位置づける改革を行うことを就任前から表明した。指定都市で全区長を民間も含めた公募制としたのは前例がなかった。公募区長の採用にあたっては，以下のような方針が明らかにされた。第1に，公募区長は，原則4年の任期付き職員として採用され，その職務は「区役所の長として，区役所の業務を統括し組織を運営する。地域の特性や市民のニーズを十分把握し，地域課題の解決や新たなビジョンの実現に向け，区独自の取り組みを展開する」こととされた。

第2に，区長公募要綱に応募条件として「組織マネジメント経験」が明記された。大阪市職員が応募する場合は，課長級以上の職員という条件が加わった。

第3に，市長の表明に従い，公募区長は本庁局長級よりも上位（指定職）の職員として位置づけられた。これまで，大阪市の区長は，北・中央・西成の三

区を除いて部長級の職員で，ピラミッド型の組織構造をもつ官僚組織では，本庁の局が上位で区役所は下位だという意識があった。公募区長の導入では，この関係を逆転し，区長が局長を指揮できる関係をつくることが意図された。前述した通り，行政区は一定の総合性をもった事務を担当している。地域のゼネラルマネージャーとして，本庁の局組織を活用する視点を導入し，都構想が想定する特別区の公選区長に近似の形態をめざしたものである。

　選考は，①書類選考，②第1次面接，③最終面接の3段階で行われた。その結果，外部から18名，区長経験のある市職員6名の区長が決定された。民間採用者の前職は，経営者や企業幹部，コンサルタント，首長・行政経験者などが目立った。選考にあたっては，橋下市長をはじめ幹部職員，外部顧問などがあたった。面接段階では，「社会観・根本哲学」，「ビジョン構想力」，「目標達成志向」，「経営管理能力」，「部下育成・組織活性化」，「情報発信力」などより明確な観点からの選考がなされた。

　公募区長は，2012年8月1日付（一部除く）で就任，区役所の権限強化，組織改革に取り組む一方，学校選択制，公立保育所，赤バスの存廃などの重要な地域課題について決定し，特別自治区の区割り案を作成するなどの重責を結果的に担うこととなった。

　なお，幹部職員公募制は，区長を皮切りに，2012年6月に施行された大阪市職員基本条例により，所属長の任用は広く公募により行うこととされた。その結果，局長，行政委員会事務局長が内外の公募を通じて行われた。また，市立学校においても，大阪市立学校活性化条例により，校長の採用は公募が原則とされた。区長をはじめとした公募制は，橋下市政改革の中で，民間外部人材によるトップマネジメントの強調という組織文化をもち込んだ。市民対応の第一線である区役所にトップマネジメントが組織文化としてもち込まれることは，大阪市の住民自治に一定の影響をおよぼすこととなった。

（2）区シティマネージャーの導入

　橋下市長の下で，大阪市の区役所の所掌事務に大きな変化はない。その代替として，区長の指揮監督，予算権限を大幅に拡充することによって，基礎自治

体に近づけようとした。その方策が，区シティマネージャー（以下，区 CM）制度である。地方自治法の規定では，区長は区役所が分掌としている事務についてしか指揮監督権限を行使できないと解されている。

　そこで，区長を本庁局長より上位に位置づけるために区 CM 職を新設し，区長と兼任することとなった。区長が分掌すると条例で定めた事務の他は権限がないと解されているからである。縦割りの局が実施する区内での事業について，区 CM として予算を編成し，事業を執行するものとされた。公募区長（兼区 CM）が実施する事業規模を 2013 年度予算ベースでみると，区長が区役所事業について予算編成し指揮監督を行い，区へ財源が配分される「区長自由経費」約 67 億円，区 CM が区内の本庁局事業について予算編成を主管し局へ財源が配分され区 CM が指揮監督する「区 CM 自由経費」約 153 億円，その他局が予算編成を主管し局に配分された財源による事業を区 CM が指揮監督する「区 CM 義務経費」約 561 億円などとなっている。2012 年度に約 50 億円だった区長が編成した予算は，区長自由経費と区 CM 自由経費の合計 219 億円と 4 倍になったと説明されている。

（3）評　価

　公募区長制は，民間の経営感覚をもつ新たな人材を求めるという趣旨だった。大阪市「公募制度のあり方について」では，「外部の視点や民間の経営感覚など，行政感覚や行政慣行とは異なる視点や発想で，行政課題や組織課題に関して，さまざまな指摘を行うとともに，独自施策の推進に積極的に取組んでいる」[38]と公募制の成果を強調している。

　他方，問題点もみられる。都構想では，公選区長による住民自治の実現が主張されたが，住民自治の観点からは公選と公募ではまったく意味が異なる。結果，住民自治で重要な区役所と地域コミュニティの関係づくりという点で，区間のばらつきが生じた。区役所の住民自治機能という観点からは，区長の地域団体や市会議員とのコミュニケーションが重要であるが，このような職務と公募で集まった人材とのギャップが指摘されている[39]。区の広報紙やウェブサイトなどの広報活動が重視され一新されたが，安全・安心の基礎自治行政を担うは

ずの区役所が，観光や集客イベント等に力を入れるという場面も目立つ。

さらに，一部ではあるが，公募区長の不祥事も報告されている。区長に限定すると，2015年度までの期間において，分限免職1名，懲戒処分2名，口頭注意1名の他，任期途中の自己都合退職，人事異動各2名などが報告されている。任命者の責任が曖昧であることなど幹部職員の公募制そのものが問われている。

また，公募区長が決定するべきテーマとして学校選択制の是非が課題となった。当初，小中学校での完全実施は中央区のみで3区は導入見送りとなったことについても，橋下市長は「目の前の住民の反対の声が大きいからやりません，では公募区長の意味がありません」とコメントしている。「公募区長」は政治的な意味でも市長の代弁者であるべきとの認識である。

しかし，従来の慣行にとらわれない，区長のマネジメントと，次節で検討する区民参加型会議を通じて各区の地域特性を生かした地域づくり政策が展開されているのも事実である。

第5節　指定都市における区民参加制度：大阪市の区政会議

筆者の調査によると，2000年前後以降，指定都市の行政区における住民自治の拡充を目的とした区民参加の仕組みが導入されるようになっている。三浦哲司の調査によると，2015年時点で，指定都市20市中14市でなんらかの「区民参加型会議」が確認される。

大阪市における区政会議は，知事・市長ダブル選挙の直前にあたる2011年7月から全24区で開始された，区民が区役所に対して意見をのべ評価する仕組みである。橋下市政下でもこの取り組みは継承された。「区政会議の運営の基本となる事項に関する条例」第2条第1項では「各区において，区長，区シティ・マネージャー及び教育委員会事務局区担当理事の所管に属する施策及び事業について，立案段階から意見を把握し適宜これを反映させるとともに，その実績及び成果の評価に係る意見を聴くことを目的として，区長が区民等その他の者を招集して開催する会議」と規定されている。その概要は表3-6に示

表3-6　大阪市区政会議の概要

根拠規程	「区政会議の運営の基本となる事項に関する条例」 「区政会議の委員の定数の基準及び会議録等の公表等に関する規則」 「各区区政会議運営要綱」
委員定数	区長が定める（10～50人）
委員任期	2年（連続して3回以上委員を務めることは不可）
委員の選出	区民等（住民，通勤・通学者，事業者），学識経験者，区長が適当と認める者から区長が選出。公募委員は定数の10％以上
意見が求められる事項	区運営方針，区将来ビジョン，区関連施策，区予算，区政運営の評価など

（出所）　根拠規程などから筆者作成。

した通りである。また，本章の関心との関連では，区選出の市会議員が出席し，助言を行うことができる（第8条）。

　実際の運用をみれば，区政会議は，年度内に3回程度行われているのが通例である。これは，市役所と区役所のビジョンづくり，予算・決算・行政評価等の時期に合わせて，区長が区政会議において意見聴取を行うものである。区政会議は，区長が招集する会議であり，委員に求められるのは意見を述べることであって，委員間の議論を通じて，意思を表明することではない[43]。

　2期目以降，区によって特色が出てきている[44]。第1に，全体会議だけではなく，地域福祉や防犯・防災，区の特色づくりなどの区の課題にあわせた部会を設置し議論の実質化を図っている。全体会議でも，使用グループのワークショップなど対話技術を導入して意見交換を実質化している例もある。

　第2に，委員構成も，後述の地域活動協議会代表を委員とする区がある一方，NPO，事業所，公募委員の割合を高めている区もある。大都市地域の住民の多様性を反映し，制度的な有権者だけでなく，幅広い利害関係者を受け入れていると言えよう。

　第3に，区長が招集し，区長の諮問事項について委員が意見を述べるのが原則ではあるが，独自性が発揮される例が現れたことである。根拠条例では，委員定数の4分の1の者が，区長に区政会議の招集を請求できると定めている（第6条第2項）。また，委員間の自発的な議論にもとづき，区の基礎自治に関する事項につき，3分の2以上の多数決により決議がされた場合は，区長はこ

れを尊重し，権限の範囲で必要な措置を講じるという規定がある（第10条第1項）。これを活用して，生野区の区政会議で意見書が提出された。同区には，他区に比較して在日韓国・朝鮮人を中心とした多くの外国籍住民が居住している。近年，「ヘイトスピーチ」が区内で繰り返されるという事態が発生していた。このような状況に対して，同区の区政会議では委員間での意見交換を通じ，状況の改善を求める趣旨の意見書が採択され，橋下市長に提出されたという事例がある。[45]

上述のとおり，各区に特色のある取り組みがみられ，また会議の運営にも工夫がみられるようになった一方，課題もある。第1に，認知度がまだまだ低く，区政会議委員と区民一般の認識ギャップが存在することである。情報発信が弱い点についても会議内で意見が提出されている。

第2に，区政会議間での交流を通じた，会議運営技術の交流や研修がされていないことである。そのため，会議の内容に差が生じている。ベストプラクティスを学ぶこと等，学習の契機が課題となっている。

第3に，より根本的なこととして，区長や区役所で決定できる権限が不足しているため，区政会議の権限が意見提出にとどまっている点である。この点，地方自治法上に根拠を有し，条例で定められた諮問事項に対する意見具申権，市長への建議権，区独自事業の一部の提案権を有する新潟市の区自治協議会の事例が参考になるだろう。[46]このような具体的な権限が会議全体に与えられることにより，個別利害の視点からの個人的意見表明から，地域の課題についての委員間の議論へ発展させることが期待できよう。

第6節　地域における協働型自治の再編：地域活動協議会

本節で検討するのは，行政区より下位の区域（校区等）において，地域住民（団体）等と行政が合意・協働することを前提に，地域住民（団体）に裁量権を付与し，地域の活動を通じて，高齢者や子どもの見守り，防犯，地域防災をはじめとしたコミュニティの課題を解決する地域自治組織である。

名称は「まちづくり協議会」「地域コミュニティ協議会」等様々であるが，

地域自治組織が近年，大都市においても形成されている[47]。その背景として2点があげられる。第1に，従来の町内会等の地縁組織の担い手が高齢化や後継者不足で弱体化していることである。第2に，地域の課題がますます多様化し，その解決のためには地域におけるネットワーク化を進め新たな態勢で解決する必要性が高まってきたことである[48]。

　地域活動協議会は，平松市政の2011年期より7地区でモデル的に導入され，その後，橋下市政下では，全地域を対象に，補助金改革とセットでより強力に導入を図っていった住民自治の仕組みである。

　ここで，導入の政治的背景について述べておく。橋下氏は市長就任以前から，既存の町内会である地域振興会を「既得権益」とみなし，支給していた補助金の見直しを公言していた。地域振興会は，市－区－連合－単位町会に組織化されていたが，市地域振興会が現職市長に推薦状を出すなど政治的な色彩を有していた。そのため，連合町会を単位として市が支給する補助金を既得権益とみなし，その改革を支持獲得のための公約としたのである。橋下市長の就任後約1年が経過して，2013年1月に「地域活動協議会に対する補助金の交付の基準に関する要綱」が策定され，4月に施行された。経過措置を伴いつつ，旧来の地域活動団体ごとの補助金を整理して，地域活動協議会（以下，地活協）を設立した場合に包括的な補助金を支給することがその内容である。その効果により，要綱策定時の設立数38は要綱施行前日には300に急増した。2015年4月時点で市内326団体が区長の認定を受けて結成されている[49]。

　市が地活協を推進する目的は以下の通りである。まずはじめに，住民主体のまちづくりを，従来からの地域団体にNPOや企業などの新たな主体を加えて協働して解決することである（共同性）。次に，民主的な運営や会計の透明性を条件（民主性と透明性）に区長がおおむね小学校区に1つずつ認定（地域代表性）し，認定を受けた地活協は，その地域の全住民を対象とした事業について一括して補助金を受け取る。その使途については，地活協が柔軟に決定できる（柔軟性）。一方で，地活協は財政的に自立することも求められる。活動経費に対する補助率は50％であり，自主財源を調達することが求められる。自主財源の調達先としては，地活協構成団体による負担の他，地活協自体が法人格を取

得して，コミュニティビジネスやソーシャルビジネスに参入し，自主的に財源を調達することが求められる[50]。

　では，地活協の担い手自身はどのように評価しているだろうか。筆者は2014年1月に地活協の実態調査を行った。調査の実施時期は補助金改革で地活協が急増した時期の1年後にあたる[51]。実態調査で分かったこととして，地活協に対する評価は，否定的な回答（41％）がわずかに上回ったが，肯定的（32％），いずれでもない（26％）という意見でほぼ三分された。否定的な意見の原因は，短期間での設立による従来の地域振興会との違いに対する理解度の低さ，補助金受給にかかわる業務の煩雑性にあった。逆に，地活協を評価する意見もあった。ネット等を使った広報活動に注力し，団体間のネットワークで新たな担い手を発見したこと，地域防災等のイベントを通じてコミュニティを再発見したこと等が要因である。地域活動がこれまでのように親睦目的にとどまる段階から脱して，高齢者や子どもの見守り，地域防災や防犯等のコミュニティの公共課題に取り組む公共性を獲得するための過渡期ととらえる必要があろう。

　もともと地域は多様な存在であるが，地活協の活動の質は多様化する傾向にある。しかし，活動の担い手を誰に求めるか，財政的な自律性をどう確保するかという基本的な問題に取り組みつつ，住民交流，防災・防犯などの地域課題に取り組んでいることは共通している。

　地域課題の解決を自助努力に委ねる面だけではなく，大都市における重層的な自治システムの中に位置づけることが必要である。この点，一部の区ではあるが，地活協が区政会議に代表を送る動きがみられることは注目に値する。これは，地活協の取り組みを広く共有し，地域運営の力量を高めることにもつながる。他方，区役所や中間支援団体を通じた支援も欠かせない。広報や公金取扱事務といった技術的な支援だけではなく，地域の課題や資源を発見し，地域ニーズに応じた事業計画を作成するためのビジョンづくりやそのための会議運営など組織文化にかかわる意識改革にも取り組む必要がある。

第7節　大都市における住民自治の方向性

　こんにち，大都市がその一体性・集積性を活かして取り組むべき課題は，大都市に集中的に現れる貧困・格差・住宅・雇用・エネルギー・環境等の課題に取り組むことである。これらの課題の解決のためには，大きな権限をもつ強力な都市自治体が資源を選択的集中的に使うよりも，自立した住民自治の働きやすい規模の自治体が，先進的・実験的に規模の集積が必要な行政については協調して資源を活用する方向性がより重要である。政策面では，持続可能・公正重視型の大都市行政への転換である。そのための改革は，大きな制度改革というかたちではなく，その担い手の合意の下に進められる漸進的改革であるべきだというのが筆者の結論である。

　そのための住民自治改革の方向性として，本稿で十分検討できなかった点にもふれつつ，以下の2点を指摘して，本稿を閉じることとする。

　第1に，住民自治を単純化された制度でのみ表現するのではなく，ガバナンス（共同統治）として，制度の他に，制度に参加する主体の行動や行動を規定している政治文化なども含めて構想する必要がある。その点，大阪都構想は，不可逆的で複雑多岐にわたり，また市民にとっては習熟度が低い制度変更を一度に実施しようとし過ぎたきらいがある。

　また，制度を設計した後は，特別区の住民の選択の問題であるとされたが，協定書の内容は，あくまでも制度設計図であり，実際のガバナンスに必要な，担い手をどうするか，つまり自治への参加資格をどうするのか，広域・基礎・区・狭域といった自治のスケールに応じた主体や決定モード，媒介者といったガバナンスの構成要素についての検討も欠如していた。代表民主制を基礎に置くわが国の民主政治・地方自治の下では，行政のリーダーが住民の直接公選職であるかどうかは重要だが，大都市の住民や経済活動を営む事業者の利害関心は選挙のみでは代表されにくい面がある。本稿では，このようなガバナンスを実現する試みとして，区政会議や地活協を位置づけている。大部分の区・地域では，まだ可能性に過ぎないが，選挙とは違う様式で，異なる意見の交流がみ

られ，合意に基づいて，まちづくりの諸事業が実現されつつあり，また広がりが期待される。

　第2に，指定都市の場合は区の住民自治を拡充していくことが当面重要であろう。これは筆者の個人的な見解ではなく，地方自治法改正で「総合区」が導入されたことなど，区に改革の焦点があたっていることからも分かる。区への行政資源の配分を厚くする行政的分権と，区行政の民主的統制を強めるという政治的分権の側面がある。前者はまさに事務権限の拡大，人的・財政的資源を区へ移転していくことである。後者は区長の選任方法や市議会議員の区行政への関与を強めるという方向が考えられるだろう。しかし，指定都市の場合は，あくまでも区は内部団体であり，無限定に区の自治権を強めることは，市の一体性との齟齬を生じるという問題があり，単純な解は存在しない。段階的に試行錯誤しながら，参加者の合意の範囲で住民自治を進めていく他はないのである。

注
(1) 大阪維新の会，2011。
(2) このような見方を示すものとして，江藤，2016，2頁。
(3) その根拠となる事実として，指定都市の多くが2000年を挟む時期に区や下位地域レベルの住民参加組織を整備していったことがあげられる。柏原・西村・自治体問題研究所編，2012，22頁および30頁。
(4) 総務省，2015，27頁。
(5) 市町村議会議員はその市町村の区域において選挙する（公職選挙法第12条）。政令指定都市は区域内に選挙区を設ける必要があるが，市町村は条例によって選挙区の設置するかしないかを選ぶことができる（同第15条第6項）。
(6) 政党化率は以下のように算出した。(全当選者数－無所属当選者数) ÷ 全当選者数 × 100。指定都市市議選挙は，『朝日新聞』2015年4月14日付，市区議会議員選挙は，『毎日新聞』2015年4月28日付を参照。
(7) 他に，大都市の中心性を表す指標として昼夜間人口比率が存在するが，指定都市の中には，昼夜間人口比率が100を下回る都市もある。ここでは，人口面で外部との相互依存性を表すこの数値を採用した。なお，用いた数値は2015年国勢調査速報値である。
(8) Jones, 1942.
(9) Tiebout, 1956, pp. 416-424.
(10) 芝村，1989，121-122頁。

⑾ 芝村，1989，60-62 頁。あわせて，『新修大阪市史　第 6 巻』第 1 章第 5 節第 6 節を参照。
⑿ 柄谷，2016，36-37 頁。
⒀ 多文化共生センター大阪，佐藤千佳氏へのインタビュー（2016 年 7 月 11 日）による。
⒁ いわゆる創造都市論の議論が該当する。
⒂ Heinelt and Kübler, 2005, pp. 14-15.
⒃ たとえば，2015 年大阪市長選挙において立候補し落選した柳本顕氏の 2016 年 4 月 6 日付のブログ（http://blog.livedoor.jp/yanagimotoakira/archives/53243631.html　2016 年 7 月 1 日閲覧）。筆者もこの見解自体を否定するものではない。
⒄ 19 指定都市の人口総数を当時の行政区数で除した数（2011 年 4 月 1 日推計人口）。柏原，2012，46-47 頁。
⒅ 高木，1966，3 - 4 頁。
⒆ 柏原，2012，12 頁。
⒇ 行政区長を民間も含めて公募した例としては，堺市，大阪市，新潟市などの例がある。『日本経済新聞』2012 年 3 月 14 日付，堺市，2012 年，大阪市総務局，2011 年，『日本経済新聞』2014 年 12 月 1 日付。
㉑ 柏原，2012，51-63 頁。
㉒ 総務省，2014。
㉓ 『毎日新聞』2016 年 5 月 15 日付。
㉔ ただし，衆議院の小選挙区では，平成の合併を経た指定都市を中心に，行政区を分割した選挙区が設定されている例がある。総務省，2013。
㉕ 筆者が各市の例規集をインターネット上で確認した（いずれも 2016 年 4 月閲覧）。
指定都市例規集 URL 一覧
札幌市　http://www.city.sapporo.jp/reiki/
仙台市　http://www.city.sendai.jp/bunsho/shise/reki/reki/
さいたま市　http://www1.g-reiki.net/saitama/reiki.html
千葉市　http://www1.g-reiki.net/chiba/reiki_menu.html
横浜市　http://www.city.yokohama.lg.jp/ex/reiki/reiki_menu.html
川崎市　http://www.reiki.city.kawasaki.jp/cgi-bin/kawasaki/startup.cgi
相模原市　http://www3.e-reikinet.jp/sagamihara/d1w_reiki/reiki.html
新潟市　http://www3.e-reikinet.jp/niigata/d1w_reiki/reiki.html
静岡市　http://krr001.legal-square.com/HAS-Shohin/page/SJSrbLogin.jsf
浜松市　http://www1.g-reiki.net/reiki2f9/reiki.html
名古屋市　http://www.reiki.city.nagoya.jp/
京都市　http://www1.g-reiki.net/kyoto/reiki_menu.html
大阪市　http://www1.g-reiki.net/reiki37e/reiki.html
堺　市　https://www.city.sakai.lg.jp/reiki/reiki_menu.html
神戸市　http://www.city.kobe.lg.jp/information/data/regulations/rule/reiki/

岡山市　http://www.city.okayama.jp/soumu/soumu/soumu_00119.html
広島市　http://reiki.city.hiroshima.jp/reiki/reiki.html
北九州市　http://www1.g-reiki.net/kitakyushu/reiki.html
福岡市　http://www.city.fukuoka.lg.jp/d1w_reiki/reiki.html
熊本市　http://www1.g-reiki.net/kumamoto-city/reiki_menu.html

(26) 横浜市市民局，2016。
(27) 区長が，知事が選任する特別職と位置づけられていたのは1952（昭和27）年から1974（昭和49）年までである。前章表2-3および神原，2009も参照されたい。
(28) 『朝日新聞』2011年5月11日付。ただし，この記事に言及されている行政区調査研究会の『中間まとめ』を読む限りでは区長の選任方法についての本格的な議論はみられない。大阪市行政区調査研究会，2011b。
(29) 『朝日新聞』2014年4月24日付夕刊。
(30) 『産経新聞』West，2015年7月21日付。
(31) 大阪市行政区調査研究会，2011a。
(32) 両者の相違点としては，①一般の地域自治区が設置期限のない恒久的な制度であるのに対し，合併に係る地域自治区は設置期間を定める必要があること，②一般の地域自治区が事務吏員を事務所の長として置くのに対し，合併に係る地域自治区は事務所の長に代えて区長（特別職）を置くことができること，③一般の地域自治区が市町村の全域にわたって設置されることが想定されているのに対し合併に係る地域自治区は合併した旧地域にだけ設置することもできること，などである（地方自治法第202条の4。合併特例法第23条，24条）。
(33) なお浜松市は一部の区で，合併前，合併時に旧市町村を単位とした地域自治区をあわせて設置していた。指定都市施行時に，前述の区地域協議会（浜松市では区協議会と呼称）を全7区に設置するとともに，一部の区に，さらに狭域の地域自治区を設置していたが，2012年3月末をもって，地域自治区はすべて廃止された。総務省，2012。あわせて浜松市ウェブページ，2013，篠田，2010。
(34) たとえば，両親が複数区にまたがった勤務形態を有し，それに応じて柔軟に保育ニーズを満たすことを希望する場合などが考えられる。とくに，高密度で連続的な地域での地域自治区の適用を否定的に評価した議論として，押見・林，2006を参照。
(35) (31)を参照。あわせて，柏原・西村・自治体問題研究所編，2012，66頁。
(36) 総務省，2016。
(37) なお，橋下市政発足直前の区役所運営の実態については，柏原，2011b，195-199頁。
(38) 大阪市公募制度のあり方検討プロジェクトチーム，2016。
(39) 大阪市政調査会主催シンポジウム「特別区設置法の成立と『大阪都構想』のゆくえ」2012年10月18日におけるコミュニティ紙編集者乃美夏絵氏の発言。
(40) 大阪市公募制度のあり方検討プロジェクトチーム，2016。また，これらの事象に対して，「不祥事を起こした公募人材への厳格な対処等を求める決議」が大阪市会

⑷1 柏原・西村・自治体問題研究所編，2012，22-30頁および66-72頁。柏原，2014a，58-61頁。
⑷2 三浦，2015，37頁。
⑷3 筆者は第1期の東淀川区区政会議委員および委員長代行を務めたが，選任にあたって，区の事務局職員から，この点再三説明を受けた。
⑷4 筆者による各区区政会議ウェブサイト等の調査の他，24区の区政会議の動向を整理し，評価を試みたものとして，三浦，2015を参照。
⑷5 2014年12月16日付生野区区政会議「住民に不安を生じさせる『ヘイトスピーチ』への対応について」。
⑷6 新潟市の地域自治の仕組みについては，篠田，2010。合併時の新潟市長であった篠田は，「分権型政令市」をつくるにあたって，区自治協議会（行政区）とコミュニティ協議会（小学校区）の2つの制度が鍵となったと述べている。
⑷7 柏原，2012，72-80頁，柏原，2014a，61-62頁。
⑷8 大阪市内のコミュニティの現状と課題については，柏原，2011b，188-195頁。
⑷9 大阪市，2016。なお，2016年4月1日では，325団体。1団体が申し出により，区長認定を取り消されている。
⑸0 本稿執筆時点で，法人格を取得した地活協は4団体である。法人格を取得した地活協で，市の児童いきいき放課後事業を受託するなどの例もみられる。これについては，大阪自治体問題研究所，2016。なお，このような方向については，地域の子どもを地域がケアすることで地域が財政的に自立するという肯定的な見方がある一方で，公共責任を地域に負わせているのではないかという批判がありうる。
⑸1 調査の概要については，大阪自治体問題研究所，2014。

引用参考文献
［日本語文献］
伊藤正次，2016，「大都市制度について」第5回川崎市行財政改革に関する計画策定委員会区役所のあり方検討部会（平成28年2月24日）(http://www.city.kawasaki.jp/250/cmsfiles/contents/0000069/69209/05siryou6.pdf　2016年5月15日閲覧)。
江藤俊昭，2016，「新しい議会の教科書――第1回地方政治の台頭――行政重視から住民主体の政治へ」(http://www.dh-giin.com/article/20160525/5786/5/　2016年8月3日閲覧)。
大阪維新の会，2011，「皆さんからいただく質問についてお答えします」(http://oneosaka.jp/news/2011/09/post-18.html　2015年8月1日閲覧)。
大阪市，2016，「地域活動協議会の形成に向けた支援」(http://www.city.osaka.lg.jp/shimin/page/0000209897.html　2016年7月1日閲覧)。
大阪市行政区調査研究会，2011a，「第1回〜第3回 行政区調査研究会主な意見と論点」。
大阪市行政区調査研究会，2011b，「中間とりまとめ」。

大阪市公募制度のあり方検討プロジェクトチーム，2016，「公募制度のあり方について」。
大阪市政調査会編，2014，「年表　橋下市政　ダブル選挙から出直し選挙まで」『市政研究』第 184 号（7 月号）。
大阪市総務局，2011，「大阪市区長公募要綱」。
大阪自治体問題研究所，2014，「地域活動協議会アンケート調査分析の概要」『おおさかの住民と自治』5 月号，6 - 9 頁。
大阪自治体問題研究所，2016，「地域団体が全児童対策事業を運営——NPO 法人緑・ふれあいの家」『おおさかの住民と自治』5 月号，12-13 頁。
押見保志・林暁，2006，「地域自治区の概要と課題」横浜市総務局『横浜市調査季報』第 158 号，48 頁。
柏原誠，2011a，「橋下政治と大阪府下議会の改革課題」加茂利男・白藤博行・加藤幸雄・榊原秀訓・柏原誠・平井一臣『地方議会再生——名古屋・大阪・阿久根から』自治体研究社，129-146 頁。
柏原誠，2011b，「大阪市のコミュニティ政策の現状と課題——大阪市東淀川区を事例として」大阪自治体問題研究所編『大阪大都市圏の再生——自治・くらし・環境』自治体研究社，182-210 頁。
柏原誠，2012，「橋下市政下における区役所改革と住民自治」鶴田廣巳・大阪自治体問題研究所編『橋下「大阪維新」と国・自治体のかたち』第 5 章，143-168 頁。
柏原誠，2014a，「指定都市制度の見直し——区役所改革と住民自治の観点から」西村茂・廣田全男・自治体問題研究所編『大都市における自治の課題と自治体間連携——第 30 次地方制度調査会答申を踏まえて』自治体研究社，51-76 頁。
柏原誠，2014b，「橋下・大阪市政のコミュニティ改革と住民自治」大阪自治体問題研究所『おおさかの住民と自治』5 月号，2 - 5 頁。
柏原誠，2016，「大都市圏ガバナンスの政治学」石田徹・伊藤恭彦・上田道明『ローカル・ガバナンスとデモクラシー——地方自治の新たなかたち』法律文化社，49-73 頁。
柏原誠・西村茂・自治体問題研究所編，2012，『指定都市の区役所と住民自治』自治体研究社。
柄谷利恵子，2016，『移動と生存——国境を越える人々の政治学』岩波書店。
神原勝，2009，「区長準公選運動」東京市政調査会『地方自治史を掘る——当事者たちの証言』148-169 頁。
堺市，2012，「美原区長公募の結果について」平成 24 年 2 月 22 日，提供報道資料。
篠田昭，2010，「市民協働で築く新しい公共——区自治協議会導入の背景と今後の活性化」新潟県自治研究センター『新潟自治』第 44 号（7 月），28-33 頁。
芝村篤樹，1989，『関一　都市思想のパイオニア』松籟社。
新修大阪市史編纂委員会，1999，『新修大阪市史　第 6 巻』。
総務省，2012，第 30 次地方制度調査会第 15 回専門小委員会資料「指定都市の区の概要」。

総務省，2013，「衆議院小選挙区の区割りの改定等について」(http://www.soumu.go.jp/senkyo/senkyo_s/news/senkyo/shu_kuwari/　2016年4月1日閲覧)。
総務省，2014，「地方自治法の一部を改正する法律の公布について(通知)」総行第87号，平成26年5月30日付。
総務省，2015，第31次地方制度調査会第20回専門小委員会資料「地方議会制度関連資料」。
総務省，2016，「地域審議会・地域自治区・合併特例区一覧 (H28.4.1)」。
第30次地制調第14回専門小委員会資料「課題に係る論点関連資料」横浜市，2008，「新たな大都市制度の提案　中間報告」(平成20年3月)。
高木鉦作，1966，「大都市の自治と行政」『横浜市調査季報』No.10，3-10頁。
浜松市ウェブページ，2013，「地域自治区制度について」(http://www.city.hamamatsu.shizuoka.jp/shiminkyodo/kaigi/chiikikyougikai/ground/tiikijitiku.html　2014年9月5日閲覧)。
三浦哲司，2014，「大阪市における地域活動協議会の設立とその課題」『市政研究』第182号(4月号)，20-31頁。
三浦哲司，2015，「大阪市における区政会議の到達点と課題」『市政研究』第189号(10月号)，36-47頁。
森裕之，2014，『大都市と都市内分権――都市政策主体と住民自治の両立』日本共産党大阪市会議員団ニュース，7月所収。
薬師院仁志，2015，「日本型首長制の問題点と首長選挙の課題――2015年大阪ダブル選挙を前にして」大阪市政調査会編『市政研究』第189号(2015年10月号)。
横浜・大阪・名古屋3市による大都市制度構想研究会，2009，「日本を牽引する大都市――『都市州』創設による構造改革構想」。
横浜市市民局，2016，『平成28年度予算概要』。
吉富有治，2011，『橋下徹　改革者か壊し屋か』中央公論新社。

[外国語文献]
Ahrend, R. C. Gamper and A. Schumann, 2014, "The OECD Metropolitan Governance Survey : A Quantitative Description of Governance Structures in large Urban Agglomerations," *OECD Regional Development Working Papers*, OECD Publishing.
Heinelt, Hubert and Daniel Kübler, 2005, *Metropolitan Governance : Capacity, democracy and the dynamics of place*, Routledge/ECPR Studies in European Political Science.
Jones, Victor, 1942, *Metropolitan Government*, Chicago University Press.
Tiebout, Charles M., 1956, "A Pure Theory of Local Expenditures," *The Journal of Political Economy*, Vol. 64, No. 5, (Oct. 1956), 416-424.

[新　聞]
『朝日新聞』，2011，「大阪市の区長『住民投票で』市が導入検討」5月11日付大阪朝

『朝日新聞』，2014，「区長公選制，国会で主張　橋下・大阪市長，法改正案に導入要請」4月24日付大阪夕刊．
『朝日新聞』，2015，「17 指定市議選当選者数」4月14日付5面．
『産経新聞』，2013，「肝いり公募区長が"ブレーキ"　学校選択制，半数が先送り　橋下市長にいらだち」4月7日付（http://www.sankei.com/west/news/130406/wst1304060011-n1.html　2013年4月8日閲覧）．
『産経新聞』West，2015，「総合区長は住民投票で　橋下維新代表　準公選制導入の検討を大阪市議団に指示」7月21日付（http://www.sankei.com/west/news/150721/wst1507210060-n1.html　2016年4月1日閲覧）．
『日本経済新聞』，2012，「区長権限じわり拡大，独自性発揮へ予算増額　区役所は今（上）」3月14日付．
『日本経済新聞』，2014，「新潟市，公募4区長を決定　全員が現職公務員」12月1日付（http://www.nikkei.com/article/DGXNZO65596620Q4A120C1L21000/　2014年12月15日閲覧）．
『毎日新聞』，2015，「市区議選当選者数」4月28日付13面．
『毎日新聞』，2016，「『総合区』検討3市のみ　大半『利点ない』」5月15日付（http://mainichi.jp/articles/20160515/k00/00m/040/115000c　2016年6月1日閲覧）．

[ヒヤリング調査]
（特活）多文化共生センター大阪，佐藤千佳氏へのインタビュー，2016年7月11日付．

第4章
大阪都構想と東京都区制度

梅原英治

第1節　都区制度からみた大阪都構想の検討

(1) 指定都市制度から都区制度への異例の転換構想

　いわゆる「大阪都構想」は，橋下徹氏（2008年2月から2011年10月まで第52代・公選第17代大阪府知事，2011年12月から2015年12月まで第19代・公選第9代大阪市長）が2015年12月まで代表を務めてきた地域政党「大阪維新の会」（2010年4月結成）の基本政策で，大阪市を廃止して大阪府（「大阪都」へ改称予定）の特別区にしようというものである。

　その目的は，大阪市が担う産業・交通などにかかる事務を大阪府に一元化することにより，大阪府と大阪市の二重行政を解消するとともに，大阪府を大阪大都市圏全体の成長戦略の司令塔とすること，また，特別区を住民に身近な保健医療・福祉などにかかる事務に特化させた上，区長・区議会議員を選挙で選び，予算や条例などを決定できるようにして住民自治を拡充することであると説明されている。[1]

　類似の構想はこれまでも大阪府側から提唱されたことがあるが，大阪市の反対にあってきた。大阪市の方は逆に，府から権限や財源の移譲を求める大都市制度を提案してきた。[2] ところが，今回は大阪市がこれまでの方針を一転させ，市の権限と財源を府に移譲して，市（政令指定都市）から府の特別区へ自ら転じようというのであるから異例である。

　最初は夢物語と思われたが，2012年8月に「大都市地域における特別区の設置に関する法律」が制定されたことにより，人口200万人以上の指定都市である大阪市は特別区を設置することが可能となった。そして同法に基づき，

2013年2月に大阪府・大阪市特別区設置協議会が設けられ，2015年5月には大阪市民を対象に特別区の設置をめぐる住民投票が実施された。しかし，その結果は反対多数で否決され（賛成69万4844票，反対70万5585票），大阪都構想は廃案となった（住民投票については第2章を参照されたい）。

（2）大阪都構想を取り上げる3つの理由

本章の課題は，大阪都構想を東京都区制度と比較しながら，その特徴と問題点を明らかにし，大阪市の今後のあり方を示すことである。本章がこのような課題を設定するのは，以下の3つの理由による。

第1の理由は，大阪都構想がいまも連綿と生き続けていることである。住民投票で否決された後も，大阪維新の会は大阪都構想の実現を主張し続け，2015年11月の大阪府知事・市長ダブル選挙では推薦候補（知事に松井一郎氏，市長に吉村洋文氏）を当選させた。松井知事と吉村市長は府市共同で「副首都推進本部」（2015年12月）や「副首都推進局」（2016年4月）を立ち上げ，「副首都・大阪」の確立に向けた取り組みを始めるとともに，「新たな大都市制度の再検討」すなわち大阪都構想の再浮上をめざしている。2016年8月から，大阪市内では「総合区・特別区（新たな大都市制度）に関する意見募集・説明会」が開始され，松井知事は2018年中に住民投票を行う意向を表明している。このように，大阪都構想の検討は現在でも重要な課題となっている。

第2の理由は，都区制度の視点から大阪都構想の検討が十分行われていないことである。大阪都構想については，賛否両論様々に論じられてきたが，その多くは大阪市が指定都市から都区制度へ転換した場合のメリット・デメリットの視点のものであり，大阪都構想がモデルとする東京都区制度との比較・検討は十分行われていない。

大阪都構想の推進論者は，東京都区制度を美化して，大阪と東京の地域構造の違いや都区制度に内在する諸問題（特別区の自治権制約や過剰な財政調整など）をみない。他方，批判者の側は，大阪都構想が住民生活にかかわる事務権限を東京都区制度よりも多く特別区に移譲して，都区制度の"改良版"という側面をもつことを看過している。本章では，大阪都構想が都区制度の"改良版"で

あるがゆえに，都区制度の内在的問題点を拡大することを明らかにしたい。

　第3の理由は，大阪都構想がモデルとする大都市制度としての都区制度そのものを検討することである。東京都区制度は，1943年に戦時体制の一貫として登場した「東京都制」が形を変えて戦後も生き延びてきたものである。地方自治の充実や地方分権の推進が求められる今日，東京都区制度をどのように評価し，今後を展望するかを明らかにすることなしに，大阪都構想の適否を示すことはできない。

　本章では，以上の問題意識の下に，財政面からみた大都市圏ガバナンスの中心論点をなす都（府）区間の事務配分と財源配分，および特別区間の財政調整に重点を置きながら，大阪都構想を東京都区制度と比較・検討する。

　以下，第2節で大阪と東京の地域構造の違いを指摘した上で，大阪都構想の具体像を公的に示した大阪府・大阪市特別区設置協議会『特別区設置協定書』（2015年3月，以下，「協定書」）[3]に沿いながら，第3節で特別区の規模，第4節で府区間の事務配分と特別区の事務権限，第5節で府区の行政組織，第6節で府区間の財源配分と財政調整，財産処分，第7節で特別区議会と大阪府・特別区協議会について，それぞれ東京都区制度と比較・検討し，最後に第8節で今後の都区制度と大阪市のあり方を提示する。

第2節　大阪と東京の地域構造の違い

（1）「大阪府における大阪市」と「東京都における特別区」

　大阪都構想は東京都区制度をモデルとするが，大阪と東京では地域構造，とりわけ人口の地域分布構造が違うので，単純に東京都区制度を大阪の新たな大都市モデルとすることはできない。

　大阪府は人口884万人で，東京都・神奈川県に次いで多い（表4-1）。面積は香川県に次いで狭いので，人口密度は東京都に次いで高い。府下には43の市町村があり，うち2つが政令市（大阪市と堺市），4つが中核市（豊中・高槻・枚方・東大阪の各市），5つが施行時特例市（吹田・茨木・寝屋川・八尾・岸和田の各市）である。つまり，大阪府には大阪市以外に規模の大きな都市がいくつも

第4章　大阪都構想と東京都区制度

表4-1　大阪と東京の比較（2015年10月1日現在）

項　目		大　阪			東　京		
		大阪府 ①	大阪市 ②	比率（％） ②／①	東京都 ③	特別区 ④	比率（％） ④／③
人口（万人）		884	269	30.5	1,351	927	68.6
面積（km^2）		1,905	225	11.8	2,191	627	28.6
人口密度（人／km^2）		4,640	11,952	257.6	6,168	14,796	239.9
府・都議会議員定数（人）		88	27	30.7	127	89	70.1
市町村の数		43			39		
内訳	市	33			26		
	政令指定都市	2			0		
	中核市	4			1		
	施行時特例市	5			0		
	町	9			5		
	村	1			8		

（注）　1：人口は，「平成27年国勢調査（人口速報集計結果）」2016年2月26日，総務省統計局（http://www.e-stat.go.jp/SG1/estat/GL08020103.do?_toGL08020103_&tclassID=000001068779&cycleCode=0&requestSender=search）。
　　　　2：面積は，「平成27年全国都道府県市区町村別面積調」2015年10月1日，国土地理院（http://www.gsi.go.jp/KOKUJYOHO/MENCHO/201510/ichiran.pdf）。
　　　　3：人口密度は，人口÷面積で計算したもの。
　　　　4：大阪府議会の議員数は，『大阪府議会のしおり』大阪府議会事務局（http://www.pref.osaka.lg.jp/attach/1513/00000000/27siori.pdf）。
　　　　5：東京都議会の議員数は，『東京都統計年鑑（平成26年）』東京都総務局統計部，2016年4月（http://www.toukei.metro.tokyo.jp/tnenkan/2014/tn14qa220400.xls）。
　　　　6：市町村数の内訳は，『地方財政白書（平成28年度版）』総務省，2016年3月（http://www.soumu.go.jp/menu_seisaku/hakusyo/chihou/28data/2016data/28czs01-01.html#s001）。
　　　　7：政令指定都市，中核市，施行時特例市は，「地方公共団体の区分」総務省（http://www.soumu.go.jp/main_sosiki/jichi_gyousei/bunken/chihou-koukyoudantai_kubun.html）。
（出所）　以上の資料にもとづき筆者作成。いずれも2016年9月29日閲覧。

存在する。

　もちろん，大阪市は府庁所在地であり，昼間に周辺地域から人口が多数流入する大阪府の中心地である。しかし，市の人口は269万人で府全体の3割を占めるにとどまる。

　他方，東京都の人口は1351万人で，全国第1位である。都下には23の特別区と39の市町村があるが，中核市が1つ（八王子市）存在するにすぎない。特別区部の人口は927万人で，都の7割近くが集中する。都庁は新宿区にあり，

千代田区には皇居，国会，首相官邸，中央省庁，最高裁判所など，日本の首都機能が集積する。

このような「大阪府における大阪市」と「東京都における特別区」の違いは，都区制度において重大な問題となる。すなわち，東京都では，特別区が都全体のイニシアティブを取れる条件があるが，大阪府では，大阪市が府全体を主導できる基盤はないということである。

議会の構成をみればよく分かる。東京都議会では，議員定数計127人のうち，特別区選出議員は89人で7割を占め，特別区の利害を反映しやすい。それに対し，大阪府議会では，議員定数計88人のうち，大阪市内選出議員は27人で3割にすぎない。府議会に大阪市とその他市町村の利害対立案件が出れば，大阪市内選出議員はその他市町村選出議員に勝つことはできない[4]。

(2) 特別区の壁となる東京都と大阪府

その東京都においてすら，特別区は自治権の拡充に苦労してきた。アジア太平洋戦争下の1943年，東京を「帝都ニシテ大東亜建設ノ本拠」として「真ニ帝都ノ性格ニ適応スル体制ヲ確立スルト共ニ其ノ行政ノ統一及簡素化ト刷新強化を図ル為」，東京府と東京市を廃止・合体して東京都制が施行され，東京市の35区は東京都の行政区とされた。敗戦後，1947年の地方自治法施行により東京都制は廃止されたが，東京都そのものは残り，35区は再編されて22の特別区となった（後に練馬区が独立）。1952年の地方自治法改正により，特別区は東京都の「内部的部分団体」とされて，事務権限や財政権限は制限され，区長公選制度は廃止された。その後，特別区は自治権拡充運動を展開したが，1998年の地方自治法改正によって「基礎的な地方公共団体」と認められるまで50年近くを要した（施行年をとり「2000（平成12）年改革」と言う）[5]。

「基礎的な地方公共団体」となったものの，「特別地方公共団体」である特別区は「人口が高度に集中する大都市地域における行政の一体性及び統一性の確保の観点」（地方自治法第281条の2第1項）を理由に，「基礎的な地方公共団体」で「普通地方公共団体」である市町村と比べ，事務権限も財政権限も大きく制約されている。

東京都の特別区ですら、このような状況であるので、大阪市が特別区になれば、大阪府は東京都以上に大きな壁となるであろう。

大阪都構想は当初、大阪市と堺市の廃止・特別区化を第1段階とし、第2段階で周辺都市（豊中・吹田・摂津・守口・門真・大東・東大阪・八尾・松原の9市）や兵庫県尼崎市を廃止・特別区とする「グレーター大阪構想」を唱え、東京都に匹敵する規模の都区制度をめざしていた。(6)

しかし、2013年9月の堺市長選で、大阪都構想に反対する竹山修身市長が大阪維新の会候補を破って当選し、堺市が早々に離脱したため、大阪都構想は大阪市だけが対象となり、それも住民投票によって頓挫した。当面、「グレーター大阪」が実現する見通しはない。

第3節　大阪都構想における特別区の規模

（1）行政区・総合区と特別区

政令指定都市では、行政組織上の特例として「市長の権限に属する事務を分掌させるため」、区域を分けて区を設け、区役所などを設置することとされている（地方自治法第252条の20）。区といっても市の行政組織なので、区長は市長が任命する市の職員で、区議会もない。これを「行政区」という。

大阪市は指定都市の中で2番目に人口が多く、24の行政区がある。指定都市の中では最多であり、人口が最も多い横浜市は18区、3番目の名古屋市は17区である。

1875年の大区小区制を経て1879年の郡区町村編制法で大阪市街地に4区（東・西・南・北の各区）が設けられた。1889年の市制施行時も4区で、1925年の第2次市域拡張で13区（4区＋天王寺・浪速・港・此花・西成・西淀川・東淀川・東成・住吉の9区）となった。この頃、1923年の関東大震災で人口を急減させた東京市を抜いて、大阪市は人口第1位となり、「大大阪時代」にあった。その後、1932年に15区（13区＋大正・旭の2区）、1943年に22区（15区＋福島・大淀・都島・城東・生野・阿倍野・東住吉の7区）、1974年に26区（22区＋淀川・鶴見・平野・住之江の4区）へと増えたが、1989年に合区により24区（東区

第Ⅰ部　大阪大都市圏の諸相

図4-1　大阪都構想：24の行政区を5つの特別区へ再編

(出所)　大阪市，2015，8頁。

＋南区＝中央区，北区＋大淀区＝北区）に減少し現在に至る。

　ところで，指定都市では，2015年の地方自治法改正により，2016年4月から行政区に代えて「総合区」を設置できることとなった。総合区では，区長は副市長などと同じく市議会の同意が必要な特別職とされ，条例で定められた区域内の事務について市を代表して執行する権限を与えられるので，行政区よりは区民のニーズを反映できるようになる。住民投票後の大阪市では，公明党が総合区の導入を「地域自治区」の導入と併せて主張し，大阪市内では2016年8月から「総合区・特別区（新たな大都市制度）に関する意見募集・説明会」が始まっている（2017年2月まで各区1回，全24回開催）。

　しかし，行政区も総合区も「基礎的な地方公共団体」ではない。区長は公選でなく，区議会も置かれず，予算編成権や課税権もない。その点で，「基礎的

表4-2 大阪府特別区の人口,区議会議員定数,職員数

(単位:人)

特別区	人口 ①	区議会議員定数 ②	議員1人あたり人口 ①/②	職員数 ③	職員1人あたり人口 ①/③
北 区	628,977	19	33,104	2,400 (2,778)	262 (226)
湾岸区	343,986	12	28,666	1,600 (1,806)	215 (190)
南 区	693,405	23	30,148	2,600 (3,016)	267 (230)
東 区	583,709	19	30,722	2,200 (2,550)	265 (229)
中央区	415,237	13	31,941	2,100 (2,349)	198 (177)
計(a)	2,665,314	86	30,992	10,900 (12,500)	245 (213)
(5区平均)	533,063	17	30,992	2,180 (2,500)	245 (213)

(注) 1:人口は2010年国勢調査。
   2:職員数および職員1人あたり人口の( )の数値は,幼稚園・小中学校職員数(計1600人,人口で按分)を含めた数。
(出所) 大阪市,2015より算出。

な地方公共団体」である特別区とは根本的に異なる。

(2) 24の行政区を5つの特別区に:多様性のない巨大区の形成

大阪都構想では,この24の行政区を大阪府の5つの特別区にして,大阪市を廃止する(図4-1)。すなわち,①都島・北・淀川・東淀川・福島の5区を合体して「北区」,②此花・港・大正・西淀川の4区と住之江区の一部(東1丁目を除く南港区域)を合体して「湾岸区」,③城東・東成・生野・旭・鶴見の5区を合体して「東区」,④平野・阿倍野・住吉・東住吉の4区と住之江区の一部(湾岸区となる区域を除く)を合体して「南区」,⑤西成・中央・西・天王寺・浪速の5区を合体して「中央区」とする。

5つの特別区の人口(2010年国勢調査)は,①北区62万8977人,②湾岸区34万3986人,③東区58万3709人,④南区69万3405人,⑤中央区41万

第Ⅰ部 大阪大都市圏の諸相

表4-3 東京都23区の人口，区議会議員定数，職員数

(単位：人)

特別区	人口 ①	区議会議員定数 ②	議員1人あたり人口 ①／②	職員数 ③	職員1人あたり人口 ①／③
千代田区	47,115	25	1,885	917	51
中央区	122,762	30	4,092	1,315	93
港区	205,131	34	6,033	1,877	109
新宿区	326,309	38	8,587	2,497	131
文京区	206,626	34	6,077	1,584	130
台東区	175,928	32	5,498	1,528	115
墨田区	247,606	32	7,738	1,830	135
江東区	460,819	44	10,473	2,523	183
品川区	365,302	40	9,133	2,354	155
目黒区	268,330	36	7,454	1,926	139
大田区	693,373	50	13,867	4,010	173
世田谷区	877,138	50	17,543	4,785	183
渋谷区	204,492	34	6,014	1,748	117
中野区	314,750	42	7,494	1,890	167
杉並区	549,569	48	11,449	3,230	170
豊島区	284,678	36	7,908	1,869	152
北区	335,544	44	7,626	2,293	146
荒川区	203,296	32	6,353	1,424	143
板橋区	535,824	46	11,648	3,392	158
練馬区	716,124	50	14,322	4,184	171
足立区	683,426	45	15,187	3,220	212
葛飾区	442,586	40	11,065	2,790	159
江戸川区	678,967	44	15,431	3,423	198
計(a) 23区平均	8,945,695 388,943	906 39	9,874	56,609 2,461	158

(注) 人口は2010年国勢調査。区議会議員定数は2015年11月現在，職員数は一般職で，2015年4月1日現在。
(出所) 特別区協議会，2016，7，238-241頁にもとづき筆者作成。

5237人で，平均53万3063人という巨大な区になる（表4-2の①）。

　東京都の場合，最少は4万7115人の千代田区，最多は87万7138人の世田谷区で，10万人未満1区（千代田区），10万人台2区（中央区・台東区），20万人台7区（荒川・渋谷・港・文京・墨田・目黒・豊島の各区），30万人台4区（中野・新宿・北・品川の各区），40万人台2区（葛飾区・江東区），50万人台2区（板橋区・杉並区），60万人台3区（江戸川・足立・大田の各区），70万人台1区（練馬

区），80万人台1区（世田谷区）と様々である。平均は38万8943人で，大阪府の特別区より14万人以上も少ない（表4－3の①）。

　大阪都構想の提唱者たちは当初，大阪市が大きすぎると批判し，人口30万人程度の「特別自治区」を8～9つくり，「中核市並み」の行政サービスを行うことを掲げていた。中核市の要件は当初は30万人であったが，2015年からは20万人に引き下げられてもいるから，この特別区の巨大さは当初の主張から逸脱する。区割り案は，「ニア・イズ・ベターの視点」と「行政的な効率化・最適化の視点」を前提に，人口規模，集積性，地域性，移動手段，あるいは将来人口の減少なども考慮し，7区案（人口30万人規模）もあったが，規模の大きな5区案（人口50万人規模）が採用された。経費節約を優先した結果と思われる。多様性のない巨大な特別区が人工的につくられる。

第4節　府区間の事務配分と特別区の事務権限

（1）指定都市と特別区の事務権限の違い

　大阪都構想では，特別区になれば，公選区長と区議会が設置され，区長と区議会議員を選挙で選び，予算などを決定でき，住民自治が拡充すると主張される。しかし，区長や区議会議員を選挙で選ぶことができても，特別区に事務権限と課税権・財源が与えられていなければ，住民自治を実現することはできない。まず，事務権限からみていこう。

　指定都市と特別区とでは，与えられる事務権限が異なる（表4－4）。指定都市は道府県の事務の多くを担う。保健衛生事務では精神障がい者の入院措置や動物取扱業の登録，福祉事務では児童相談所の設置，教育事務では県費負担教職員の任免や給与の決定，環境事務では建築物用地下水の採取の許可，まちづくり事務では区域区分に関する都市計画の決定や指定区間外の国道・県道の管理，指定区域間の1級および2級河川（一部）の管理も担当する。

　これに対し，特別区は，保健衛生事務では中核市並みに保健所の設置，飲食店営業等の許可，温泉の利用許可，旅館業・公衆浴場の経営許可まで担うが，福祉・教育・環境事務では一般市町村レベル，まちづくり事務や治安・安全・

表4-4　指定都市と特別区の事務権限の違い

	保健衛生	福祉	教育	環境	まちづくり	治安・安全・防災
道府県	・麻薬取扱者（一般）の免許 ・精神科病院の設置 ・臨時の予防接種の実施	・保育士，介護支援専門員の登録 ・身体障がい者更生相談所，知的障がい者更生相談所の設置	・小中学校学級編成基準，教職員定数の決定 ・私立学校，市町村立高等学校の設置認可 ・高等学校の設置管理	・第一種フロン類回収業者の登録 ・公害健康被害の補償給付	・都市計画区域の指定 ・市街地再開発事業の認可 ・指定区間の1級河川，2級河川の管理	・警察（犯罪捜査，運転免許等）
道府県	・精神障がい者の入院措置 ・動物取扱業の登録	・児童相談所の設置	・県費負担教職員の任免，給与の決定	・建築物用地下水の採取の許可	・区域区分に関する都市計画決定 ・指定区間外の国道，県道の管理 ・指定区域間の1級河川（一部），2級河川（一部）の管理	（東京都）
指定都市	・保健所の設置 ・飲食店営業等の許可 ・温泉の利用許可 ・旅館業・公衆浴場の経営許可	・保育所，養護老人ホームの設置の認可・監督 ・介護サービス事業者の指定 ・身体障がい者手帳交付	・県費負担教職員の研修	・一般廃棄物処理施設，産業廃棄物処理施設の設置の許可 ・ばい煙発生施設の設置の届出の受理	・屋外広告物の条例による設置制限 ・サービス付き高齢者向け住宅事業の登録	
指定都市				・一般粉じん発生施設の設置の届出の受理 ・汚水又は廃液を排出する特例施設の設置の届出の受理	・市街化区域又は市街化調整区域内の開発行為の許可 ・土地区画整理組合の設立の許可	
中核市／施行時特例市						・消防・救急活動
市町村	・市町村保健センターの設置 ・健康増進事業の実施 ・定期の予防接種の実施 ・結核に係る健康診断 ・埋葬，火葬の許可	・保育所の設置・運営 ・生活保護（市及び福祉事務所設置市町村が処理） ・養護老人ホームの設置・運営 ・障がい者自立支援給付 ・介護保険事業 ・国民健康保険事業	・小中学校の設置管理 ・幼稚園の設置・運営 ・県費負担教職員の服務の監督，勤務成績の評定	・一般廃棄物の収集や処理 ・騒音，振動，悪臭を規制する地域の指定・規制基準の設定（市のみ）	・上下水道の整備・管理運営 ・都市計画決定（上下水道等関係） ・都市計画決定（上下水道等以外） ・市町村道，橋梁の建設・管理 ・準用河川の管理	・災害の予防・警戒・防除等（その他） ・戸籍・住基（特別区）

（出所）「大都市制度のあり方関連資料」第30次地方制度調査会第6回専門小委員会，2012年2月2日，24頁にもとづき筆者作成（http://www.soumu.go.jp/main_content/000145111.pdf　2016年9月29日閲覧）。

防災事務では一般市町村以下である。

このように，東京都区制度では，特別区の事務権限は大きく縮小されている。戦後，特別区は都から事務権限の移管を求めて運動してきたが[12]，それでもこのレベルである。東京都はしばしば「東京市役所」や「東京区役所」[13]と呼ばれるように，市の行政を多数担っている。そこに，東京府と東京市を廃止・合体した東京都制の遺物を見ることができる。

(2) 大阪都構想における府区間事務配分：東京都区制度の改良版

大阪都構想では，特別区は東京都の特別区よりも多くの事務を担うものとされている。

協定書によれば，特別区が処理する事務は，①別表第1-1「都道府県権限に係る法令事務」のうち319事務（東京都ではすべて都），②別表第1-2「指定都市権限に係る法令事務」のうち349事務（東京都ではすべて都），③別表第1-3「中核市権限に係る法令事務」のうち1317事務（東京都では対象外の14を除き，1265を都，38を区が担当），④別表第1-4「特別区の特例により都が処理することとされている事務」のうち462事務（東京都では186を都，276を都または区が担当）をあげている。また，⑤別表第1-5「任意事務」[14]計1027事務については，うち136事務を府，790事務を特別区，101事務を特別区の共同処理（一部事務組合）に配分している（表4-5）。

内容的には，大阪市が指定都市として担っている事務のうち，産業，卸売市場，地下鉄・バス，港湾，教育（高校・大学），病院，消防・救急などを「広域機能」に属する事務ととらえて大阪府に移譲し，特別区はそれら以外の保健医療，福祉（子育て支援，保育，高齢者），教育（小中学校），ごみ処理，商店街などの「基礎自治機能」に特化するものとされる。これによって，「広域機能」を府に一元化して二重行政を解消し，大阪府全体の発展戦略を構築する一方，特別区は住民に身近な「基礎自治機能」を充実させるというわけである。

もっとも，別表第1-1「都道府県権限に係る法令事務のうち，特別区が処理する事務」の319事務を除けば，それらは現在の大阪市が行っていることにすぎない。

表4-5　大阪都構想における事務配分と東京都区制度における事務配分

協定書別表		事務の数	大阪都構想の事務配分			東京都の事務配分			
			大阪府	特別区		都	都または区	区	対象外
				各区	連携・一組				
別表第1-1		319	−	319	−	319	−	−	−
別表第1-2		349	−	349	−	349	−	−	−
別表第1-3		1,317	−	1,317	−	1,265	−	38	14
別表第1-4		462	−	462	−	186	276	−	−
別表第1-5		1,027	136	790	101				
分野別内訳	こども	71	1	59	11				
	福祉	201	17	163	21				
	健康・保健	70	8	60	2				
	教育	181	34	124	23				
	環境	102	8	88	6				
	産業・市場	34	16	16	2				
	都市魅力	27	17	10	0				
	まちづくり	106	11	92	3				
	都市基盤整備	3	0	3	0				
	住民生活	82	8	60	14				
	消防・防災	24	3	20	1				
	自治体運営	107	2	87	18				
	道路・河川・公園等に係る事務	19	11	8	0				

(出所)　大阪府・大阪市特別区設置協議会，2015にもとづき筆者作成。

とはいえ，大阪都構想が住民に身近な行政（基礎自治機能）を「基礎的な地方公共団体」である特別区に移管しようとすることは正当であり，東京都区制度の"改良版"と評価できる。大阪都構想における事務配分は東京都区制度でも可能なものであろう。その意味で，大阪都構想は東京都区制度をモデルとするが，それ自体は東京都区制度の改良モデルとなっている。ただし，財源配分面では，大阪都構想は東京都区制度の"改悪版"であることを後述する。

(3) 共同処理と民営化による特別区の事務権限の縮小

以上のように，特別区の事務権限は東京都区制度より多くされているが，他方では事務の共同処理と「経営形態の変更」（＝民営化の促進）によって，縮小される面があることもみておかなければならない。

まず，事務の共同処理が3つの形態で進められる。第1は，全特別区が一部事務組合を設置して行うもので，協定書では国民健康保険事業，介護保険事業，水道事業・工業用水道事業，住民情報などのシステム管理，施設管理（大阪市立弘済院などの福祉施設，大阪市立中央体育館・総合生涯学習センターなど市民利用施設，その他休日急病診療所などの施設），財産管理（売却予定地の管理・処分など）が列挙されている。特別区の約1670事務のうち，約120事務が一部事務組合で実施され，うち半数はシステム管理事務という。

　第2は，全特別区が機関等を共同設置して行うもので，身体障がい者・知的障がい者両更生相談所，監査委員・監査委員事務局があげられている。

　そして第3は，現在，大阪市が構成団体となっている一部事務組合・広域連合（淀川左岸・淀川右岸・大和川右岸水防事務組合，大阪府後期高齢者医療広域連合，大阪市・八尾市・松原市環境施設組合）で行っているもので，引き続き特別区が構成団体となって行うものとされている。

　東京都では，特別区の共同事務処理組織としては，①特別区人事・厚生事務組合，②特別区競馬組合，③東京23区清掃一部事務組合，④東京23区清掃協議会（以上23区），⑤東京都後期高齢者医療広域連合（都内全区市町村），⑥臨海部広域斎場組合（港・品川・目黒・大田・世田谷の5区），が存在するのみである。それと比べると，大阪都構想における共同処理事務は非常に多い。共同処理は特別区単独の事務権限を狭め，住民自治を円滑には発揮できなくする。

　次に，「経営形態の変更」，すなわち民営化の推進であるが，協定書では，特別区設置日までに民営化を進める事業として「幼稚園，保育所，一般廃棄物の収集輸送事業，高速鉄道事業［地下鉄］，中量軌道事業［ニュートラム］，自動車運送事業［路線バス］又は水道事業」をあげている。職員数で約1万5900人，実に大阪市職員の44.7％を占める規模である。民営化されれば，特別区の事務権限はなくなる。

　以上のように，大阪府の特別区は基礎自治機能にかかる事務を東京都の特別区よりも多く担うが，それらが広域機能と関われば制約される一方，共同処理や民営化の推進も進められ，その事務権限は狭く限定されたものとなる。区長や区議会議員を選出できても，住民自治を発揮できる範囲は限られている。

第5節　大阪府と特別区の行政組織と職員配置

（1）行政組織の再編と職員の再配置

　前節で整理したような府区間での事務配分の変更に伴い，大阪府と特別区の組織体制は再編され，職員も配置換えされる（表4-6）。

　特別区設置日前の職員数は大阪府・市合わせて約11万8000人で，大阪府約8万2400人（69.8％），大阪市約3万5600人（30.2％）からなる。これが特別区設置日には，①大阪府約8万9200人（75.6％），②特別区約1万2900人（10.9％），③特別区設置日までに「経営形態の変更」を検討中のもの（下水道・一般廃棄物・保育所約5700人，交通・水道・病院約1万200人）約1万5900人（13.5％），となる。

　つまり，大阪市の3万5600人が，①大阪府へ6800人（知事部局等1900人，高校1500人，消防3400人），②特別区へ1万2900人（各区1万900人，一部事務組合400人，幼稚園・小中学校1600人），③民営化された事業所へ1万5900人と三分される。

（2）肥大化する大阪府の組織体制

　大阪府には，大阪市が担っていた広域機能にかかる事務が移管されるので，事務量が増える。大阪府が担っている基礎自治機能にかかる事務が特別区に降ろされるが，特別区以外の府下市町村については基礎自治機能にかかる事務が大阪府に残るため，さほどの軽減にはならず，大阪府は肥大化する。

　組織体制をみれば，大阪府は現在，「部―局・室―課等」で構成されているが，大阪都構想により「局―部―室・課等」に変更される。

　協定書の「イメージ」によれば[20]，知事の下に，①大都市推進局，②危機管理局，③政策企画局，④総務局，⑤財務局，⑥府民文化局，⑦福祉局，⑧健康医療局，⑨商工労働局，⑩環境農林水産局，⑪都市整備局，⑫住宅まちづくり局，⑬会計局，⑭消防庁が置かれ，行政委員会として，⑮教育委員会事務局，⑯選挙管理委員会事務局，⑰監査委員事務局，⑱人事委員会事務局，⑲労働委員会

表4-6 大阪府・特別区への職員再配置

(単位：人)

特別区設置日前			特別区設置日		
大阪府		82,400	大阪府		89,200
内訳	知事部局等	8,100	内訳	知事部局等	10,000
	学　校	51,100		学　校	52,600
				うち高等学校等	1,500
	警　察	23,200		警　察	23,200
				消　防	3,400
大阪市		35,600	特別区		12,900
内訳	市長部局等	13,200	内訳	北　区	2,400
				湾岸区	1,600
				東　区	2,200
				南　区	2,600
				中央区	2,100
				一部事務組合	400
	消　防	3,400			
	高等学校等	1,500			
	幼稚園・小中学校	1,600		幼稚園・小中学校（各特別区の合計）	1,600
	下水道・一般廃棄物・保育所	5,700		特別区設置日までの間に経営形態の変更を検討中のもの	15,900
	交通・水道・病院	10,200			

(注)　職員数は2014年7月時点での試算による概数。
(出所)　大阪府・大阪市特別区設置協議会，2015，別表第3-1，693頁より筆者作成。

事務局，⑳収用委員会事務局，㉑海区漁業調整委員会事務局，㉒内水面漁場管理委員会事務局，㉓固定資産評価審査委員会事務局，㉔公安委員会，そして議会については，㉕議会事務局が設置される（公営企業部門を除く）。

現在の大阪府の組織体制と比較すると，[21]新設は⑭の消防庁と㉓固定資産評価審査委員会事務局だけであるが，大阪市から「広域機能」が移管されるため，内部部局の多くが再編されることになる。職員は現在の約8万2400人から約8万9200人へ約6800人（8.3％）増え，大阪市の市長部局等のうちの約1900

人，消防約3400人，高等学校約1500人が大阪府に移管される。

東京都の組織体制は，知事部局に①政策企画局，②青少年・治安対策本部，③総務局，④財務局，⑤主税局，⑥生活文化局，⑦オリンピック・パラリンピック準備局，⑧都市整備局，⑨環境局，⑩福祉保健局，⑪病院経営本部，⑫産業労働局，⑬中央卸売市場，⑭建設局，⑮港湾局，⑯東京消防庁，⑰会計管理局があり，公営企業局に⑱交通局，⑲水道局，⑳下水道局の3局，行政委員会に㉑教育庁，㉒選挙管理委員会事務局，㉓人事委員会事務局，㉔監査事務局，㉕警視庁，㉖労働委員会事務局，㉗収用委員会事務局，そして都議会に㉘議会局が置かれている（2016年8月現在）。

東京都の職員数は2015年10月現在16万7914人（公営企業等会計部門を除けば14万7776人）で，職員1人で都民80.5人（同91.4人）に行政サービスを提供している。大阪都構想では，大阪府の職員数は8万9200人（民営化が進んでいない場合は9万9400人）であるから，職員1人で府民99.1人（同88.9人）にサービスする勘定で，東京都より20人（同2人）近く多い。ただし，前述のように，大阪都構想と比べて，東京都は基礎自治機能を多く担っていることを考慮すれば，特別区設置後の大阪府の行政サービスは東京都と比べて数字の差以上に悪いであろう。

（3）職員が少なく，貧弱な特別区

現在の大阪市の区は行政区なので，組織体制は比較的簡素である。人口が最も多い平野区をみても，総務・政策推進・まちづくり協働・窓口サービス・保健福祉・生活支援の6課と加美出張所が置かれているにすぎない。しかし，特別区は「基礎的な地方公共団体」なので，組織体制は抜本的に異なる。

協定書の「イメージ」によれば，特別区長の下に，①政策企画部，②危機管理室，③総務部，④財政部，⑤区民部，⑥産業振興部，⑦福祉部，⑧こども部，⑨健康部，⑩環境部，⑪都市計画部，⑫建設部，⑬会計室，⑭教育委員会事務局，⑮選挙管理委員会事務局，⑯監査委員事務局，⑰公平委員会事務局，⑱議会事務局，が設置される（公営企業部門を除く）。⑤の区民部の下には支所が置かれ，住民票等の窓口サービス等が行われる他，こども部門，福祉部門，教育

部門，住民生活等部門，福祉事務所（分室），保健センターが設けられる。

　財務部・都市計画部・建設部・会計室などは新設され，その他の部も充実を図る必要がある。教育委員会や選挙管理委員会，監査委員，公平委員会という行政委員会は必置であり，議会とその事務局も不可欠である。

　東京都の特別区では，特別区の平均人口（39万人）に最も近い品川区（37万人）をとりあげると[26]，区長・副区長の下に，①企画部，②総務部，③地域振興部，④文化スポーツ振興部，⑤子ども未来部，⑥福祉部，⑦健康推進部，⑧保健所，⑨都市環境部，⑩防災まちづくり部，⑪会計管理室が置かれ，行政委員会として，⑫教育委員会―事務局，⑬選挙管理委員会―事務局，⑭監査委員事務局があり，そして⑮区議会―事務局，が置かれている。

　大阪都構想の特別区は，湾岸区を除いて，いずれも品川区の人口規模を超えるので，品川区くらいの組織体制は必要であろう。ところが，特別区の区役所は，北区は現在の北区，湾岸区は港区，東区は城東区，南区は阿倍野区，中央区は西成区に置くとしており，市庁舎のある北区以外，現在の区庁舎では収容できず，新庁舎の建設・確保が必要となる（前掲図4－1参照）。

　このような組織体制の変更に伴い，現在の行政区の職員数合計約4600人から[27]，特別区の職員数は約1万2900人へと2.8倍になる。現在の市長部局から特別区へ約8300人が異動する。内訳は，①北区約2400人，②湾岸区約1600人，③東区約2200人，④南区約2600人，⑤中央区約2100人，⑥一部事務組合約400人，⑦幼稚園・小中学校約1600人，である（前掲表4－2の③）。現在の区職員数からは大幅に増えているが，東京都と比較するとかなり少ない。

　東京都では，職員数が最も少ないのは人口最少の千代田区917人，最も多いのは人口最多の世田谷区4785人であるが，職員1人あたり人口では最少は千代田区の51人，最多が足立区の212人で，平均158人である（前掲表4－3の③）。

　大阪都構想では，職員1人あたり人口をみれば（幼稚園・小中学校職員を含む），最少が中央区の177人，最多が南区の230人，平均213人で，東京都よりも55人，1.3倍も多い。しかも，前述のように，大阪都構想では，特別区は東京都の特別区より多くの事務を担うとされている。したがって，生活に身近な

「基礎自治機能」が特別区に移されても，職員が少なければサービスを十分提供できない。特別区の組織体制と職員配置は「基礎的な地方公共団体」として大変貧弱であると言わねばならない。

第6節　府区間の財源配分と財政調整，財産処分

　特別区が住民自治を発揮するには，事務権限およびそれに対応する組織体制と職員配置だけでなく，自立的で安定的な財政基盤の確立が必要であり，それには課税自主権と財源の確保が不可欠である。ところが，特別区の課税権と自主財源は，指定都市は言うにおよばず，一般の市町村と比べても大きく縮減されているため，特別区財政はきわめて非自立的な構造となっている。

（1）指定都市制度と東京都区制度における税財政上の特例
　指定都市制度と都区制度という2つの大都市制度に対し，税財政上，指定都市には特例が与えられ，都区制度では特殊な仕組みが設けられている。
　①指定都市制度における税財政上の特例
　まず，指定都市制度では，税財政上の特例として，①国道・道府県道の管理に伴う石油ガス譲与税・軽油引取税交付金の譲与・交付，地方揮発油譲与税・自動車取得税交付金・交通安全対策特別交付金の増額，②大規模償却資産への固定資産税の課税，市民税・特別土地保有税で区を市とみなす特例，③地方交付税基準財政需要額の加算，④当せん金付証票（宝くじ）の発行，⑤全国型市場公募債の発行，⑥国・道府県支出金の取り扱いや負担率の変更などがある[28]。
　したがって，指定都市になれば，一般の市よりも収入が増える。しかし，それは指定都市が一般の市より多くを担う事務の特例や大都市特有の財政需要からすると，指定都市にとっては不十分であり，指定都市市長会からは毎年，改善を求める要望が国に提出されている[29]。
　②都区制度における税財政上の特例
　都区制度では，税財政の仕組みが道府県や市町村と基本的に異なる[30]。その違いは大きく3つある。

第1は，地方税制度上の扱いである。特別区の区域内では，都は市とみなされ，普通税では法人市町村民税と固定資産税を課し，目的税では事業所税と都市計画税を課すものとされている。逆に言えば，特別区はそれらの課税権をもたない。また，地方譲与税等のうち特別とん譲与税，国有提供施設等所在市町村助成交付金，国有資産等所在市町村交付金も都の収入となる。なお，目的税のうち入湯税は特別区に移管され，税交付金のすべて（利子割交付金，配当割交付金，株式等譲渡所得交付金，地方消費税交付金，ゴルフ場利用税交付金，自動車取得税交付金および地方特例交付金等）と地方譲与税等のうち地方揮発油譲与税，自動車重量譲与税，航空機燃料譲与税，交通安全対策特別交付金も特別区に移譲されている。

第2は，地方交付税制度での扱いである。都の基準財政需要額の算定に際し，道府県分の基準財政需要額と23区を1つの市とみなした市町村分のそれとを合算するものとされている。これを「都区合算規定」という。これにより，交付税の算定は都と特別区を1つの団体とみなして，都に対して適用されるため，特別区は交付税の交付対象団体とならないのである。しかも，市町村分で財源不足が生じても，都区全体で財源超過になれば普通交付税は交付されず，都区全体で財源不足になっても，特別区には直接交付されない。

1962～76年度では，市町村分（特別区）は財源不足であったが，道府県分の財源超過額がそれを上回ったため，合算規定により不交付となった。2000年度以降では，道府県分は財源不足であったが，市町村分の財源超過額がそれを上回ったため，不交付となった。東京都は合算規定を「不合理な仕組み」として早期是正を求めている。[31]

第3は，「特別区財政調整交付金」（以下，「財調交付金」）の設置である。その目的は，「都と特別区及び特別区相互間の財源の均衡化を図り，並びに特別区の行政の自主的かつ計画的な運営を確保する」ことである（地方自治法第282条第1項）。言い換えれば，財調交付金は，都区合算規定によって都区間および特別区間の財政調整が機能しなくなることへの代替装置として設けられている。

その財源は，都が市として課した法人市町村民税と固定資産税，特別土地保有税で（これを「調整3税」という。ただし特別土地保有税は2003年度以降，新規課

税を停止している），その合算額に条例で定める割合（配分率）を乗じた額が特別区に交付される（同条第2項）。この調整3税の一定割合は，特別区の固有財源的性格を有する。

　財調交付金設置の理由としては，①都が一般的には市が処理する事務の一部を処理していること（上下水道，消防など），②その事務に要する経費を充当するため，市町村税源をもとに都区間で財源配分を行うべきこと，③税目によって，市町村税源を都区間で分けきると，特別区間で極端な税源偏在を生ずること，④特別区間で税源偏在が著しい税目を都区間の財源配分に用いるとともに，その税源により財政力の異なる特別区間の財源調整を行うことが適当であること，があげられている。そして財調交付金を経理するため，東京都に「東京都特別区財政調整会計」が設けられている[32]。

　このように，都区制度では，特別区は一般の市町村と比べて課税権が大幅に縮小され，財調交付金に依存した財政構造となる。

（2）東京都区財政調整制度と特別区間財政格差の是正

　都区財調制度の仕組みを具体的にみると，次の通りである（図4-2）。

　2014年度算定（再調整後）において，財源となる調整3税は，固定資産税1兆1322億円，市町村民税法人分6431億円，特別土地保有税0.1億円，計1兆7753億円で，それに配分率55％を乗じた9764億円に2012年度の精算額52億円を加えた9816億円が東京都の特別区財政調整会計に繰り入れられる。

　交付金総額9816億円は，その95％（9325億円）が普通交付金，5％（491億円）が特別交付金に分けられる。なお，2014年度では「特交加算」として4億6104万円が普通交付金から特別交付金に回され，交付額は普通交付金9321億円，特別交付金495億円とされた。

　普通交付金は，各区の基準財政需要額と基準財政収入額を算定し，前者が後者を超えた区に対し，財源不足額が交付される。基準財政需要額は地方交付税の算定方法におおむね準じて算定され，経費の種類ごとに，経常的経費と投資的経費に区分し，「測定単位×補正係数×単位費用」により計算した額を合算したものである。基準財政収入額は，特別区税と税交付金の85％に地方譲与

第4章 大阪都構想と東京都区制度

図4-2 東京都区財政調整制度の仕組み（2014年度算定，再調整後）

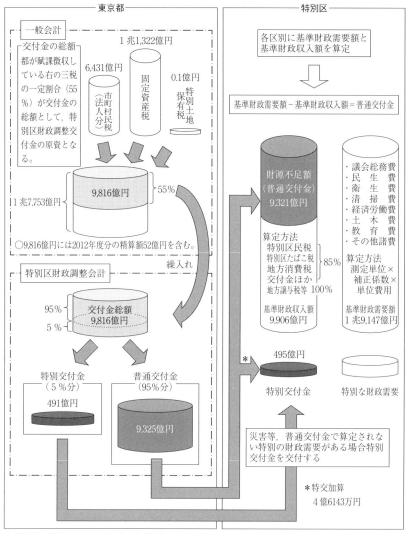

(注) 1：「都区制度に関する参考資料」特別区長会事務局，2012年3月16日（http://www.soumu.go.jp/main_content/000151655.pdf）。
　　2：『平成26年度特別区決算状況』東京都総務局行政部区政課，2015年12月（http://www.soumu.metro.tokyo.jp/05gyousei/gyouzaisei/new/27tuika/26kessanbon-ku/03.pdf）。
　　3：「平成26年度区財政調整【再調整】（当初算定対比）」特別区長会，2015年2月（http://www.tokyo23city-kuchokai.jp/seido/santeikekka.html）。
(出所) 資料1～3より筆者作成。いずれも2016年9月29日閲覧。

税などの全額を加えた額である。2014年度では，基準財政需要額は1兆9147億円，基準財政収入額が9906億円で，差引9241億円（財源不足額9321億円，財源超過額80億円）で，財源不足額9321億円が普通交付金として交付される。

特別交付金は，基準財政需要額では算定されない災害などの特別の財政需要や特別の事情がある場合に交付され，2014年度では495億円が計上される。

特別区の歳入合計に占める交付金（普通交付金＋特別交付金）の割合は平均25.8％で，最高は荒川区39.3％，最低は港区1.1％である。

交付金による区間財政格差の是正効果をみると，1人あたり特別区税が最も少ない足立区と最も多い港区では4.5倍の格差があるが，普通交付金を加えることによって格差は1.4倍に縮小している（図4-3）。なお，特別交付金も加えると，格差は拡大する（最少の世田谷区と最多の千代田区の差は2.2倍）。これは，財調交付金の原資を多く賄いながら，普通交付金を期待できない都心区への還元手段として特別交付金が用いられていることを表している。[33]

以上を簡単に言えば，東京都は特別区から1兆7753億円を取って，都区財政調整制度を通じて9816億円を特別区に戻し（還元率55％），その際，都区間および特別区間の財源均衡化を図っているということである。菅原敏夫氏はこれを「過剰調整」，つまり都の取り過ぎと指摘された上で，「実は自分の税金なんだけれどもいったん東京都に取り上げられてそれで戻ってくるとありがたいと思うという転倒した性格をもっている」と述べられている。[34]

なお，後述する大阪都構想のように，税交付金や地方譲与税等も含めれば，東京都と特別区の税源配分は，2013年度決算で東京都2兆337億円（64％），特別区1兆1471億円（36％）で，財政調整後は東京都1兆953億円（34％），特別区2兆875億円（66％）となり，東京都から特別区への戻しは9404億円，還元率は46％となる。[35]

このように，都区制度は，都区間の事務配分のため，財源配分においては「過剰調整」という問題を抱え込まざるをえないのである。

この他，都市計画税の一部が，特別区の都市計画事業に対する補助金である「都市計画交付金」として特別区に交付されているが，税収の1割程度と少なく，特別区から増額要望が出されている。

第4章 大阪都構想と東京都区制度

図4-3 都区財政調整制度による区間財政格差の是正

(2014年度決算, 1000円)

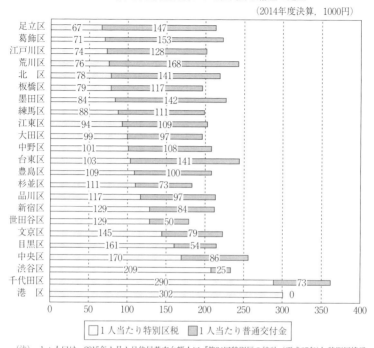

(注) 1：人口は，2015年1月1日住民基本台帳人口『第34回特別区の統計（平成27年）』特別区協議会，2015年3月 (http://www.tokyo-23city.or.jp/base/tokutoukei/35toukei01.html)。
2：『平成26年度特別区決算状況』東京都総務局行政部区政課，2015年12月 (http://www.soumu.metro.tokyo.jp/05gyousei/gyouzaisei/new/27tuika/26kessanbon-ku/03.pdf)。
(出所) 以上の資料にもとづき筆者作成。いずれも2016年9月29日閲覧。

(3) 大阪都構想における府区財政調整制度

①東京都区財政調整制度との違い

大阪都構想でも，都区制度であるので，地方自治法の規定に基づき「特別区財政調整交付金」が設けられる。法人市民税・固定資産税・特別土地保有税（2003年度から新規課税停止）の調整3税および都市計画税・事業所税の課税権が大阪市から大阪府に移ること，調整3税の合計額の一定割合が交付金となること，交付金は普通交付金と特別交付金からなり，普通交付金は地方交付税の算定方法におおむね準じて算定され，特別交付金は特別の財政需要や特別の事

情を考慮して配分されることなどは、東京都区財調制度と同じである。

しかし、大阪都構想における都区財調制度は東京都のそれとかなり異なる。

第1に、調整3税の配分率が非常に高い。東京都では55％であるが、大阪都構想では77％である。ただし、この配分率は仮のものであり、特別区設置日までの知事・市長の調整事項とされ、特別区設置後3年間は毎年、その後はおおむね3年ごとに「大阪府・特別区協議会（仮称）」で検証するとしている。

第2に、大阪市は地方交付税の交付団体であるので、都区合算規定により、地方交付税は大阪府のものとなるが、地方交付税や臨時財政対策債も都区財調制度の加算財源とされている。

第3に、都区財政調整制度とは別に、事業所税と都市計画税が「目的税交付金」として特別区に配分される。

第4に、普通交付金と特別交付金の配分割合は、東京都では95対5であるが、大阪都構想では94対6と特別交付金が若干多くされている。とくに特別交付金は恣意的に配分されやすく、協定書でも「特別区の設置後概ね3年間は、特別区における行政サービスの継続性や安定性に重点をおいて配分[36]」するとしている。

第5に、大阪市債の償還に必要な経費について、「特別区が負担する額は、特別区財政調整交付金の交付を通じて財源保障を行う。大阪府が負担する額については、税源配分並びに大阪府及び特別区間の財政調整を通じて財源を確保する[37]」としている。

第6に、特別区の財源が都区財調制度で不足する場合は、大阪府に承継された財政調整基金を特別区に貸付するとしている。

このほか、地方譲与税、税交付金なども大阪府と特別区に配分され（宝くじ収益金は府に移譲）、財政調整制度を補完している。

②大阪府区財政調整制度の仕組み：東京都以上の「過剰調整」

図4-4は、以上の税源配分と徴収後の資金の流れを図解したものである（一般財源レベルに限定）。2012年度決算によれば（以下すべて概数）、大阪市の税源6300億円は、特別区税となる個人市民税・市たばこ税・軽自動車税など1700億円（27％）と、大阪府に課税権が移る法人市民税・固定資産税・特別土

第4章 大阪都構想と東京都区制度

図4-4 大阪都構想における府区間の財源配分と財政調整

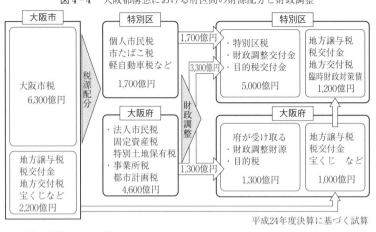

(出所) 大阪市, 2015, 20頁。

地保有税・事業所税・都市計画税4600億円(73％)とに二分される。

いわゆる調整3税3800億円は，77％の2900億円が財政調整交付金として特別区に交付され，23％の900億円が府のものとなる。府に移管された事業所税・都市計画税800億円は，400億円が目的税交付金として特別区に交付され，400億円が府のものとなる。これらをまとめると，大阪市税6300億円は財政調整後には特別区に5000億円，府に1300億円配分されることになる。

また，大阪市の地方譲与税など2200億円は，特別区に1200億円，府に1000億円配分される。

以上を合計すると，大阪市の財源8500億円は，いったん特別区に1700億円(20％)と大阪府に6800億円(80％)配分された後，府区財政調整制度や目的税交付金を通じて，最終的に特別区に6200億円(73％)，大阪府に2300億円(27％)に分割されることとなる。つまり，府は特別区から6800億円取って，特別区に4500億円を戻すわけで，還元率64％は東京都(46％)より以上に「過剰調整」となっている。そして特別区は一般財源6200億円のうちの4500億円(73％)を府を通じて受け取り，府への財政依存が非常に深い状態となる。

このように，事務配分では，東京都区制度の"改良版"だった大阪都構想は，

財源配分では，東京都区制度の"改悪版"となっている。

（4）3年後に表面化する特別区間の財政格差

以上のような府区財調制度によって，特別区間の財政格差はどのように是正されるかをみてみよう。

大阪府・大阪市特別区設置協議会に提出された事務局作成の「財政調整の試算」によれば[38]，一般財源レベルの収支計算であるが，歳出（中核市並みの権限による事務経費と公債費の投資的経費相当分の合計）と歳入（特別区税等，目的税交付金，財政調整財源，臨時財政対策債の合計）が同額という前提を置いた上で，財政調整後，①5つの特別区の収支はすべて均衡となり，②1人あたり歳入格差が最大の区と最小の区で1.2倍程度に縮小され，③1人あたり裁量経費（歳入から基準財政需要額を差し引いた額）の格差も最大の区と最小の区で1.2倍程度に縮小されるという（表4-7）。

ただ，これはそういう結果になるよう条件を設定して計算したという方が適切であろう。いずれにせよ，財政調整前に北区355億円，中央区679億円の黒字に対し，湾岸区142億円，東区420億円，南区473億円の赤字であるから，北区と中央区の黒字でもって他の3つの特別区の赤字を埋めている。その計算プロセスとその客観的根拠が明らかにされる必要がある。

また，こうした措置は「設置後概ね3年間」のことであり，その後は特別区間の財政格差が以上のように是正される保障はない。

（5）基金の20倍近い特別区の債務

以上はフローの面での財源配分であるが，次にストック（財産と債務）の配分をみてみよう。特別区の設置により，大阪市の財産と債務は府と特別区に配分・承継される[39]。

まず，財産は3つに分類されて配分される。第1に，学校や公園など，住民サービスに必要な財産（行政財産など）については，事務の分担に応じて，①幼稚園，小中学校，市営住宅，市道，地域の公園，中央図書館などは所在地の特別区に，②市民学習センター，中央体育館，大阪プール，斎場などは一部事

第4章　大阪都構想と東京都区制度

表4-7　大阪都構想における各特別区の収支と財政調整による財政格差の是正

(単位：100万円)

特別区	歳出	財政調整前		普通交付金算定		財政調整後							収支差
		歳入	収支差	基準財政収入額 C = D−G	基準財政需要額	特別区税等(自主財源)	目的税交付金	財政調整財源		臨時財政対策債	歳入計 (E〜I)		
								普通交付金	特別交付金				
	A	B	B−A		D	E	F	G	H	I	J	J−A
北　区	133,925	169,466	35,541	53,757	111,307	56,550	9,733	57,550	1,659	8,433	133,925	0
湾岸区	80,558	66,365	▲14,193	24,820	65,953	23,938	5,260	41,133	4,191	6,036	80,558	0
東　区	131,615	89,635	▲41,980	41,325	108,933	40,187	8,085	67,608	5,815	9,920	131,615	0
南　区	162,296	115,019	▲47,277	51,256	135,482	49,581	10,565	84,216	5,573	12,361	162,296	0
中央区	108,857	176,766	67,909	42,904	92,670	44,041	5,819	49,766	1,928	7,303	108,857	0
合　計	617,251	617,251	0	214,054	514,327	214,297	39,462	300,273	19,166	44,053	617,251	0

特別区	人口 2010年国勢調査 (K)	1人当たり (円)					
		歳入			裁量経費		
		財政調整前 (B/K)	財政調整後 (J/K)	最小区=100	財政調整前 (B−D)/K	財政調整後 (J−D)/K	最小区=100
北　区	628,977	269,431	212,925	100	92,466	35,960	100
湾岸区	343,986	192,929	234,190	110	1,198	42,458	118
東　区	583,709	153,561	225,481	106	▲33,061	38,858	108
南　区	693,405	165,876	234,057	110	▲29,511	38,670	108
中央区	415,237	425,699	262,156	123	202,525	38,983	108
合　計	2,665,314	231,587	231,587	109	38,616	38,616	107

(出所)　大阪府市大都市局「新たな区割りによる検証等について」第16回大阪府・大阪市特別区設置協議会資料，2014年7月18日にもとづき筆者作成 (http://www.pref.osaka.lg.jp/attach/19163/00159774/01shiryo01.pdf 2016年9月29日閲覧)。

務組合に，③高等学校，博物館，国・府道，大規模な公園，消防施設などは大阪府に配分される。

　第2に，株式，債権や基金などについては，特別区が承継することを基本としつつ，大阪府は「港湾，空港，高速道路，大学などの広域的事業，財務リスクの管理，発行済みの大阪市債の返済といった，大阪府が処理する事務に密接不可分な財産に限り」承継する。

　第3に，公営企業等の財産については，事業を承継する団体ごとに承継され，①水道事業，工業用水道事業は特別区（一部事務組合）に，②中央卸売市場事

業，港営事業，下水道事業は大阪府に配分される。なお，地下鉄・バス事業が民営化されない場合は，大阪府が承継する。

次に，債務は市債とその他に分類して配分される。大阪市債3兆3000億円については，大阪府が全額承継するが，返済費用は大阪府と特別区で分担する。一般会計等の市債は大阪府が3割，特別区が7割負担する。各特別区の負担額は人口を基本に按分される。

市債以外の債務（債務負担行為）1300億円については，債務負担行為にかかる各事務に応じて大阪府と特別区が承継する（大阪府200億円，特別区等900億円，所管が混在するもの200億円）。ATC，MDC，クリスタ長堀にかかる財務リスクについては大阪府が承継する。ただし，将来の財政負担発生の備えとして財政調整基金の一部（400億円）を大阪府が承継する。

しかし，以上のような財産処分は，特別区の財産・債務構造に重大な問題を引き起こす。財産については，大阪市の財産7兆6900億円は，大阪府に1兆9100億円（24.9％），特別区等に5兆7700億円（75.1％）に分割され，特別区の方が多い。ところが，内容をみれば，特別区が承継するのは土地・建物・物品5兆5400億円，株式・出資600億円，債権600億円，基金1200億円で，流動性のある資産が少ない。

大阪府が承継する財産は，土地・建物・物品1兆300億円，株式・出資3500億円（株式：大阪港埠頭（株）300億円，関西土地保有（株）500億円，ATCなど3社400億円，出資：阪神高速関係1200億円，市立大学1000億円），債権800億円，基金4600億円（公債償還基金4200億円，財政調整基金の一部400億円）で，流動性のある資産が多い。

債務については，大阪市の債務3兆4300億円はみかけ上，大阪府が多くを承継し，大阪府3兆3200億円，特別区等900億円，混在するもの200億円という配分になるが，債務の負担額をみれば，大阪府1兆100億円，特別区等2兆4000億円，混在するもの200億円で，特別区は大阪府の2倍以上の債務を負担する。

市債と債務負担行為（一般会計分）を特別区に人口按分した後の特別区と大阪府の財産・債務の状況をみると（表4-8），特別区は財産が債務を上回るも

第4章　大阪都構想と東京都区制度

表4-8　大阪市の財産・債務の配分（一般会計分）

(単位：億円)

区分		総額	特別区							混在	大阪府
			北区	湾岸区	東区	南区	中央区	組合	小計		
財産	土地・建物	64,521	11,828	7,610	8,412	13,279	9,183	4,790	55,102	－	9,418
	うち土地	50,486	9,955	6,105	6,512	10,105	7,382	3,291	43,149	－	7,338
	うち建物	14,034	1,874	1,506	1,800	3,174	2,101	1,499	11,954	－	2,081
	物品	1,108	19	19	19	19	19	164	259		849
	株式	1,745	111	111	111	111	111	－	554		1,191
	出資による権利	2,375	18	18	18	18	18	－	90		2,285
	債権	1,363	114	117	114	117	114	2	579		785
	基金（A）	5,745	275	149	242	288	172	34	1,161		4,584
	財産計	76,857	12,366	8,024	8,916	13,832	9,617	4,990	57,744	－	19,113
債務	地方債	28,300	4,675	2,557	4,338	5,154	3,086	－	19,810	－	8,490
	債務負担行為	1,258	179	98	166	197	118	107	864	157	237
	債務計（B）	29,558	4,854	2,654	4,504	5,351	3,204	107	20,674	157	8,727
	（B／A）(倍)	5.1	17.6	17.8	18.6	18.6	18.6	3.1	17.8	－	1.9
参考	特別区税等（C）		566	239	402	496	440		2,143		
	（B／C）(倍)		8.6	11.1	11.2	10.8	7.3		9.6		

(注)　1：準公営企業会計，公営企業会計は除く。
　　　2：動産79件，物権2万6483m²，無体財産権30件については金額表示でないので，省略した。
(出所)　次の①～③にもとづき筆者作成。①大阪府・大阪市特別区設置協議会，2015，別表第2-5総括表，237頁。②債務は実質負担額で，大阪市，2015にもとづき人口で按分した額。③特別区税等は，表4-7と同じ。

のの，流動性のない土地・建物などが多く，とくに債務は基金の20倍近くになる。これは基金の大部分が大阪府に移譲されるためである。また，債務に対する特別区税等の割合は北区と中央区以外では10倍を超えており，特別区の債務償還能力の低さが露呈する。

　東京都の特別区では，積立金現在高が特別区債現在高を上回るのがほとんどで，平均して積立金現在高は特別区債現在高の2.6倍あり，下回るのは墨田区・目黒区・豊島区だけである（表4-9）。

　このように，財産処分を経た後の大阪都構想における特別区の財源基盤はきわめて不安定である。

表4-9 東京都特別区の積立金現在高と特別区債現在高(2014年度末)

特別区	積立金現在高 ① (億円)	特別区債現在高 ② (億円)	比率 ①／② (倍)
千代田区	946	17	55.52
中央区	460	106	4.34
港区	1,170	38	30.90
新宿区	336	202	1.66
文京区	603	82	7.40
台東区	330	144	2.28
墨田区	105	297	0.35
江東区	782	256	3.05
品川区	794	181	4.39
目黒区	193	233	0.83
大田区	1,056	357	2.96
世田谷区	637	506	1.26
渋谷区	685	143	4.81
中野区	486	352	1.38
杉並区	396	216	1.83
豊島区	193	200	0.97
北区	490	236	2.08
荒川区	250	203	1.23
板橋区	376	364	1.03
練馬区	503	455	1.11
足立区	1,166	532	2.19
葛飾区	917	216	4.24
江戸川区	1,240	143	8.66
特別区計	14,115	5,478	2.58

(出所) 特別区協議会, 2016, 286-289頁にもとづき筆者作成。

第7節　特別区議会と大阪府・特別区協議会

　以上のように，大阪都構想によって区長や区議会議員を選挙で選ぶことができても，特別区の住民自治はきわめて制限されたものである。この点をさらに，区長とともに公選される特別区議会，および大阪府と特別区の連絡調整機関である「大阪府・特別区協議会」(仮称)について，東京都区制度との比較・検討を通してみておこう。

（1）住民の多様な声を反映できず，機能しない特別区議会

　大阪都構想では，特別区議会が置かれ，区議会議員が区民の選挙で選ばれることから，住民自治が充実されるという。しかし，その実態は貧弱である。

　確かに，区議会は区の議決機関であり，住民自治にとって重要な存在である。区民から選出された区議会議員によって構成され，区の重要方針や条例，予算などを議決し，区としての最終的な意思決定を行う。また，区（区長）の行財政運営が適正かつ効率的に行われているかを監視する役割を担う。議決機関である区議会と区長に代表される執行機関は対等の立場に立ち，チェック・アンド・バランスによって区民の声を反映し利益の確保に努めるべき存在である。地方分権の推進により，区の自己決定権や自己責任が拡大され，区議会の役割はこれまで以上に高まっている。

　大阪都構想では，区議会議員の定数は現在の市会議員定数を引き継ぎ，北区19人，湾岸区12人，東区19人，南区23人，中央区13人，計86人，1区平均17人である。なお議員報酬は現在の大阪市会議員の3割減とされている。

　しかし，これではあまりに貧弱な区議会となる。議員1人あたりの人口をみると，最少は湾岸区の2万8666人，最多は北区の3万3104人で，平均3万992人である（前掲表4-2の②）。

　これを東京都の23区と比べると，区議会議員の定数は最少の千代田区が25人，最多の大田・世田谷・練馬の3区が50人で，平均39人と大阪都構想の2倍以上である（前掲表4-3の②）。議員1人あたり人口は，最少が千代田区の1885人，最多が世田谷区1万7543人で，平均9874人と大阪都構想の3分の1以下である。大阪都構想の区議会議員はあまりに少なすぎる。

　それもそのはずで，大阪都構想では現在の市会議員定数をそのまま区議会議員の定数としているからである。これは，行政区と「基礎的な地方公共団体」である特別区の違いを無視するものに他ならない。

　区議会は，ある程度の議員数がなければ機能しない。区議会には，本会議，議会運営委員会の他，各種の常任委員会や特別委員会が設けられ，特別区の予算・決算をはじめ，事務事業についての審議が行われる。東京都の23区をみれば（表4-10），1区あたり平均（2014年）で，議会（定例会・臨時会）の開会

は4.6回，会期日数114日，常任理事会は4.5委員会，開会回数70.7回，特別委員会は6委員会，開会回数18回などとなっている。議会運営委員会の他，常任委員会には3～6（平均4.5）の委員会があり，特別委員会には4～8（平均5.9）の委員会がある。この他，住民から多くの請願・陳情がなされ，その審議も必要である。とても12～13人の議員で対応できるものではない。

区議会が機能しなければ，特別区の予算や行政を適切にチェックできず，区または区長の追認機関と化しかねない。

また，区議会議員が少ないと，区民の多様な声を吸収して議会に反映できない。これでは区議会を設置しても，住民自治の充実は期待できない。

（2）大阪府・特別区協議会：特別区は大阪府議会で少数派

地方自治法第282条の2は，都と特別区の事務処理について，「都と特別区及び特別区相互の間の連絡調整を図るため」，都区協議会を設けることとし，財調交付金や調整3税の配分率の変更など，「条例を制定する場合においては，都知事は，あらかじめ都区協議会の意見を聴かなければならない。」と定めている。ただし協議会は，執行権限をもたず，意思決定機関でもない。

東京都の都区協議会は，年3回程度開催され（うち2回は書面のみ），都側から知事，副知事3人，政策企画・総務・財務・主税の4局長の計8人，特別区側から8人の区長が出席し，主に財調交付金について協議されている。

大阪都構想でも，「大阪府・特別区協議会」（仮称）が設置される。委員は知事と5人の特別区長を基本に，「必要に応じて議会の代表者，長の補助機関である職員，学識経験者等」を加えることができるとされている。

府区協議会で扱われるのは，「特別区財政調整交付金に係る条例を制定する場合において大阪府知事に対して意見を述べる」ことの他，①大阪市から大阪府が承継する財産の事業終了後の取扱い，②大阪市から大阪府が承継する株式や出資による権利の処分，貸付金債権の償還による収入などの取扱い，③大阪市から大阪府が承継する財務リスクの解消時の残余財産の取扱い，引当財源が不足する場合の財源の捻出，特別区の負担方法，④大阪市から特別区・大阪府が承継する事務に関して，特別区設置日前の要因による損失の発生が特別区設

置日以後に新たに明らかとなった場合の財源の捻出,特別区の負担方法等,⑤特別区設置日以後の事務の分担に関する取扱い,などである。なお,協議が調わない場合は,「有識者等で構成する第三者機関を通じて意見の調整」を行うものとされている。[43]

しかし,ここで協議された財調交付金などは府の条例で決められるので,府議会の議決を要する。第2節(1)で指摘したように,府議会の議員構成で特別区選出議員数は3割にすぎず,特別区とその他地域との間で利害が対立する案件については,特別区の要望を成立させる政治的基盤は大変弱い。

第8節　ポスト大阪都構想としての「大阪連合都市」構想

大阪都構想は,事務配分では,「基礎自治機能」にかかる事務を東京都よりも多く特別区に移譲しており,その面では東京都区制度の"改良版"と言える。しかし,財源配分では,財源が東京都より以上に大阪府へ集中され,そのため特別区は財政調整制度への依存を深める結果となり,東京都区制度の"改悪版"となっている。

事務配分と財源配分の矛盾した姿は,大阪都構想が住民自治の充実を掲げながら,戦時集権体制の名残である都区制度を採っているため,目的と手段が一致していないことによる。

目的と手段を一致させるならば,大阪府市の今後のあり方として,次の2つの方向が出てこよう。

1つは,大阪都構想の改良版(バージョンアップ)である。すなわち,事務配分に対応して,特別区に課税権を大幅に与え,特別区の財政的自立性を高めることである。特別区間の財源の偏在については,特別区間の財政調整制度で対応する必要がある。

しかし,目的と手段は接近するが,特別区は「基礎的な地方公共団体」とはいえ,あくまで「特別地方公共団体」であり,「都の区」(地方自治法第281条第1項)の制約から逃れられない。「都の区」の制約から脱するには,特別区を「普通地方公共団体」,すなわち市とすることが必要である。[44]しかし,単なる

分市は，大阪市として一体的に発展してきた歴史的沿革を無視するものであり，また地域間の行政需要や税源の偏在問題を表面化する。それらを考慮すれば，もう1つの方向は大阪市を「連合都市」とすることである。これは，東京都の特別区長会・特別区協議会が提唱する「基礎自治体連合」の大阪市バージョンである。

特別区協議会の下に設置された「第2次特別区制度調査会」(会長・大森彌(わたる)東京大学名誉教授)は，2007年12月の第2次報告『「都の区」の制度廃止と「基礎自治体連合」の構想』において，人口減少・高齢社会が到来する時代に，真に住民が豊かさと潤いを実感できる社会を構築し維持するためには，地域の実情に合わせたきめ細かな対応が求められ，基礎自治体優先の原則に立って基礎自治体の役割と行財政体制を強化する分権改革をさらに進める必要があるとした上で，特別区が住民に最も身近な「最初の政府」として充実した住民自治を実現していくためには，戦時体制としてつくられ帝都体制の骨格を引きずり，23区の地域を「一の市」とみなしてきた都区制度は，もはや時代遅れであり，こうした「大東京市の残像」を内包する「都の区」の制度から離脱することが必要であるとし，特別区は東京都から分離・独立した「東京〇〇市」となるべきとした。

その上で，東京大都市地域には，歴史的な沿革により人口，面積，位置，施設の配置など様々な地域特性が形成され，行政需要や財源の極端な偏在が現存しており，これらを乗り越える行財政の仕組みが必要であるとし，基礎自治体の新しい対等・協力の形であり相互補完の仕組みである「基礎自治体連合」の構築を提案したのである。

「基礎自治体連合」は，住民投票により承認された憲章の下に，地域の実情に合わせた多様な自治の選択を可能とする新たな制度であり，設立に必要な最小限の要件は法定されるが，事務配分，徴税，財政調整などの具体的な「対等・協力」関係の内容は，基礎的自治体間で協議し，各議会の議決を経て，住民投票による承認を得て成立するとしている(図4-5)。

基礎自治体連合について，成田頼明氏は，「広域連合」制度を「弾力的で柔軟で，住民との関係を重視」して権限と能力を高めた制度へと見直して活用す

図4-5 東京大都市地域における「基礎自治体連合」の姿（イメージ）

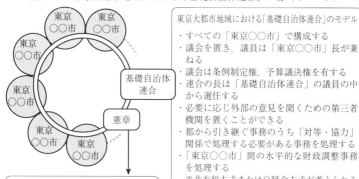

（出所）『「都の区」の制度廃止と「基礎自治体連合」の構想（概要版）』第2次特別区制度調査会報告，2007年12月，3頁（https://www.tokyo-23city.or.jp/research/chousakai2/document/200712gaiyou.pdf　2016年9月29日閲覧）。

る方向を示されている[46]。

　もっとも，特別区の市への移行は，東京都にとってはメリットがなく，実現は相当困難である。むしろ基礎自治体連合構想は，都区制度を採っていない大阪市の方が実現できる。なぜなら，大阪市の分割・連合化は，大阪府にとってもメリットがあり（大阪市が政令指定都市でなくなるから），特別区を市へ移行するよりは実現可能性があるからである[47]。逆に言えば，いったん大阪都構想が実現されてしまえば，将来的に「基礎自治体連合」への道が閉ざされてしまうということでもある。

　大阪市は，行政区をベースに，事務権限と課税権を有する基礎的自治体（市）に分け，各市は対等・協力の関係の下に「基礎自治体連合」を形成して，「大阪市」としての歴史的一体性を保ちつつ，域内の事務・財政調整を行う。こうして大阪市は「大阪連合都市」に生まれ変わり，住民に最も身近な最初の政府となることができるのである[48]。

注

(1) 「大阪都構想」大阪維新の会のホームページ,大阪市,2015,1-2頁など。
(2) 古くは,大阪府側のものには,大阪府議会「大阪産業都建設に関する決議」(1953年),大阪府地方自治研究会「大阪商工都構想」(1955年),左藤義詮(ぎせん)知事「大阪都(仮称)構想」(1967年)があり,大阪市は「特別市」運動を展開してきた。2000年代に入ってからも,太田房江知事が「大阪新都構想」(2000年)唱えれば,磯村隆文市長は「スーパー指定都市構想」(2003年)を提案した(砂原,2012,152頁)。
(3) 協定書(大阪府・大阪市特別区設置協議会,2015)は全文695頁と大部であるが,本文は21頁にすぎず,残りは16の別表が占め,ほとんどが事務配分のリストと財産・債務目録である。本文は,大都市地域特別区設置法第5条第1項にもとづいて8つの項目に分かれ,①特別区の設置の日,②特別区の名称及び区域等,③特別区の議会の議員の定数等,④特別区と大阪府の事務の分担,⑤特別区と大阪府の税源の配分及び財政の調整,⑥特別区の設置に伴う財産処分,⑦大阪市及び大阪府の職員の移管,⑧その他特別区の設置に関し必要な事項,からなる。
(4) 北村亘氏は,「道府県に占める大都市の人口比率によって,大都市の利益が反映するかどうかが左右されるのは,日本型ウェスト・ロズィアン問題と言えよう」と言われ,「政令指定都市の市議会議員の中には「大阪市選出の府議会議員たちは一体何をやっているんだ」と批判する議員も少なくない」と述べられている(北村,2012,205-206頁)。
(5) 以上,特別区職員研修所編,2015,497-519頁,小西,2014,43-126頁参照。
(6) 大阪維新の会(政調会),2012,58-59頁。
(7) 大阪市史編纂所編,1999,第7章参照。
(8) 総合区の設置は,第30次地方制度調査会,2013に基づく。
(9) 市町村全体については,「地域自治区」制度がある(2004年地方自治法改正)。これは住民自治の充実の観点から区を設け,住民の意見をとりまとめる「地域協議会」と住民に身近な事務を処理する事務所を置くものである。2016年4月1日現在,地域自治区を一般制度として設けている自治体は15団体(146自治区),合併特例で設けている自治体は12団体(26自治区)がある(「地域審議会・地域自治区・合併特例区の設置状況(2016年4月1日現在)」総務省[http://www.soumu.go.jp/gapei/sechijyokyo01.html 2016年9月29日閲覧])。
(10) 大阪維新の会(政調会),2012,58-59頁,大阪府議会に設置された「大阪府域における新たな大都市制度検討協議会」報告書,2011年。
(11) 松井・橋下(2012)では,「住民に身近な行政を総合的に行うことに加え,専門性と効率性にも優れた中核市(30万人)程度を目安に再編を目指す」としていた(53頁)。その後,2012年8月就任した公募区長による検討を踏まえた,橋下(2013)では,7区案(30万人ベース)と5区案(50万人ベース)となった。「大都市地域における特別区の設置に関する法律」の制定により,検討の舞台は大阪府・大阪市特別区設置協議会に移され,地域割りの変更を経て,5区案が決められ

た。
⑿　特別区の自治権拡充運動については，特別区協議会編，2010，特別区協議会制度改革実施準備室，1997，特別区協議会，2001，参照。
⒀　菅原敏夫氏は，東京都庁は東京市役所であると同時に，東京区役所でもあったと述べられている（菅原，2012，107頁）。栗原利美氏は，東京都が「本質的に『東京市役所』であること」を指摘された上で，東京都は府県行政に純化し，都の有する「市」の権限はすべて特別区に移管し，都区財政調整制度を廃止して，特別区を基礎自治体として自立させること，つまり都区制度の廃止を主張されている（栗原，2012）。
⒁　任意事務とは，「要綱等事務（国の要綱・通知に基づいて実施している事務）及び任意事務（法令事務にも要綱等事務にも該当しない事務（条例に基づく事務，単独で実施している事務を含む））」のこと（大阪府・大阪市特別区設置協議会，2015，19頁）。
⒂　大阪府・大阪市特別区設置協議会，2015，16-18頁。
⒃　大阪市，2015，24頁。
⒄　特別区職員研修所編，2015，382-390頁参照。
⒅　大阪府・大阪市特別区設置協議会，2015，13頁，［　］は引用者。なお，民営化が特別区設置日までに実現しない場合は，「幼稚園，保育所，一般廃棄物の収集輸送事業及び水道事業」の職員は特別区が，「高速鉄道事業，中量軌道事業及び自動車運送事業」の職員は大阪府が引き継ぐものとされている。
⒆　大阪維新の会の民営化政策については，大阪自治体問題研究所編，2013が詳しい。
⒇　大阪府・大阪市特別区設置協議会，2015，別表３−３。
㉑　大阪府の組織体制（2016年4月1日現在）は，知事部局に①副首都推進局，②危機管理室，③政策企画部，④総務部，⑤財務部，⑥府民文化部，⑦福祉部，⑧保健医療部，⑨商工労働部，⑩環境農林水産部，⑪都市整備部，⑫住宅まちづくり部，⑬会計局，行政委員会に⑭教育委員会事務局，⑮選挙管理委員会事務局，⑯監査委員事務局，⑰人事委員会事務局，⑱労働委員会事務局，⑲収用委員会事務局，⑳海区漁業調整委員会事務局，㉑内水面漁場管理委員会事務局，㉒公安委員会，議会に㉓議会事務局，が設けられている（「大阪府機構一覧図」大阪府総務部人事局人事課 http://www.pref.osaka.lg.jp/attach/3914/00000000/H28kikouzu.pdf　2016年9月29日閲覧）。
㉒　「東京都の組織・各局の頁（2016年8月26日更新）」より（東京都のホームページ ［http://www.metro.tokyo.jp/tosei/tosei/soshikijoho/soshiki/index.html　2016年9月29日閲覧]）。
㉓　東京都総務局，2015，表8より。
㉔　「平野区の各担当一覧」より（大阪市平野区役所 ［http://www.city.osaka.lg.jp/hirano/category/1291-10-1-0-0.html　2016年11月25日閲覧]）。
㉕　大阪府・大阪市特別区設置協議会，2015，別表第３−２。

㉖ 「組織と仕事・お問い合わせ」より（東京都品川区役所［http://www.city.shinagawa.tokyo.jp/hp/menu000008200/hpg000008154.htm 2016年11月25日閲覧］）。
㉗ 区役所の職員数は2015年10月1日現在，総数4597人，内訳は北区160人，都島区158人，福島区125人，此花区131人，中央区150人，西区132人，港区161人，大正区145人，天王寺区127人，浪速区168人，西淀川区157人，淀川区220人，東淀川区255人，東成区154人，生野区252人，旭区168人，城東210人，鶴見区156人，阿倍野区157人，住之江区209人，住吉区245人，東住吉区231人，平野区313人，西成区413人，である（大阪市総務部統計課，2016，18-3「市職員」http://www.city.osaka.lg.jp/toshikeikaku/cmsfiles/contents/0000160/160886/19-3.pdf 2016年9月29日閲覧）。
㉘ 初村，2014，参照。
㉙ 指定都市市長会，2015a，2015bなど。事務配分に対応する税源移譲のあり方については，指定都市市長会に設置された大都市特例税制検討会（座長：持田信樹東京大学教授），2005がある。
㉚ この項での以下の記述にあたっては，特別区職員研修所編，2015，420-438頁，参照。
㉛ 都財政問題研究会編，2014，89頁。
㉜ 特別区長会，2016a。
㉝ 星野，2016，72-74頁。
㉞ 菅原，2012，115，118頁。
㉟ 特別区職員研修所編，2015，422頁。
㊱ 大阪府・大阪市特別区設置協議会，2015，6頁。
㊲ 大阪府・大阪市特別区設置協議会，2015，7頁。
㊳ 大阪府・大阪市特別区設置協議会第6回（2013年8月9日），第10回（2013年12月6日），第16回（2014年7月18日）。
㊴ 大阪府・大阪市特別区設置協議会，2015，8-11頁。
㊵ いずれも経営破たんした大阪市の第3セクターで，ATCはアジア太平洋トレードセンター株式会社（1994年開業，2004年特定調停成立），MDCは株式会社湊町開発センター（1996年開業，2004年特定調停成立），クリスタ長堀はクリスタ長堀株式会社（1996年開業時は大阪長堀開発株式会社，2000年商号変更，2005年特定調停成立）のことである。
㊶ 23区の平均人口に近い品川区の区議会をみると，議員定数は計40人で，2014年中に区議会は定例会4回（会期延日数95日，臨時会2回（同2日）行った。議会運営委員会は委員数13人で，開会回数29回開かれた。常任委員会として，①総務委員会（委員数8人，会期日数19日，以下同じ），②区民委員会（8人，16日），③厚生委員会（8人，16日），④建設委員会（8人，18日），⑤文教委員会（8人，17人）が置かれ，特別委員会として，①行財政改革特別委員会（13人，12日），②震災対策特別委員会（13人，4日），③オリンピック・パラリンピック推進特別

⑷₂ 委員会（13 人，8 日），④予算特別委員会（36 人，9 日），⑤決算特別委員会（36 人，8 日）が設けられている。請願・陳情受理は 31 件，採択 6 件，不採択 26 件であった（特別区協議会，2016，224～231 頁）。なお，受理件数と採択・不採択の合計件数が合わないのは前年から継続または次年への継続案件のためと思われる。
⑷₂ 特別区長会，2016b 参照。
⑷₃ 大阪府・大阪市特別区設置協議会，2015，15 頁。
⑷₄ これは，橋下氏が大阪府知事時代に設置した「大阪府自治制度研究会」（座長：新川達郎同志社大学教授）が提案する「大阪再編」型（新たな大都市制度）に近い。同研究会は『最終とりまとめ』（2011 年 1 月 27 日）において，新たな大都市制度として，①「大阪再編」型（新たな大都市制度），②「都区制度」型，③「特別市」型，④「大阪市の分割」型という 4 類型をあげたが，とくに①は「大阪府と大阪市を廃止し，現在の大阪府域を新たな広域自治体に再編するとともに，現在の大阪市域を複数の基礎自治体（普通地方公共団体）に再編」するというものである（大阪府自治制度研究会，2011，36-39 頁）。
⑷₅ 特別区制度調査会，2007。
⑷₆ 成田，2013，33-38 頁。
⑷₇ ただし，分割後の地方交付税が分割前より増大すれば，総務大臣が同意しない可能性が残るので，財源不足額（普通交付税交付額）を減らす努力が求められよう。もっとも，現行の地方交付税制度では，大阪市のような大都市を含め，ほとんどの自治体が地方交付税の交付団体となっており，そうした状況を改善すること自体が必要である。
⑷₈ 重森曉氏は，大阪市の解体と自立都市ネットワーク構想を発表されている（重森，2003，209 頁）。

引用参考文献

大阪維新の会，掲載開始年不詳，「大阪都構想」大阪維新の会（http://oneosaka. jp/tokoso/　2016 年 9 月 29 日閲覧）。
大阪維新の会（政調会），2012，『【図解】大阪維新――チーム橋本の戦略と作戦』（浅田均編，上山信一監修）PHP 研究所。
大阪市，2015，『特別区設置協定書について（説明　パンフレット）』大阪市（http://www.city.osaka.lg.jp/fukushutosuishin/cmsfiles/contents/0000308/308845/hyousi-P7.pdf, http://www.city.osaka.lg.jp/fukushutosuishin/cmsfiles/contents/0000308/308845/8-25.pdf, http://www.city.osaka.lg.jp/fukushutosuishin/cmsfiles/contents/0000308/308845/26-39.pdf　2016 年 9 月 29 日閲覧）。
大阪市史編纂所編，1999，『大阪市の歴史』創元社。
大阪市総務部統計課，2016，『大阪市統計書』大阪市（http://www.city.osaka.lg. jp/toshikeikaku/cmsfiles/contents/0000160/160886/19-3.pdf　2016 年 9 月 29 日閲覧）。
大阪自治体問題研究所編，2013，『橋下さん！　市民の財産を売りとばすんですか

──大阪の水・地下鉄・病院のあり方を考える』せせらぎ出版．
大阪府域における新たな大都市制度検討協議会，2011，大阪府議会（http://www.pref.osaka.lg.jp/attach/14041/00079962/03%20P.41-P.76.pdf　2016年9月29日閲覧）．
大阪府・大阪市特別区設置協議会，2015，『特別区設置協定書』大阪府（http://www.pref.osaka.lg.jp/daitoshiseido/hoteikyo/kyouteisho.html　2016年9月29日閲覧）．
大阪府自治制度研究会，2011，『最終とりまとめ』大阪府（http://www.pref.osaka.lg.jp/attach/9799/00000000/02HP_jichi_saisyu.pdf　2016年9月29日閲覧）．
北村亘，2012，『政令指定都市──百万都市から都構想へ』中央公論新社．
栗原利美，2012，『東京都区制度の歴史と課題──都区制度問題の考え方』公人の友社．
小西敦，2014，『地方自治法改正史』信山社．
重森曉，2003，「サスティナブル関西への行財政システム」大阪自治体問題研究所・関西地域問題研究会編『関西再生への選択──サスティナブル社会と自治の展望』自治体研究社．
指定都市市長会，2015a，『大都市財政の実態に即応する財源の拡充についての要望（平成28年度）』指定都市市長会（http://www.siteitosi.jp/activity/pdf/h27_10_30_01_siryo/h27_10_30_01_01.pdf　2016年9月29日閲覧）．
指定都市市長会，2015b，『28年度税制改正要望事項』指定都市市長会（http://www.siteitosi.jp/activity/pdf/h27_10_30_01_siryo/h27_10_30_01_02.pdf　2016年9月29日閲覧）．
菅原敏夫，2012，「都・区の財政調整──財政調整の条件」辻山幸宣・岩崎忠編『大都市制度と自治の行方』公人社．
砂原庸介，2012，『大阪──大都市は国家を超えるか』中央公論新社．
総務省，2016，「地域審議会・地域自治区・合併特例区の設置状況（2016年4月1日現在）」総務省（http://www.soumu.go.jp/gapei/sechijyokyo01.html　2016年9月29日閲覧）．
第30次地方制度調査会，2013，『大都市制度の改革及び基礎自治体の行政サービス提供体制に関する答申』総務省（http://www.soumu.go.jp/main_content/000403632.pdf　2016年9月29日閲覧）．
大都市特例税制検討会，2005，『指定都市の事務配分の特例に対応した大都市特例税制についての提言──今後の事務権限移譲の進展に対応する制度設計に向けて』指定都市市長会（http://www.siteitosi.jp/necessity/city/pdf/h17_12_22_002.pdf　2016年9月29日閲覧）．
東京都総務局，2015，「『都職員の給与の状況』（第35回）の概要について」東京都のホームページ（http://www.metro.tokyo.jp/INET/CHOUSA/2015/10/60paq404.htm　2016年9月29日閲覧）．
特別区協議会，2001，『平成12年都区制度改革の記録』．

特別区協議会，2016，『第 35 回特別区の統計（平成 27 年度）』．
特別区協議会編，2010，『東京 23 区自治権拡充運動と「首都行政制度の構想」——基礎的地方公共団体への道』大森彌監修，日本評論社．
特別区協議会制度改革実施準備室，1997，『「特別区」事務の変遷——都区制度改革入門』．
特別区職員研修所編，2015，『特別区職員ハンドブック 2015』ぎょうせい．
特別区制度調査会，2007，『（第二次特別区制度調査会報告）「都の区」の制度廃止と「基礎自治体連合」の構想』特別区長会（http://www.tokyo23city-kuchokai.jp/katsudo/pdf/sonota_katsudo/kouso_gaiyo.pdf　2016 年 9 月 29 日閲覧）．
特別区長会，2015，「平成 26 年度都区財政調整【再調整】（当初算定対比）」特別区長会（http://www.tokyo23city-kuchokai.jp/seido/santeikekka.html　2016 年 9 月 29 日閲覧）．
特別区長会，2016a，「都区財政調整制度の概要」特別区長会（http://www.tokyo23city-kuchokai.jp/seido/gaiyo_1.html　2016 年 9 月 29 日閲覧）．
特別区長会，2016b，「都区協議会の開催状況」特別区長会（http://www.tokyo23city-kuchokai.jp/katsudo/kyougi/　2016 年 9 月 29 日閲覧）．
都財政問題研究会編，2014，『体系都財政用語事典（第 9 版）』東京都財務局長監修，都政新報社．
成田頼明，2013，「地方公共団体の連合制度と『基礎自治体連合』」特別区協議会編『「連合制度」と「基礎自治体連合」——成田頼明先生講演録』学陽書房．
橋下徹，2013，「大阪に相応しい大都市制度"大阪都の実現"」追加資料，第 7 回大阪にふさわしい大都市制度推進協議会資料（http://www.pref.osaka.lg.jp/attach/16257/00116921/02shiryo01.pdf　2016 年 9 月 29 日閲覧）．
初村尤而，2014，「指定都市税財政の現状と改革の課題」西村茂・廣田全男・自治体問題研究所編『大都市における自治の課題と自治体間連携——第 30 次地方制度調査会答申を踏まえて（地域と自治体・第 35 集）』自治体研究社．
星野菜穂子，2016，「都区財政調整制度の区間財政調整」日本地方財政学会編『自治体政策の課題と展望』勁草書房．
松井一郎・橋下徹，2012，「（案）大阪にふさわしい大都市制度"大阪都の実現"——日本の成長をけん引し，人々が生き生きと暮らせる"大都市大阪"を目指して」第 2 回大阪にふさわしい大都市制度推進協議会資料，大阪府（http://www.pref.osaka.lg.jp/attach/16257/00097643/04shiryo-2.pdf　2016 年 9 月 29 日閲覧）．

第5章

歪んだグローバル化と大都市圏経済

遠州尋美

第1節　グローバル化と都市システムの変容

　21世紀に入り，経済開発分野において，「メガシティ」あるいは「シティ・リージョン」など，従来の都市の概念を超えた巨大な都市地域とその経済的な特質が関心を集めてきた[1]。私たちの共同研究の成果を問うために開催した公開研究会[2]において，加茂利男は，その関心こそは，グローバル経済下における激しい国家間の競争の中で，優越的ポジションを確保するには従来の都市地域を超えるより広域的な集積を問題にせざるをえなくなったことの表れであると喝破した。グローバル化の著しい進展によって，経済活動における「場所」や「時間」の概念の重要性が後退しているにもかかわらず，巨大都市地域の拡大が以前にも増して加速しているのはなぜか。グローバル経済における競争優位生成の場として，企業や労働力を誘引し続ける理由の解明がシティ・リージョンをめぐる議論の動機付けになってきたのである。

　確かに，巨大な集積とその内部で展開される「ヒト」，「モノ」，「情報」の交流は，シュンペーターの言う「創造的破壊」の舞台となり，新たなイノベーションの発信地となる。成長途上で技術の変化が激しい新たな産業分野の競争優位を築く上で，巨大都市地域に立地を求めることが有利に働くことは疑いない。

　だが，巨大都市地域への投資の集中は，必然的に究極の不均等発展をもたらすことになる。メガシティの内部で，また首座都市と第二都市群，さらには地方都市・農村との間で地域格差・空間格差を著しく拡大していかざるをえない。加茂利男が指摘するように，都市の成長・衰退は，個別都市の問題ではなく都市システム（都市の階層秩序の体系）一体のものとして進展するのである[3]。

同時に，グローバル化の下で進行する巨大都市地域の膨張は，世界経済のサステナビリティにも深刻な問題を提起する。巨大都市地域への極端な資源配分は，資本主義経済システムにつきまとう過剰蓄積問題を一層深刻化させるからである。本章では，歪んだグローバル化がもたらす大都市圏経済への影響について，以上の文脈で検討したい。

第2節　歪んだグローバル化と世界経済成長率の傾向的低下

（1）半世紀を超える世界経済成長率の継続的下落

スマートフォンや携帯音楽端末などめまぐるしく新製品が投入される個人向け情報機器の開発競争，株式市場や為替市場の活況，中国やインドなど新興国の目覚ましい成長，ドバイを筆頭に巨大都市地域で展開される華やかな都市開発を目のあたりにすると，グローバル競争がビジネスチャンスを生み出し，持続的な経済成長を約束しているかのように思われる。しかし，事実は正反対である。

図5-1をみてみよう。1961年以降の世界経済の実質成長率の推移を示している。棒グラフで示した毎年の変動をみている限りは，傾向を読み取るのは難しい。だが，1960年代以降，10年ごとに年平均成長率を取ると，階段状に右肩下がりになっている。当該年の前後それぞれ4年の9年間を平均した9年移動平均でも，緩やかに右肩下がりになる折れ線が得られる。[4] 1960年代に4.82％とおおむね5％あった世界経済成長率は傾向的に低下し，2000年代には2.35％と半分以下まで低下した。21世紀に入ってやや持ち直したかにみえた時期もあった。しかし，2008年9月にリーマンショックが起こり，その後も欧州債務危機など低迷が続いた結果，結局これまでの傾向を覆すことができなかった。

60年以上もの長期にわたって，世界経済成長率は一貫して鈍化し続けている。世界経済の最も深刻な問題だろう。それにもかかわらず，世界銀行（以下，世銀）も，IMFもOECDも，この問題を議論した様子はない。経済学が世界経済成長率の傾向的低下を認識せず，解明を試みようとしないことは不可解で

図 5-1　世界経済成長率の推移（1961〜2011年）

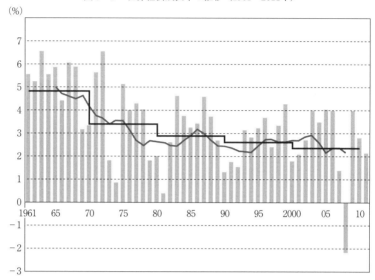

（注）　2005年 US$ による実質成長率（％）。
　　　　棒グラフは各年の成長率，階段状のものは10年間の平均，折れ線は，その年を中心とする9年間の移動平均。
（出所）　World Bank, World Devekoment Indicators より筆者作成。

ある。だが，ここで問題にするべきは，この原因である。私は，その原因が歪んだグローバル化にあると指摘したいと思う。

（2）フォード主義からグローバルウェブへ：蓄積様式の転換

1960年代，20世紀資本主義は，フォード主義蓄積様式に支えられて空前の繁栄を謳歌していた。フォード主義とは，第二次世界大戦後のアメリカ合衆国で典型的に観察されたもので，大量生産システムと大衆消費市場とを結合した内需型の資本蓄積システムである。これにより供給側・需要側が相互に刺激しあって高度成長を持続することができた。重要なことは，経済の急成長にもかかわらず，所得格差は縮小したことだ。アメリカでは大企業と産業別組合の交渉により労働者の賃金は上昇し，厚みをもった中間層が形成された。中間層の旺盛な消費意欲に応えるなら企業は順調に業績を伸ばすことができ，労働者はその分配にあずかることができた。労働者が自ら生産した商品を自身の所得で

購入できる。それが，フォード主義が高成長を導く核心だったのである。

　ただし，このシステムは，爆発的に成長する国内市場を国内企業でほぼ独占している状態でのみ機能する(5)。すべての企業が横並びで賃上げすれば，労働コストの上昇も競争条件を変えるものではない。他方，大衆の購買力は増し国内市場は拡大する。使用者と労働者がともに利益を分け合う稀な状態を築きうる。だが，大企業と産業別組合の同盟も，外国資本の振る舞いまでは制御できない。それがこのシステムのほころびを生んだ。戦後復興期を経て，相対的な低価格を武器にヨーロッパ製品や日本製品がアメリカ市場に侵入し始めると，強力な成長エンジンだった内需型の資本蓄積システムは限界を露呈し始める。そこに追い打ちをかけたのが1973年の第一次オイルショックだった。標準品の大量生産でコストを引き下げてきた生産システムと硬直的労働編成は，低価格外国製品の侵入とオイルショックで変化する消費者の嗜好に柔軟に対応できず，アメリカ大企業は，事業戦略の転換を迫られることになった(6)。

　アメリカ大企業が採用した対抗戦略は，労働コストを切り下げて低価格輸入品に対する価格競争力を回復することだった。強力な労働組合を抱える東部や北部の伝統的工業地帯の工場を閉鎖し，初めは賃金が安く労働組合の影響力の小さな南部や西部へ，やがては国内よりもはるかに賃金の安いカナダ，メキシコ，ブラジルへと生産拠点を移し始めた。アメリカ大企業は，多国籍大企業へと変貌したのである。こうして，1970年代後半からグローバル化が進展する。それとともに世界経済成長率も大きく低下したのである。

　ただし，グローバル化の流れが決定的となるのは1980年代の後半を待たなければならない。図5－2により，世界全体の対外直接投資の変化をみてみよう。1985年を境に対外直接投資が急加速しているのが分かる。重要なのは，1985年以前はほとんど無視できるレベルだった日本の対外直接投資の急増である。きっかけは，1985年9月のいわゆるプラザ合意である。貿易（経常収支）赤字と財政赤字，すなわち双子の赤字に苦しむアメリカ合衆国を救済するためG5諸国が協調して行ったドル安誘導によって，わずか1年間で日本円は1ドル＝250円から1ドル＝125円へ，ほぼ2倍に急騰した。

　従来，日本企業は海外進出には消極的だった。忠実な下請け企業群の献身に

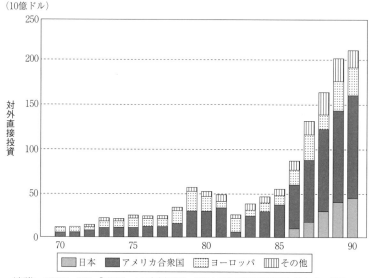

図5-2 対外直接投資の推移（1970～1990年）

（出所）JETRO, 1992,『1992ジェトロ白書投資編 世界と日本の海外直接投資』図1-1，2頁。

依存して優れた品質と低価格を実現してきた日本の大企業にとって，海外進出に魅力はなかったのである。しかし，急激な円高の下でも輸出競争力を維持するには，円高進行と同じ速度でコストを切り下げなければならない。1年で2分の1以下にコストを引き下げるなどできるはずもない。その結果，日本企業もアジアに製造拠点を求めることになった。アメリカ企業，ヨーロッパ企業に続いて日本企業も多国籍化し，結果として国境を越え地球を覆う生産ネットワークが形成されることになったのである。

この生産ネットワークをクリントン政権1期目に労働長官を務めたロバート・ライシュは，蜘蛛の巣状に結びついた地球規模のネットワークという意味をこめて「グローバルウェブ」と呼んだ。ライシュが言うグローバルウェブは単なる企業と労働者の国境を越えた連鎖ではない。労働の質や労働生産性は地理的にも階層化されグローバルウェブの中で秩序づけられる。より創造的で知的な労働と単純なルーチン労働とが同一の地域で同一の経済主体によって担われることはなく，したがってグローバルウェブ総体として生み出す付加価値は，

グローバルウェブをデザインし統括する「シンボリックアナリスト」に集中される。政治経済学者としてのライシュの関心はグローバルウェブが加速する格差の拡大にいかに対処するかにあった。(7)だが，より重要なのはこの生産ネットワークは，内需型のフォード主義蓄積様式に代わって，国境を越えて機能する新たな蓄積様式を投影したものだ，ということである。筆者は，ライシュに敬意を表して，それを「グローバルウェブ蓄積様式」と呼んでいる。(8)

（3）グローバルウェブ蓄積様式と慢性的過剰蓄積

グローバルウェブ蓄積様式こそは，前述した世界経済成長率低迷の元凶である。フォード主義が供給側，需要側が相互に刺激しあって持続的経済成長を達成したのとは対照的に，この蓄積様式の特徴は，需要側が欠落し，もっぱら供給側の効率性を追求するものだ。多国籍化した大企業は，労働力と生産資源が安価な途上国の生産拠点で自ら生産した低価格品を先進国市場で販売する。先進国市場をターゲットとすることから，生産現場である途上国市場の成長を図る動機付けに乏しく，逆に労働賃金の上昇は蓄積条件を脅かす負の要因となる。その結果，途上国労働者の賃金は相対的に抑制されざるをえない。他方，先進国労働者も途上国労働者との競争に晒されて労働条件の切り下げが起こる。すなわち途上国・先進国を問わず萎縮した需要側は蓄積拡大には寄与しない。結局，グローバル生産による生産性の向上に見合った有効需要の拡大が制約され，結果として世界経済成長率は鈍化することになるのである。

他方，世界経済成長率は実物経済の期待利回りに他ならない。それが低下すれば実物経済への投資は抑制され，慢性的過剰蓄積に陥ることになる。すなわち貨幣資本が生産手段に転化できずにだぶつくのである。過去四半世紀にわたるマネー経済の膨張は，この過剰蓄積の産物であり，経済は著しく投機的となり，周期的に地球規模の金融危機が繰り返されることとなったのである。

このように需要側が欠落するグローバルウェブ蓄積様式が成立しうるのは，地球規模で極端な経済格差があり，かつ工業化最前線が無限に拡大できるからである。多国籍企業の進出動機は，途上国の低賃金や格安の資源を貪ることだから，生産の地球規模での拡散は極端な経済格差の存在が前提条件となってい

ることは分かるだろう。しかし進出先の途上国労働者の賃金は抑制されるとはいえ、外国投資により経済成長が進展すれば一定の賃金上昇は避けられない。そこで重要なのが、工業化最前線が拡大可能だという第2の条件である。すなわち、次々とより低賃金の国々へ生産拠点を移すことでコストを引き下げ、需要側の制約を克服しているのである。その結果、生産拠点となった途上国においても技術移転は進展せず社会的生産基盤の成熟も抑制されざるをえない。そして際限のない格差拡大が進行する。先進国と途上国との間で、途上国内部でも工業化最前線の内外で、そしてそれぞれの国内においても経営幹部や高級技術者に富が集中する一方で中間層が没落し、ライシュが警告するように格差の拡大が続くのである。[9] 慢性的過剰蓄積と経済の著しい投機性、そして際限のない格差の拡大、それがこのシステムの本質的特徴なのである。

植民地支配と奴隷制の一掃が20世紀の最大の課題であったように、世界に巣食う貧困の克服は21世紀における最大の課題である。貧困者に所得機会を提供する上で、南北間の垣根を突き崩して南の国々が経済成長することは不可欠である。すなわち、グローバル化一般が否定されるものではない。だが、グローバルウェブ蓄積様式が支配するグローバル経済は、貧困克服に逆行している。歪んだグローバル化と言わざるをえない。

第3節　歪んだグローバル化がおよぼす都市システムへの影響

（1）グローバル経済統括拠点としての世界都市

大都市圏経済もこの歪んだグローバル化と無縁ではいられない。第1に、急激なグローバル化とマネー経済の膨張は、グローバル経済、あるいはグローバルウェブの統括拠点を築く必要を迫ることになる。

工業の地球規模の分散化とグローバルウェブの形成は、他方で中枢管理機能の飛躍的発展を要求した。資本、労働力、生産手段などの様々な資源を地球規模で最適配分することが必要となったからである。同時に、膨張するマネー経済の主役となったヘッジファンドなどの国際投機資本の要求に応え、大手投資銀行は金融デリバティブをより複雑に組み合わせた金融商品開発を加速させた。[10]

グローバル化と時を同じくしてサービス化・情報化が先進国共通の課題となり，金融，情報，エンジニアリング，工業デザイン，映像処理など高度な生産者サービスの発展が不可欠となったのである。

これを担う先端サービス部門は工業の分散化とは対照的にごく少数の大都市に集中する傾向をもった。ニューヨーク，ロンドン，東京，ロサンゼルスなどの世界都市が，金融・情報機能を駆使して世界経済に君臨するようになったのである[11]。四全総，五全総（21世紀の国土のグランドデザイン）を経て「都市再生」に至るまで，1980年代後半以降の日本の国土開発が，「多極分散型国土の形成」や「地域の自立の促進」などの謳い文句とは裏腹に一貫して東京への一極集中を煽ってきたのは，東京の世界都市戦略を後押しするものだった[12]。

世界都市が必要としたのは，グローバル経済の統括機能にとどまらない。同時に，グローバル経済の担い手であるビジネスエリートのライフスタイルを満足させる必要も生じる。世界都市にはどこでもヤッピーと呼ばれる高所得層が闊歩し，日常生活の必要をはるかに超える彼らの所得は新たな消費文化を誕生させた。飲食，ファッション，そして芸術まで，世界都市は新たな専門的な消費サービスを吸引し，都市経済の成長にさらに弾みを加えていった。

世界都市の成長・膨張を象徴するのが1970年代以降断続的に繰り返されている巨大都市再開発である。1970年代に始まったニューヨークのワールドトレードセンター開発とバッテリーパークシティ開発，そして1980年代に着工されたロンドンのドックランド開発，1958年以来延々と続くパリのラ・デファンス開発が有名だが，東京でも1965年の淀橋浄水場閉鎖に始まる新宿副都心開発を皮切りに，池袋サンシャインシティ，アークヒルズと六本木ヒルズ，汐留シオサイト，芝浦アイランド，品川インターシティにグランドコスモスなど，切れ目なく大規模な再開発事業が展開されている。

ただし，巨大都市地域で繰り返される大規模都市再開発は，グローバル経済の統括機能を収容し，ビジネスエリートのライフスタイルを支えるためだけに必要とされるわけではない。歪んだグローバル化の深刻な矛盾を緩和する役割をも背負ってきたのである。次にそれをみておこう。

（2）都市のスクラップアンドビルドの慢性的過剰蓄積緩和効果

　前述したように歪んだグローバル化は，慢性的過剰蓄積を必然的に引き起こす。実物経済への投資の期待利回りである世界経済成長率の傾向的低下はマネー経済の膨張を引き起こした。リーマンショック前年の2007年1月，ヘッジファンドが運用する資金（資産残高）は，1年間に30％も増加し2兆ドル超に達していた。(13) さらに中東の産油国や中国が，オイルマネーや輸出で稼ぎ出した莫大な資金を運用する政府系ファンドの資金量は，当時すでに2.5兆ドルであったとされる。(14) 政府系ファンドも一部をヘッジファンドに委託して運用しているだろうから，両者はかなりの部分が重複しているだろう。ただし，ヘッジファンドを通さずに，企業買収や資源開発への投資，特定企業の株式所得に費やされているだろう。したがって両者を合わせれば少なくとも3兆ドル，あるいはそれ以上の巨大な投機マネーが投資先を求めて徘徊していたことは疑いない。

　これらの投機マネーがどれだけの収益を得ていたかを示す確実なデータはない。ただし，投資情報会社ヘッジファンドリサーチ（Hedge Fund Research, Inc.）の報告によれば，ヘッジファンドの2007年第一四半期の収益率は2.81％だったという。(15) 年換算で11.24％である。この数字から推測すれば，2007年における投機マネー全体の収益はおそらく3000億ドルを超え4000億ドルに達していたかもしれない。世銀のデータベースで計算すると，2007年の世界経済の付加価値総額は名目5.6兆ドルだった。要するに全世界30億人の就労者が1年かけて稼ぎ出した付加価値の少なくとも20分の1，恐らくは10分の1近くをマネーゲームがかすめ取っていたのである。重要なのは，世界経済成長率が低迷する中では，マネーゲームによる収益は実物経済には戻らず，永遠にマネーゲームの世界から抜け出せないことだ。付加価値の20分の1から10分の1を常にマネー経済がかすめ取ってしまうのに，世界経済が動揺しないはずはない。1987年のブラックマンデー以後，アジア危機（1997年），リーマンショック（2008年）から欧州債務危機と，ほぼ10年ごとに深刻な金融危機を繰り返すことになった。

　ただし，これだけの規模の投機マネーを通貨や株式などの単なる紙切れのやり取りだけで維持できるはずはない。本質的には虚構であったとしても，見か

け上,「実体」を伴う経済活動と結びつけることが必要である。不断に繰り返される都市再開発（都市空間のスクラップアンドビルド）が，この投機マネーの受け皿となってきた。いみじくもデヴィッド・ハーベイが見抜いていたように都市空間のスクラップアンドビルドが，慢性的な過剰蓄積を緩和する役割をも担ってきたのである。[16]

　一例をあげよう。投機マネーを吸収し過剰蓄積の緩和を担ってきた都市開発の最も顕著な例がドバイである。1980年にわずか28万人に過ぎなかった都市国家で400万人規模の計画人口をもつ都市開発が実行に移された。石油に依存する経済からの脱却をめざし，欧米系金融会社から多額の投機マネーを調達して，政府系不動産会社が自らかつてない規模の開発投資を行ったのである。この開発に後押しされてドバイの人口は急増を続け，2013年には210万人を超えたという。ただし，これは登記上の人口で定住者は大幅に少ない。人口の80％が外国人であり，人口の半数は低賃金の出稼ぎ労働者が占めるのである。

　このような無謀な都市開発が順調に進むわけはない。リーマンショックのあおりを受け，政府系不動産会社ナキール社とその持ち株会社ドバイ・ワールド社は，2009年11月25日に590億ドルにのぼる全債務の返済繰延を求めるに至った。[17] 翌11月26日から欧州株式市場では，ドバイに積極的に投資してきた銀行株を中心に株価が大幅に下落し，引きずられる形でアメリカ合衆国や日本でも株価が急落しその影響は地球規模の広がりをもったのである。

　また，際限のない格差拡大もマネーゲームの舞台となった。周知の通り，リーマンショックの引き金を引いたのはサブプライムローンの破綻だった。サブプライムローンとは，本来，融資対象とはならないはずの低所得者向け住宅抵当融資（モーゲージローン）のことを言う。リスクの高い低所得者対象のローンは当然高金利となる。少額の融資ならそれで成立するが，住宅向けの多額の融資が高金利では低所得者には手が出ない。つまり住宅向け融資の分野では膨大な低所得者が手付かずの状態にあった。ここに切り込んだのがサブプライムローンである。

　そのイノベーションは以下の2つである。第1に，資産がなくともこれから取得する住宅を抵当として融資するモーゲージローンなら，住宅価格が高騰す

る限り成立する。つまり日本で一時期流行った「ゆとり返済」さながらに，当初は低金利で融資して，一定期間後に金利を上げる。低金利期間内に購入した住宅価格が上がれば，購入者は住宅を売ってローンを解消し，残余を頭金にして別の住宅を購入すればよい。あるいは，上昇した資産価格を前提に低金利の優良顧客向け融資（プライムローン）に切り替えるのである。仮に返済が滞っても，投資銀行は住宅を差し押さえて上昇後の価格で売り債権処理ができる。第2に，投資銀行は融資原資を有利に調達するため，サブプライムローンを証券化した。リスクを低減するため優良債権と組み合わせて住宅ローン担保証券，あるいは債務担保証券として販売したのである。[18]

すなわち，マイホームの夢を与えて没落する中間層の不満をなだめつつ，都市空間のスクラップアンドビルドを牽引したのだった。もし，住宅バブルが永遠に続くなら，問題は埋もれたままだっただろう。だが，そんなおとぎ話が長続きするはずはない。無残に破綻し，世界第4位の投資銀行を破産に追い込んだが，最終的には米5大投資銀行のすべてが消滅することになった。

（3）世界都市症候群と第二都市群の凋落

ところで，歪んだグローバル化が加速した世界都市の膨張は，第二都市群にとって脅威だった。日本においては，大阪，名古屋などの都市である。かつてそれらの大都市を支えていた重工業や組立加工型の製造業に頼ることはできない。大企業の多くは，東南アジア諸国や中国に生産拠点を移しつつあり，下請け中小企業もそれに追随しようとしている。このままでは東京との格差はますます開いてしまうに違いない。結局，東京の後を追って，サービス化，情報化に活路を求めざるをえないというのが，それらが採用した都市開発戦略だった。ミニ世界都市戦略と言ってもよいだろう。

だが，世界都市戦略もそれに追随した第二都市群の戦略も，ともに効果は長続きしなかった。世界都市の金融・サービス経済は，一部の高所得層を生み出すが，他方で大量の低賃金不安定雇用に支えられるものだからである。労働市場は分極化され，貧富の差が拡大してマイノリティや移民労働者にしわ寄せされた。それは都市の空間構造にも反映し，特権的高所得層の住む高級住宅地が

第5章 歪んだグローバル化と大都市圏経済

形成される一方で，低所得層は劣悪な過密居住を強いられた。失業者が増加し，高層ビルの立ち並ぶ都心周辺の公園や河川敷，地下道などにはダンボールやビニールシートで囲っただけの路上生活者のコミュニティがつくられた。大都市内部は，社会経済的にも空間的にも分節化されたのである。筆者が「世界都市症候群」と呼ぶ，世界都市に共通の問題である[19]。それは，国際金融市場の本質的投機性を背景とするバブル経済の膨張によって加速され，世界都市に最も深刻にあらわれたのである。

　その最初の兆候が，ブラックマンデーだった。1987年10月19日，ニューヨーク証券取引所は下げ幅22.6％という市場最大の下落となった。これをきっかけとする金融恐慌は，ニューヨークにとどまらずアメリカ経済全体を巻き込み，民間部門の雇用が停滞して1970年代の経済危機以来の最悪の事態を80年代末まで継続させた。日本では，ブラックマンデーがプラザ合意後の円高不況をさらに深刻化させることを恐れて，極端な低金利政策の下，東京の臨海副都心計画をはじめ大都市沿岸域の大規模再開発やリゾート開発を煽ったが，それはバブル経済の未曾有の膨張に結果した。東京の再開発予定地では，西新宿をはじめ「地上げ」という名の街壊しが進行し，伝統的コミュニティを崩壊させたが，その致命的深刻さは，バブル崩壊後に一層鮮明になった。バブルの崩壊は日本経済全体を戦後最長の不況に追い込んだのである。臨海部副都心計画は破綻し，世界の産業センターとしての東京を支えた膨大な下請け中小企業ネットワークも崩壊した。さらに東京の国際金融機能にも赤信号がともったのである。

　日本の他の大都市が東京を追いかけたミニ世界都市戦略はどうだったのか。国際金融機能など，世界都市に独特の高次サービス機能は，集中してこそその力を発揮できる。日米欧，そしてアジアを加えた4極に，せいぜい1つずつあればよい。中途半端な東京追随が成功するはずはないのである。ミニ世界都市戦略がだめなら，シリコンバレーをまねたハイテク工業化はどうだろうか。関西国際空港の開発に過剰反応した泉南地方で展開された臨空港型工業団地建設の惨状をみるととても成功とは言えない。「りんくうタウン」は，バブルが崩壊した後に売り出された部分はまったく買い手がつかなかった。さらにコスモ

ポリスなど，ハイテク工業化を推進しようとした開発地はどこも採算のめどが立たず，その開発主体となった第三セクターが相次いで破綻した。結局，サービス化，情報化，ハイテク化を指向する脱工業化型都市開発は，特に条件の揃った限られた地域を除けば，バブルに後押しされてかろうじて展開できるものだったのである。

　こうして，歪んだグローバル化に乗じて巨大都市に資源配分を集中する都市開発戦略は，世界都市症候群を深刻化させ，さらに第二都市群を凋落させた。それではミニ世界都市戦略に代わる第二都市群の対抗手段はないのだろうか。唯一，考えられるとすればハブ戦略だろう。地政学的条件に恵まれているなら，中枢管理機能全般の強化ではなく，ロジスティクスの結節機能を強化することで，グローバル経済と国内市場（あるいはEUなどの経済ブロック）とを橋渡しする独自のポジションを獲得できる可能性はある。ただし，港湾や空港，鉄道，高速道路など膨大なインフラ投資をどのように賄うかが課題となる。とても自治体レベルで調達可能な規模ではなく，国家資金の大規模な投入が前提となろう。

第4節　歪んだグローバル化がもたらす絶対的過剰蓄積

（1）アベノミクスの3年間

　歪んだグローバル化は，世界経済全体を著しく投機的なものとし，際限なく格差を拡大し，そして巨大都市地域の膨張と都市空間の分節化，第二都市群の凋落を伴いながら，都市システムのダイナミックな再編成を進行させている。しかし，矛盾を孕みながらも，グローバルウェブの統括拠点として巨大都市地域が成長センターであり続けたために，グローバルウェブからの分け前をねらってそこに集中的に資源配分しようとする動きを押し止めるのは容易ではない。それが巨大都市地域「シティ・リージョン」への関心に結びついてきた。しかし，その限界もようやく露呈しようとしている。日本においては，その兆候をアベノミクスが直面する問題の中に看取することができる。

　周知のように，安倍晋三内閣は，衆参両院において回復した絶対多数を背景

に，デフレ脱却を大目標に，財政健全化をかなぐり捨てて，露骨な景気刺激策に打って出た。いわゆるアベノミクスである。時の為政者の名を冠する経済政策の呼称が，レーガン政権の登場時，その危うさを揶揄してマスコミが用い始めた事実を知ってか知らずか，安倍首相自ら「アベノミクス」と呼ぶその政策は，「異次元の金融緩和」，「機動的な財政政策」，「民間投資を喚起する成長戦略」から構成されるものとされた（いわゆる「三本の矢」）。

　異次元の金融緩和は，インフレ目標を2％に設定し，それを2年で達成することを掲げ，日銀が銀行の保有する債券を買い上げるなどにより，通貨供給量を2倍にすることを謳っている。2番目の機動的な財政政策は，単純化すれば大規模な公共事業である。小泉行政改革以来の公共事業縮小の流れを大逆転し，10年間に200兆円もの公共投資を行うとした。これら2つがケインズ色の強い政策であるのに対し，第3の成長戦略を一言で言えば新自由主義的な規制緩和策である[20]。ただし，成長戦略は緒に就いた段階で，まだ評価できるほどの実績を伴っていない[21]。

　アベノミクスの結果円安・株高が進行し，輸出企業と建設業は大幅に業績を回復した。たが，それにもかかわらず経済成長率は期待通りには改善せず，消費増税で物価が上がる中，実質賃金も下落が続いている。図5-3に示したように，消費増税後に大きく落ち込んだGDP実質増加率は，2015年1〜3月期には一旦年4.6％（年率換算）まで回復したが，それも束の間，4〜6月期には-1.4％（同）と再びマイナス成長に落ち込み，その後もマイナス基調が続いている。安倍内閣成立以後の13四半期のうち，実に6四半期がマイナス成長なのである。直接の要因は，個人消費の低迷だ。安倍内閣成立以来の3年間で実質賃金が前年同期を上回ったのは2015年第三四半期のわずか1度だけ（図5-4），それ以外は常に下がり続けたのだからそれも当然である。

（2）設備投資の低迷と絶対的過剰生産

　ただし，筆者がより重大だと思うことは，民間設備投資の低迷である。

　バブル崩壊後の2002年第二四半期に底を打った四半期ベース（季節調整済）の有形固定資産新設投資（実質・2005年価格評価）は，その後年率数％（概ね

図5-3 実質GDP増加率・寄与度（年率換算・前年同期比）（季節調整済）

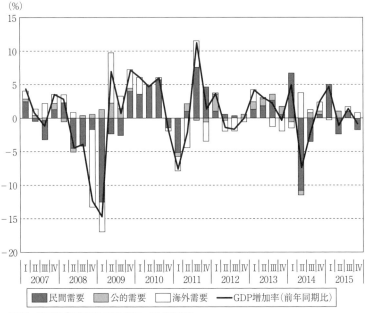

(出所) 内閣府『四半期別GDP速報』より筆者作成。

図5-4 実質賃金の推移（季節調整済・前年同期比）

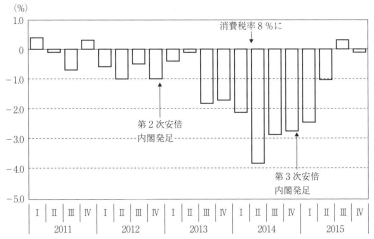

(出所) 内閣府『毎月勤労統計調査　全国調査』長期時系列表・実質賃金季節調整済指数および増減率（5人以上），2016年2月をもとに筆者作成。

第5章 歪んだグローバル化と大都市圏経済

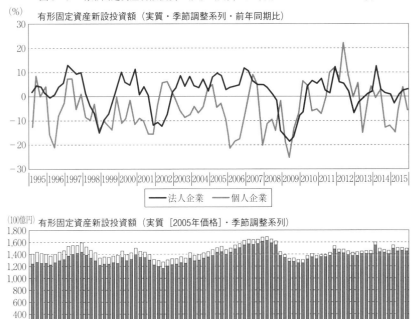

図5-5 有形固定資産新設投資の推移（実質・四半期ベース・1995～2015年）

（出所）内閣府『国民経済計算』四半期別民間資本ストック速報（2015年10～12月期・2016年3月29日公表）より筆者作成。

4～10％）で回復し，2007年にはバブル崩壊前のピークを上回り16兆円を超える水準まで回復していた。しかしリーマンショックとその後の不況によって13兆円前後まで落ち込むことになった。その後，東日本大震災の復興需要に後押しされて回復軌道に乗るかと思われたが，その足取りは鈍い。とりわけ安倍内閣成立後の3年間は，消費増税前の駆け込み需要のあった2014年第一四半期に一時的に16兆円を超えたものの，その反動で再び失速し，全体として横ばい状態にある（図5-5）。

仮に，設備投資の低迷が不況や資金繰りの困難に起因するのなら，経済学的問題はない。ところがそうとは言えないのが厄介だ。日銀の「全国企業短期経

済観測調査」(いわゆる短観)によって，設備の「過剰」を訴える企業の比率から「不足」とする企業の比率を差し引いた「設備過剰感 DI」をみると，リーマンショック後の 2009 年初頭をピークに低下し，2014 年には設備過剰はほぼ解消されている。さらに，円安効果で上場企業の多くが業績を回復しており，また異次元の金融緩和により金融機関の貸出態度も大幅に緩和している。キャッシュフローが設備投資の足かせとなる可能性もきわめて低いのである。設備過剰も資金繰りの困難もなく，アベノミクスの円安効果で大企業に関する限り輸出も好調なのに設備投資が拡大しないなら，何が制約となっているのだろうか。考えられうるのは供給力の不足である。

　確かにリーマンショック後も生産拠点の海外流出は止まらず，生産能力の低下は顕著である。2010 年を 100 とする生産能力指数は，2013 年末にはほぼ 90 にまで低下している。しかし，それ以上に問題なのが巨大都市地域における大規模な公共土木事業である。2002 年以来，政府は「都市の国際競争力の強化」をめざし，「都市再生事業」によって東京の世界都市戦略を後押ししてきた。ただし，小泉行政改革以来の公共事業抑制が，一定の歯止めとなってきた。その歯止めに風穴を開けたのが東日本大震災の復興事業だったが，安倍内閣が成立すると「機動的な財政政策」を謳い文句に一気に公共事業推進に舵をきったのである (図 5-6)。すなわち，震災以前には 17 兆円程度だった実質政府建設投資 (2005 年価格評価) は，震災復興が本格化した 2013 年，2014 年には 21 兆円を超えるまでに膨らんだ。そのような中で，東京オリンピックを見据えた首都圏における大規模公共土木事業は，東日本大震災の復興事業にとっても重大な障害になりつつある。資材の高騰と労働力不足から復興事業における入札不調が相次いでいるのである。

　建設資材の高騰と労働力不足が，民間投資にも影響しないはずはない。設備投資の低迷は民間非住宅建設投資の低迷と連動している (図 5-6)。要するに工場や社屋の建設がままならない。オリンピックを見据えて安倍内閣が首都圏を中心に大規模土木工事に血道をあげればあげるほど，資材も建設機械も労働力も抱え込んで，民間設備投資を停滞させ大震災からの復興をも遅らせる。結局，公共投資で景気刺激をするつもりが，民間投資の足かせになっているので

図5-6 実質建設投資額の推移（年度）

（出所）（一財）建設経済研究所・（一財）経済調査会 経済調査研究所，2016，『建設経済モデルによる建設投資の見通し（2016年4月）』4月25日，8頁に掲載の図（名目建設投資額の推移）を，図5-5との整合性を考慮して筆者が実質値に変更。

ある。これが異次元緩和で貨幣資本を垂れ流しているのに，貨幣資本が生産手段に転化できない真の理由なのである。

前述の通り，これまで都市のスクラップアンドビルドは，歪んだグローバル化で深刻化した過剰蓄積を緩和する役割を担ってきた。しかし，その魔力も失せようとしている。グローバル競争に勝ち抜くために「選択と集中」によって巨大都市地域に資源を集中配分して都市開発を加速するなら，それは供給力不足を深刻化させ，過剰蓄積を緩和するどころか絶対的過剰蓄積を引き起こすことになるだろう。

第5節 歪んだグローバル化からの脱却

（1）社会的生産基盤を機能化する主体の育成

これまで述べてきたように，歪んだグローバル化は必然的に過剰蓄積と格差の拡大を伴い，世界経済を著しく投機的にする。これまで過剰蓄積を緩和する

役割を果たしてきた都市のスクラップアンドビルドも，資源配分の偏りと供給力不足を助長し，過剰蓄積を一層激しくする。結局，これらの問題を克服するには内需型の蓄積システムを再建する以外にない。大都市経済の再建も，グローバル競争への追随ではなく，内需型蓄積システムを再構築するプロセスの一翼を担うことで達成したい。すなわち私たちがめざすべき都市像は「メガシティ」ではなく「コンパクトシティ」や「サステナブルシティ」だと言えるだろう。鍵を握るのは，それぞれの大都市圏に固有の社会的生産基盤を再機能化することであり，それを実現するには再機能化を担う主体としてローカルコミュニティが成長することが不可欠だと主張したい。

　ここで言う「社会的生産基盤」とは，「比較的狭い（空間的に限られた）地域に集積した産業的資源がそれぞれ競い合いまたは協力し合って地域全体として生産性を向上させて行く社会的仕組み」を指す。[27]トヨタとトヨタグループ各社を頂点として3次，4次下請けまで数万社におよぶ企業を垂直統合し，ジャスト・イン・タイムと呼ばれる地域的同期生産を実現して自動車生産の分野において世界に稀な競争力を発揮してきた西三河産業地域，90分圏内に集積する多種多様な機械金属の職人企業を中核企業が束ねて行う試作品製作に特化して，産業機械や工作機械メーカーの公共財として日本のイノベーションを支えてきた大田区産業地域，機械金属，木工，紙製品，プラスチック加工，繊維製品まで多種多様な中小製造業と集散地卸が結合してあらゆる受注に応じてきた東大阪産業地域，「産元」と呼ばれる繊維問屋が，撚糸，管巻，製織，晒，染色・整理など，工程ごとに独立した小企業を統括して，日本の近代化と工業化の礎となった伝統的繊維産業地域など，日本の代表的な産業地域にはそれぞれ独特の社会的生産基盤が息づいていた。

　この社会的生産基盤が，歪んだグローバル化で引き裂かれ，機能不全を起こしたことが地域空洞化の根本原因である。理解しやすいように社会的生産基盤を分析的に記述すれば，以下の3つの要素で構成される。第1に産業的資源の一体的集積，第2に地域内に再投資される十分な規模の資金ストック，そして第3にそれら2つを結びつけて機能化する主体である。第1の要素である産業的資源の一体的集積は，グローバル化による海外生産の加速によって大半の産

業地域でやせ細った。しかし，たとえシャッター通りと呼ばれるようになった地方都市の中心商店街であれ，過疎に苛まれる中山間地であれ，消滅してしまったわけではない。人がくらしを営む限りは，往時の賑わいを失っても，規模は縮小しても存在し続けている。また，日本の貯蓄性向の高さは世界でも群を抜いており，第2の資金ストックについても不足はない。2014年における2人以上世帯の純貯蓄は実に1289万円に達している。人口2万5000人，1万世帯の小都市でも，1000億円を超える資金ストックがある計算になる。[28]だが，問題は産業的資源と資金ストックを結びつけて機能化する主体の喪失である。かつては元請け大企業やその発注を仲介する中核企業，商社や産元，量販店などが主体となって社会的生産基盤を機能させていたが，元請け大企業が海外生産と海外調達を拡大しただけでなく，中核企業もそれに追随し，商社や卸問屋，大規模小売業も地元中小企業を見捨てて開発輸入に血道をあげている。すなわち，歪んだグローバル化で主体を喪失したことにより社会的生産基盤が機能不全を起こし，都市や地域の空洞化を引き起こしているのである。

　それゆえ，それぞれの地域に独特の形態で存在している社会的生産基盤を再機能化するには，地域に根づいた中小企業が自ら，従来の元請け大企業・商社・問屋に代わって仲間集団を組織し，地域の人々を巻き込み地域資源を動員する主体となることが必要である。ローカルコミュニティの力量，役割が問われている。

（2）まちづくり産業振興による大都市圏経済の再建

　前項に述べたように，地域の空洞化を克服して内需型経済の再建に道を開くには，地域に根づいた中小企業が仲間集団を再建して，社会的生産基盤を再機能化する主体とならなければならないのだが，その時障害になるのが，R&Dとマーケティング能力の欠如である。

　グローバルウェブの形成により生産現場が地球規模で分散したとはいえ，グローバル競争に翻弄されない技術力とイノベーション能力を担保するには，自ら製品をつくることが不可欠である。[29]内需型経済の再建は，同時に労働集約型モノづくりの復権を伴う必要があるのである。もちろん，戦後，半世紀以上に

わたって，厳しい品質基準を伴う大企業の発注に応えて日本の高度成長を支え続けてきた中小企業にとって，モノづくりの面で弱点があるわけではない。真の困難は，つくったものが市場で売れ，開発・製造にかかわるコストを回収してなお利益を出すことができるのか，ということである。市場が求めるものを売れる価格で，必要な量を，必要な時に出荷する。この当たり前のことが難しい。長年，元請けからの仕様書と契約を前提に製造してきた中小企業にはそのノウハウが欠如してきた。

　第2の障害は，長期にわたるデフレによって信用収縮が起き，市場の自律的回復力が弱められてきたことだ。その結果，アベノミクスで量的緩和を行っても，逆に資金需要が伴わない。たとえ，時代を先取りする優れた製品を開発しえたとしても，需要として実現できない危険がある。とくにメンテナンスが容易で運転コストに優れた機械設備は，環境・エネルギー性能が重視される現在において将来性は高いが，イニシャルコストが高くなって性能の低い低価格品に対して競争上不利になる。中小企業の優れた技術力と経営への意欲を削ぐ要因となっている。

　そこで重要なのが，需要を生み出す政府の力である。国レベルで考えれば，オバマ米大統領が唱えた「グリーン・ニューディール」や，国をあげて省エネと自然エネルギー活用を推進するドイツの環境経済戦略を思い浮かべればよい。ただし，地域の空洞化の克服により有効なのは自治体が行う「まちづくり」である。アベノミクスの馬鹿げた公共事業には反対だが，意味のある公共事業は今なお必要とされている。アメニティとセキュリティを高めるまちづくりを積極的に展開し，そこに地元企業を動員する「まちづくり産業振興」に取り組むなら，中小企業の仲間集団形成を後押しし，社会的生産基盤を動かす主体への成長を促すこともできるだろう。[30]具体的な事業課題を列挙すれば，以下のような事業が該当する。

・自動車依存から公共交通への交通システムの革新
・バリアフリー化と福祉のまちづくり
・建築物の環境性能の向上（外断熱・外張り断熱・パッシブソーラー）
・地域の歴史的伝統を生かした町並み修景・デザインガイドライン

・新エネルギー・再生可能エネルギーの普及・活用

「まちづくり産業振興」の優れた例を1つだけあげておこう。

　長野県飯田市は，2009年度，環境省の「環境保全型地域づくり推進事業補助金」を活用して市内の防犯灯のLED化を企画した。当初は3000本，最終的には6000本の交換である。ところが，設置条件を満たす市販品は高価で補助金では賄えない。そこで南信州・飯田産業センターの会員企業が組織する共同受注グループに，採用を保証した上で低価格で規格を満足する新製品の開発を促したのである。この結果，2グループが採用条件を満たして開発に成功し，見事受注を勝ち取った。この取り組みは，産業おこしと地域経済の活性化に寄与したが，同時に自治体財政にも貢献している。既存防犯灯に比べ約3割消費電力が削減され，しかも長寿命化した。市は，電気代とメンテナンス費用を削減できたのである。

　この事例は人口10万人規模の中都市の取り組みだが，「第三のイタリア」で名を馳せたエミリア・ロマーナ州や，欧州の「サステナブルシティ」の代表事例であるバルセロナの都心再生にみるように，第二都市群のとるべき戦略としてより有効であると考える。(31)産業的資源の集積規模も，資金ストックも大きく，自治体の財政力や国に働きかける力も大きいからである。

第6節　大都市ガバナンスの課題と展望

　歪んだグローバル化が引き起こす慢性的過剰蓄積や際限のない格差拡大は，すでに限界に達しようとしており，グローバル競争における優位なポジションを確保する思惑に根ざした「シティ・リージョン」や「メガシティ」への関心も色あせていくに違いない。それゆえ，前述の通り私たちがめざすべき都市像は「コンパクトシティ」や「サステナブルシティ」だと指摘した。しかし，それでも巨大都市地域への集積は，縮小したとしても雲散霧消するわけではない。重要なのは，巨大都市地域を解体することではなく，大都市地域内部の近隣コミュニティが自治の担い手として自立し，それぞれのコミュニティレベルで多様なまちづくり産業振興が展開できる条件を整えていくことだと主張したい。

すなわち，大規模集中から小規模分散型へと，ボトムアップによるガバナンスシステムへの転換を図るのである。住民自治を活性化し，まちづくりもボトムアップで展開することが大切だ。

日本では，明治以降長く官治的都市計画システムが支配してきたために，ボトムアップのための蓄積に乏しい。しかし，世界の都市計画のトレンドは，マスタープラン主義からアクションプランニングへと変化している。すでに，上下水道やエネルギーの供給，通信，交通などの骨格的インフラの整備が進んだ大都市自治体なら，近隣地区ごとに必要なインフラや環境水準を定め，これに合致するならば，整備の具体的内容や手順は，利害関係者の自己決定に任せ，実現への成熟度が高いものから進めていくというあり方の方が事業効率も高いはずだ。何よりも，そのシステムは，住民の「まち」や事業に対するオーナーシップ意識を高め自治への参加を促進することになる。

しかも，行政スタイルの根本的転換が求められるようになっている。従来，自治体は，市内に居住し営業する市民，企業などを，共通する特徴によって集団化し，その集団の特徴に応じた施策を，集団全体に対して提供するというあり方を中心としてきた。すなわち，高齢者，生活困窮者，母子家庭，青少年，単身者，障害者，中小企業などに対して，たとえば高齢者対策，中小企業対策などの形で政策展開が行われてきた。しかしそのあり方が揺らぎ始めている。

第1に，市民や企業も，それぞれのカテゴリーの中で多様化が進み，一律にとらえて一律のサービスを行うことが不適切となった。第2に，地域的にみても，中心市街地，業務地，商業地，住宅地，工場地域，ニュータウンなどのカテゴリーで分類，理解することが困難になっている。第3に，これら2つの点によって，産業，福祉，まちづくりなどの政策領域をまたがって総合的に対処すべき課題が重要性を増している。

このような，市民，企業，地域の多様化，政策領域のボーダレス化などから導かれる行政施策のあり方は，従来の市民や企業のある特定の利害集団を対象とする施策ではなく，個人や地域の特殊な条件に即した，個別的で柔軟な施策の実施にならざるをえない。あるいは商店街対策のように，個店対応ではなく，逆にまちぐるみの対応こそが必要となるようなものも生じてくる。すなわち，

第5章　歪んだグローバル化と大都市圏経済

予め定式化できない臨機応変な施策展開を可能とするシステムが重要となっているのである。財政支出の拡大を押さえながら，市民サービスの水準を維持し充実するあらたな行財政運営方法の開拓が求められている。

　これらの専門的で精緻な議論は，他の章に委ねるが，生活圏レベルでの総合行政の推進と自治体内分権が，大都市圏経済再建にとっても不可欠であることを指摘してこの章を終えたいと思う。

注
(1) 巨大都市地域の形成とその経済成長に果たす役割への関心は，決して目新しいものではない。すでに20世紀初頭，交通機関や通信手段の発展を背景に複数の都市が機能的に関連し，全体として巨大な都市地域を形成して経済成長に重要な役割を演じることは，都市計画の父として知られるパトリック・ゲデスが論じている。すなわちGeddes (1915) においてコナベーションという造語を用いて論じたことにより，連担都市化とその経済成長における重要な意義が認識されるようになった。ただし，ゲデスが目にしていたのは大量生産経済が成功を収めつつあった時代であり，彼が問題としたのは工業大都市の活力の源泉にあった。今日の議論は，生産力が地球規模で分散し，国境が経済活動の領域を律する力を失いつつある中で，なおも大都市地域の拡張が続くことに焦点をあてたものであり，その意味でゲデスの議論と一線を画するものである。たとえば，Scott et al. (2001)。
(2) 2014年度大阪経済大学共同研究，日韓公開研究会「大都市圏経済とガバナンス──釜山・大阪を比較して」2015年2月16日，於大阪経済大学。
(3) 前掲公開研究会における発言。
(4) 図5-1は，世界銀行のオンラインデータベース"World Development Indicators"により作成した。10年間の年平均成長率は，その成長率を10年間維持した場合に当該10年紀全体の成長が達成されるように計算した（いわゆる複利計算）。また年成長率の9移動平均は，当該年と前後の各4年を加えた9年間の年平均成長率である。したがって，1965年に表示された値は，1961年から1969年の9年間における年平均成長率である。筆者が最初にこの計算を行い公表したのは，2003年に出版した『グローバル時代をどう生きるか』（法律文化社）においてである。その時以降，統計の精度が向上したこと（発展途上国のGDPの見直しや，統計に含まれる国の追加など）により，古い年代の数値は下方修正されている。上記のデータベース2001年版によって算出した時には，1960年代の年平均世界経済成長率（1995年US$評価で計算）は5.4％と計算された。遠州，2003，103-104頁。
(5) 第二次世界大戦後，ヨーロッパや日本は戦争の傷跡も深く，戦禍を免れたアメリカ合衆国のライバルとなることは不可能だった。唯一の超大国として，アメリカ合衆国市場はもちろん，世界市場においても圧倒的な支配力を誇っていた。また，戦

後高度成長期の日本市場は，ブレトン＝ウッズ体制による1ドル＝360円に固定された為替水準と言葉の壁に守られて，外国製品の侵入を許さなかった。
(6)　Bluestone and Harrison, 1982.
(7)　Reich, 1991.
(8)　遠州，2003，181-186頁。
(9)　Reich, 2012.
(10)　2008年9月にリーマン・ブラザーズを破綻に追い込み，いわゆるリーマンショックの火種となったサブプライムローンとモーゲージの証券化は，そうした金融商品の一例である。
(11)　加茂，2005。
(12)　遠州，2003，128頁。
(13)　ロイター電子版，2007。ニュース・情報サービス会社ヘッジファンド・インテリジェンスの調査結果を引用する形で報じた。
(14)　田中，2008。
(15)　ヘッジファンドリサーチ社の2007年5月17日付日本語プレスリリース（『HFR』2007）。
(16)　Harvey, 1985.
(17)　ブルームバーグ電子版，2009。
(18)　モーゲージローンの証券化がリーマンショックを一層深刻にした。サブプライムローンと優良債権が組み合わされているために，証券購入者には自分の債権のうち，サブプライムローンの寄与がどの程度か知る手段がない。すなわち，正確な損害額が判然とせずに疑心暗鬼を募らせることになった（ダイヤモンド・オンライン，2009）。
(19)　遠州，2003，129頁。
(20)　基本的には，日本に外国投資を呼び込むことと，輸出企業後押しの見返りに農業や医療，保険分野の市場開放を意図している。ポイントは以下の3点である。
　①市場開放の前提として，大企業の国際競争力維持（消費増税と法人税率の引き下げによる税負担を企業から個人に転化，そして「労働市場改革」と称する解雇の自由と不正規労働の拡大）。
　②農業分野では企業の参入の促進（「農協改革」による全国農業中央会［JA全中］の弱体化）。
　③第3に，外国投資の呼び込み（医療や保険分野の外国企業への開放）。
　目下の目玉は電力市場の改革である。ただし，フクシマ事故の検証もないまま再び原発依存に舵を切り，懸案である発送電分離も，持ち株会社の下で旧来の電力会社と送電会社を系列化する法的分離に止める構想であり，再生可能エネルギー資源の活用には後ろ向きである（首相官邸「アベノミクス成長戦略で，明るい日本に！≪詳細版≫」［http://www.kantei.go.jp/jp/headline/seicho_senryaku2013.html 2015年9月3日閲覧］）。
(21)　安保法制を強行成立させ自民党総裁に再選された安倍首相は，2015年9月25日

に行った会見で，アベノミクスは未だ確たる成果を生むに至らないにもかかわらず，アベノミクスは第2ステージに進むとし，「希望をつなぐ力強い経済（国内総生産600兆円の達成）」「夢を紡ぐ子育て支援（希望出生率1.8の達成）」「安心につながる社会保障（介護離職ゼロと生涯現役社会の構築）」からなる新3本の矢を放つと発表した（首相官邸「平成27年9月25日　安倍内閣総理大臣記者会見」[http://www.kantei.go.jp/jp/97_abe/statement/2015/0925kaiken.html　2015年10月5日閲覧]）。

(22)　三菱UFJ信託銀行，2014，3-4頁。

(23)　円安が輸出企業の業績回復に貢献しているのは確かだが，基本的にはアベノミクスは輸出の回復に結びついてはいない。安倍内閣成立以後の輸出動向は，円建てでみると前2年の減少を脱し，2013年9.5％，2014年4.8％と2年連続の増加となった。しかしドル建てでは，2013年-10.2％，2014年-3.5％と2年連続で減少した。すなわち，数量ベースの輸出が低迷しているのに，円安が円建てでの輸出額を押し上げたのである。実際，数量指数では2013年には-1.5ポイントと3年連続の減少となり，2014年にわずかにもち直したものの，0.6ポイントの増加にとどまった。結局，数量ベースでは，基準年である2010年を依然10ポイント下回る水準に低迷している（日本貿易振興機構「日本の貿易動向　総括表（2000～）」）。

(24)　三菱UFJ信託銀行，前掲報告書，6頁。

(25)　復興事業がピークを過ぎた2015年には政府建設投資は大幅に減少した。ただし，全国10ブロックのうち8ブロックで減少する中で，首都圏と沖縄だけは増加している。オリンピック関連投資や普天間移設関連投資が反映しているものであろう（国土交通省『平成27年度建設投資見通し』）。なお，本文の図5-6に示した建設経済研究所らの将来見通しでは，2016年度になると予定される消費増税の駆け込み需要により民間住宅投資の回復を見込んでいるが，再度の消費増税が見送られ，2016年度は一層減少する可能性もある。

(26)　会計検査院の調査によれば，2011年10月から2012年9月までの1年間における予定価格1000万円以上4,538件の復旧・復興事業等の入札不調は，21.1％に達した（会計検査院，2013，『「東日本大震災からの復旧・復興事業における入札不調について」に関する会計検査の結果についての報告書（要旨）』7月）。なお，公共事業における入札不調は，震災復興事業にとどまらず全国の自治体におよんでいる。

(27)　「社会的生産基盤」とは，2003年に出版した拙著において，戦後日本の経済成長を支えた産業地域の優位性を示す概念として用いたものである（遠州，2003，第6章，第10章，第11章）。なお，「産業的資源」とは，地域の中核的な産業部門を担う企業（群）とそれを支える関連産業や労働力などの経済主体，土地や水，運輸・通信手段などの産業インフラに加え，学校，病院，住宅などの生活インフラも含まれる。人的資本の重要性が増す中，優秀な労働力を確保し再生産するには，産業的資源として生活インフラの重要性が増している。

(28)　総務省，2015，『家計調査報告（貯蓄・負債編）――平成26年（2014年）平均結果速報（2人以上世帯）』5月19日。

(29) Cohen and Zysman, 1988.
(30) 「まちづくり産業振興方式」を最初に提起したのは，中村，1979。
(31) 「第三のイタリア」と中小企業ネットワークの優位性に関しては，Piore and Sabel, 1986．また，「サステナブルシティ」に関しては，岡部，2003 ほか。

引用参考文献
[日本語文献]
『HFR』2007 年 5 月 17 日付（https://www.hedgefundresearch.com/pdf/pr_05-17-07_jp.pdf　2015 年 9 月 3 日閲覧）。
遠州尋美，2003，『グローバル時代をどう生きるか　自立コミュニティが未来をひらく』法律文化社。
岡部明子，2003，『サステイナブルシティ──EU の地域・環境戦略』学芸出版。
会計検査院，2013，『「東日本大震災からの復旧・復興事業における入札不調について」に関する会計検査の結果についての報告書（要旨）』。
加茂利男，2005，『世界都市──「都市再生」の時代の中で』有斐閣。
JETRO，1992，『1992 ジェトロ白書投資編　世界と日本の海外直接投資』。
鈴木将之，2015，「景気の先行きを左右する実質購買力──過去の消費ぜ引き上げからの教訓」『EYE 総研インサイト』Vol. 4, August。
「世界のヘッジファンドの資産総額が 2 兆ドル突破＝調査」『ロイター電子版』2007 年 3 月 30 日付。（このサイトはすでに削除されている。ただし，『大紀元』がロイターの配信を受けて報じた以下の URL で閲覧できる。http://www.epochtimes.jp/jp/2007/03/html/d39067.html　2016 年 11 月 24 日閲覧）。
田中安春，2008，「総額 2.5 兆ドル。ヘッジファンドを上回った"国富ファンド"の正体」『日経ビジネス電子版』1 月 8 日付（http://business.nikkeibp.co.jp/article/world/20080107/144263/?rt=nocnt　2015 年 9 月 3 日閲覧）。
「ドバイ・ワールドが全債務返済繰り延べ要請──国債保証料急騰（Update1）」『ブルームバーグ電子版』2009 年 11 月 26 日付（http://www.bloomberg.co.jp/news/123-KTPDLR6TTDS201.html　2015 年 9 月 3 日閲覧）。
中村剛治郎，1979，「現代日本の地域開発をめぐる理論と政策」自治体問題研究所編『自治体問題講座（5 巻）国土・都市・農村と地域開発』自治体研究社。
「3 つの条件破綻で歯車が狂い始め，サブプライム・ローン問題が表面化」『ダイヤモンド・オンライン』2009 年 10 月 6 日付（http://diamond.jp/articles/-/3694　2015 年 9 月 3 日閲覧）。
三菱 UFJ 信託銀行，2014，「国内設備投資の展望」『三菱 UFJ 信託資産運用情報』5 月号。

[外国語文献]
Bluestone, Barry and Bennett Harrison, 1982, *The Deindustrialization of America: Plant Closing, Community Abandonment, and Dismantling of Basic Industry*, Basic

Books.
Cohen, Stephen S. and John Zysman, 1988, *Manufacturing Matters : The Myth of the Post-Industrial Economy*, Basic Books.
Geddes, Patrick Sir, 1915, *Cities in Evolution : An Introduction to the Town Planning Movement and to the study of Civics,* Williams & Norgate.
Harvey, David, 1985, *The Urbanization of Capital : Studies in the History and Theory of Capitalist Urbanization,* Johns Hopkins University Press.
Piore, Michael J. and Charles E. Sabel, 1986, *The Second Industrial Divide : Possibilities for Prosperity,* Basic Books.
Reich, Robert B., 1991, *The Work of Nations : Preparing Ourselves for 21st-Century Capitalism,* Alfred A. Knopf.
Reich, Robert B., 2012, *Beyond Outrage : what has gone wrong with our economy and our democracy, and how to fix it,* Vintage Books.
Scott, Allen J. et al., 2001, *Global City Regions ― Trends, Theory, Policy,* Oxford University Press.

第Ⅱ部

アジアの大都市圏をめぐって

第6章

大都市圏ガバナンスの類型・再考
―― 釜山大都市圏を事例にして ――

李　政碩

第1節　大都市圏ガバナンスの理解

（1）大都市圏ガバナンスの概念および特徴
①大都市圏ガバナンスの概念定義

　伝統的な統治（government）のイメージとは対照的に，ガバナンスとは統治構造それ自体ではなく，統治過程および機能と関係するものである[1]。ガバナンスの観念には「共同行動や共同決定といった『共同』観念が中核的要素として含まれて」[2]おり，断片化している大都市圏の意思決定の問題を処理する一般的な手段として「統治」ではなく，「ガバナンス」の概念を適用することの正当性が確保される[3]。

　かくして，大都市圏問題を有効に解決するための新しい形の政府活動として新しい政体（forms of government）またはガバナンス構造が求められるのである。「大都市圏ガバナンス」とは何かという問題は，「大都市圏統治のない大都市圏ガバナンス」[4]と「大都市圏政府ではなく大都市圏（地域圏）ガバナンス」[5]という表現で明らかであるように，大都市圏の意思決定の問題を処理する手段として長い間支配的な概念であった「大都市圏統治」ではなく，異なる代案を構想することと関連している。したがって，「大都市圏ガバナンス」を理解する過程において，「大都市圏統治（または政府）」の概念との比較考察は必要不可欠であり，二者の特徴を同一線上で解剖することによって，二者のかかわりが明確に究明されると考えられる[6]。

　まず，大都市圏政府（統治）は，「大都市圏の統治のための構造または制度上の協定を一般的に指す」ものであり，理論的にL.J.シャープの言う「純粋

大都市圏モデル」と呼ばれるこの構造は，a）政治代表者の直接選挙によって獲得された，強力な政治的正当性，b）適当な財政的・人的資源の結果として獲得された，「上級政府」(senior government) と基礎自治体からの意味のある自治，c）広範囲の管轄区域，d）概略で言えば機能的都市地域からなっている「適切な」地域的守備範囲をその特徴とする。

これに対し，「大都市圏ガバナンス」は，大都市圏の地方政府の組織に対する長年の論争——集権化政府か断片化政府かの選択の問題——に，「ガバナンス」の概念を適用したものである。すなわち，大都市圏をいかなる方法で管理するか，いかなる手段と手続きを利用して意思決定を行うかの問題と関連して，公式の統治構造（＝大都市圏政府）に全面的に依存するのではなく，統治過程および機能に重点を置き，多様な利害関係者の自発的な参加を誘導するなど，公私組織が協力的に大都市圏の政治・行政の運営に取り組んでいく新しい形態の公的活動である。

②大都市圏ガバナンスの特徴

大都市圏ガバナンスは，次のような特徴をもっている。すなわち，a）新しい構造の設立において協議，協力，任意的な参加および融通性という価値を強調し，b）政府の内外の関係と都市の公共財の伝達と関連しており，c）調整手続き，意思決定におけるコミュニティおよび利益集団の積極的な参加，公共サービスの提供における民間部門の関与，連立形成，そしてこれらの諸選択肢の一部あるいは全部の組合せを示して，より明白な方式で関係次元（調整，政府間協定，連合，等々）に取り組む。

「ガバナンス」が「統治」に比べてより広範な概念であるのと同様に，「大都市圏ガバナンス」は「大都市圏統治」を包含するより複雑な形態の活動を意味するということである。具体的に言えば，大都市圏ガバナンスは大都市圏統治の代案とみなされうるが，その根拠は，大都市圏ガバナンスの達成目標がおおよそ大都市圏の機関の形態および内容にあるという点にある。このことは大都市圏統治と大都市圏ガバナンスが完全に分離されているものではなく，コインの表裏のように相互密接に関連していることを意味する。

大都市圏統治と大都市圏ガバナンスを一定の基準で比較すると，**表6-1**の

第6章　大都市圏ガバナンスの類型・再考

表6-1　大都市圏統治と大都市圏ガバナンスの比較

	大都市圏統治	大都市圏ガバナンス
焦　点	都市における政府の構造および機能配分，とくに大都市圏の規模	都市における政府の内外の関係と公共財の伝達，ガバナンスの過程
政府形態	中央集権的政府 単一中心主義（monocentrism）	地方分権的政府 多中心主義（polycentrism）
機　能	地域圏のインフラを計画・実行し，かつ，連邦または州の規制委任を実行する統治の独立体	強い拘束力をもたない提携または協力にもとづいて調整
主要アクター	公式の政府および機関	公式の政府および機関 任意的，非営利的および民間の組織，サービス生産者，市民などを包含
ガバナンス構造および様式	「内部者（insiders）」によって支配されやすい非開放的構造―相互排他的	「市民的空間（civic space）」を包含する開放的な構造―相互依存的
主要価値	規模および範囲の経済性，空間的外部性，能率性，再配分	融通性，対応性，接近性，責任性
境界の考慮程度	大都市圏の問題解決において既存の地方政府の境界を重んじる	大都市圏の問題解決において既存の地方政府の境界をほとんど考慮しない
好まれる戦略	併合，合併，そして統合を通じた統合大都市圏政府，二層制の大都市圏政府	非公式な協力，政府間調整，特別区の設立，機能移転，民間部門または他の政府単位との契約

（出所）　Lefèvre, 1998, p.10, Paiva, 2003, pp.29-30, Grigsby, 1996, p.57, Feiock eds., 2004, p.4, Oakerson, 2004, pp.17-22, Bourne, 1999, pp.17-19等を参考にして筆者作成。

ようになる。

（2）大都市圏ガバナンス・モデルの定立

①大都市圏ガバナンス・モデルの定立の必要性

　大都市圏問題の解決のために最も適切で解決可能なガバナンス方式やモデルを探るために，学者らの間で今まで多様な議論が展開されてきたものの，未だ合意された答えはなさそうである。ただし，一部の学者らは欧米の大都市圏を観察し，特定の類型が存在することに着眼してモデル化を試みた。その代表的な学者がL.J.シャープとI.M.バローである。

　まず，シャープは，欧米の地方政府，とくに大都市圏稠密地域の政府の近代化において特別な類型が存在することに着眼して，それを論理的に形式化しよ

うとしたのである。彼は「任意的モデル」（voluntary model）と「純粋大都市圏モデル」（pure metropolitan model）という2つのモデルを提示し，「大部分の場合において，全世界的に大都市圏統治はこれらの2つの極の中間にある」と述べている。これらの2つのモデルについてより詳しく説明すると，次の通りである。

　その前に，注目しておきたいことは，2つのモデルの差異が大都市圏政府の設立の形態の差異にもとづいているということである。まず，「任意的モデル」は「非制度的協力モデル」（non-institutional cooperative model）とも言われるものであり，最小の広域の機構で，永続的かつ独立した制度的地位をもたない地方自治団体間の任意の協力にもとづくものである。このモデルの特徴は，設立の際に政治的な困難が少なく，いつも低費用で容易に解散できるため，多くの国に適用できるということである。このモデルの根底にある論理は，すべてが政治的に達成できるだけではなく，形式的な大都市圏政府の暗示する階層制より非制度的な協力が有効であり望ましいということである。また，制度的な断片化にもかかわらず，あらゆるアクターが政策目標を共有する場合には，追加的な制度的協定はいらないという点で，任意的モデルの効用を否定できないということである。また，そのモデルの本質が稠密の統一性にあり，その統一性が広域的協定によってある形で反映されるべきであるという点にその正当化の根拠がある。

　これに対し，純粋大都市圏モデルは，独立的な十分な権力をもっているまったく新しい構造を新設することによって大都市圏を管理する方法である。このモデルの特徴は，十分に発達し，選出された，広域的独立体だけではなく，意識して計画された2番目の，下位レベルの小規模団体も存在するという，いわゆる二層制の地方政府構造を採択しているということである。かくして，純粋大都市圏モデルが任意的モデルと異なることはこの点にあると言うことができる。

　次に，バローは「大都市圏統治モデル」に替わる3つのモデルを提案した。第1に，「多中心主義モデル」（polycentric model）は，多数の自治体からなっている1つのレベルの政府であり，大規模な諸問題および争点は特別な機構（ad hoc bodies) と複数の自治体の協力協定 (intermunicipal cooperation arrangements) によって処理される。それゆえに，多数の政治・行政的統制の中心地があり，それらは水平的政府間関係 (horizontal intergovernmental relations) のネットワークにより連結されている。第2に，「統合政府モデル」(consolidated government model) または「単一モデル」(unitary model) は，大都市圏全体を管轄する1つの自治体からなっている単一レベルの政府である。この場合，小規模の問題と争点は行政的分権によって処理され，関連した政府間関係は存在しない。第3に，「二層モデル」(two-tier model) は，大都市圏全域にわたって管轄権をもつ新しい政府団体を設立し，既存の小規模政府団体を保有する形態である。各レベルはその空間的規模に適切な業務と能力を有する。垂直的――上下の階層の団体間――および水平的――下位の階層の団体間――政府間関係が存在する。バローによれば，「二層モデル」は他のモデルの強さを兼ね備え，かつ弱点を避けることができるため，改革者と学識経験者の間で好まれる傾向があるが，政治的実現可能性の面からすれば，「多中心主義モデル」が政府の再編なしに達成されうる点で最も受け入れられると述べている。

　これらのモデルは，大都市圏稠密地域ごとに現れる様々な地方政府再編の戦略の違いを2，3の類型に単純化したモデルとして構造化したことに意義を探ることができる。

　しかし，これらのいわゆる「大都市圏モデル」は，少なくとも3つの問題点をもっていると考えられる。第1に，「大都市圏モデル」とそれに替わる3モデルはどれも，大都市圏ガバナンスとしての大都市圏内地方政府再編について十分に説明しておらず，「大都市圏統治」的側面に偏っている。すなわち，2つのモデルは一層か二層の大都市圏政府の設立という選択肢を一方の端に置き，その他の選択肢をもう一方に置くという単純な構想で類型化を試みている。それゆえ，両極端の間に属する様々な戦略についての類型化はもちろん，それらの説明を欠いている。さらに，2類型にそれぞれ該当する大都市圏内地方政府における再編戦略と適用事例についてもあまりふれていない。また，大都市圏ガバナンスのためには公・私部門間の協力が重要な要素であると前述したが，これらのモデルでは度外視されているのである。

第2に，こうした説明は，大都市圏政府の設立がいかなる階層構造上の変化をもたらすのかについて注意を払っていない。常設の大都市圏政府または協定であっても，二層制の地方自治構造の下で既存の基礎自治体の地位からの脱皮いかんによって，権限や担当事務（機能）などの面で様々な変化が発生しうるため，大都市圏政府の設立の形態だけでは大都市圏ガバナンスの類型を十分に説明することができないのである。

第3に，二者の研究対象は欧米の諸国に限定されていたため，そのモデルは東アジアの日本と韓国の大都市圏内地方政府再編の戦略を説明するために十分なものとは言えない。すなわち，韓国の「広域市」のように基礎自治団体の「市」の地位から広域自治団体の「道」と同等な地位を獲得する「昇格」の過程と，日本の「政令指定都市」のように基礎自治団体の「市」が法的地位の変動を伴わず——政令指定都市の地方議員および公務員の比重はその体感程度において「府県」のそれらとほぼ同等であり，住民が政令指定都市に対して特別な存在であると感じている程度を例外とすれば——中央政府と広域自治団体から一部の権限を委譲され団体自治を拡大していく「移行」の過程とは，欧米中心的大都市圏モデルでは容易に説明できないのである。

そこで，その限界の解消という側面から大都市圏モデルは修正されざるをえず，最終的には新しいモデルの確立が必要であると考えられる。

②大都市圏ガバナンス・モデルの定立

以上のモデルの検討から，大都市圏の政府または協定を説明するためには，少なくとも2つの変数ないし基準をとりだすことができる。第1にシャープの理論が着目した大都市圏政府の「設立の形態」である。第2にC.ルフェーブルの理論が着目した「階層構造の変化」である。そして，これらを組み合わせることによって，それぞれのモデルが抱える問題点を克服できると思われる。以下では，その構図について考察してみたい（図6-1）。

まず，設立の形態は横軸にあたり，左側から右側の端にいくほど常設（独立的）の大都市圏の政府または協定の形態をとることになる。次に，階層構造の変化は縦軸にあたり，下から上へいくほど階層構造の変化が現れ，自治体レベルのものから自治体上位のレベルのものに変わる。

第6章 大都市圏ガバナンスの類型・再考

図6-1 国際比較研究の枠組としての「大都市圏ガバナンス・モデル」の構図

	類型Ⅳ 存在しない	類型Ⅰ-1 [昇格型] ・基礎自治体から広域自治体に地位の昇格 a) 韓国ソウル特別市，広域市(6)，特別自治市(1) b) 日本の特別市(旧) ・大都市圏に広域レベルの政府または機関の設立 a) 英国のGLC(旧)，Metropolitan Council(旧)，GLA b) アメリカのMinneapolis-St. PaulのMetropolitan Council, Greater PortlandのMetropolitan Service District(MSD) c) カナダのMontréal Urban Community (MUC)(旧), Metropolitan Toronto(旧), Greater Vancouver Regional District (GVRD)(1983年以前)
		類型Ⅰ-2 [統合型] a) アメリカのCity-County Consolidation b) 日本の東京都 c) 統合大都市圏政府 (City of Toronto, City of Montréal, New York City)
	類型Ⅲ-1 [協力型] ・既存の大都市圏の断片化体制は維持するが，一部の機能に対して， a) 非公式な協力 b) 他の公共部門と外部契約（事業委託） c) 民間会社と外部契約（民営化） d) 共同生産方式 類型Ⅲ-2 [機能移転型] ・既存の大都市圏の断片化体制は維持するが，一部の機能に対して， a) 上位レベルの政府(州または準州，郡)に移転 b) 外部のサービス機関(特別区など)に移転	類型Ⅱ [移行型] 日本の政令指定都市(20)

縦軸：自治体上位のレベル ← 階層構造の変化 → 自治体レベル（有〜無）
横軸：非常設（従属的） ← 設立の形態 → 常設（独立的）

(出所) 李, 2006を修正した。

　このように2つの変数を操作的に定義した後に，設立の形態（横軸）と階層構造の変化（縦軸）という2つの変数を交差させると，大きく4つの区画ができる。しかし，もともと階層構造の変化という基準自体が公式的な組織の中で現れるものであるため，非常設（従属的）ではない点で類型Ⅳは存在しないものとみなす。一方，残りの3つの区画の中で類型Ⅰと類型Ⅲの場合，それぞれ

2つの類型に分けることができるが，厳密に言えば，それは設立の形態や階層構造の変化の程度の差による区分ではなく，性格上の単純な違いによる区分であることを断っておく。その結果，「大都市圏ガバナンス・モデル」は，図6-1のように，計5つの類型からなっていると言える。本章で提示する「大都市圏ガバナンス・モデル」は国際比較研究の枠組として必要なものであり，欧米中心的な大都市圏モデルから脱皮して適用範囲面でよりグローバルな――少なくとも東アジアの日本と韓国の大都市圏政府をも説明できる――大都市圏モデルを指すものである。次に5つの類型の特徴について簡略に紹介しておきたい。

　第1に，類型Ⅰ-1は，［昇格型］（type of promotion）と呼ぶ。これは，国々の地方自治階層上の相違はさておき，一定の条件を備えた基礎自治団体である一般市が大都市制度の導入を通じて広域自治団体から分離独立され，広域自治団体と同等な地位へ昇格するか，または新しいレベルの政府を既存の階層構造の上に加えることによって，その地位の上向き的変化を達成する手法である。この類型の特徴は，上位レベルの政府（普通は単一国家の中央政府または連邦国家の州政府）が大都市行政の特殊性と大都市圏問題の解決，そして都市競争力の確保などの次元から，主導的に立法を推進した結果現れた広域レベルの政府または機関からなっている点である。また，この類型に属する大都市圏政府は，大部分が二層以上の階層構造をとっている（日本の特別市（旧）と韓国の特別自治市は一層制をとっていた）。それについては，「都市の公共サービスを提供するための組織規模は，広域都市行政を必要とする一部のサービス規模と地方行政が適切で望ましいサービス規模に区別される。これらの二つの規模の活動や関心事が存在するということは，二層の構造が統合より望ましい」という指摘によく現れている。政治的に断片化した都市では地方のコミュニティだけが，統合都市では大規模コミュニティだけが認識される反面，二層以上の都市では2つ以上のコミュニティ規模が受け容れられるのである。なお，大都市圏の政府または機関の正当性は，大部分，住民の直接選挙で選ばれた首長（団体長）や議員を置くことによって獲得されているのである。

　一方，アメリカでは多くの成功した地域圏の輸送・公共施設・計画作成機関

があるにもかかわらず，最も純粋な意味で大都市圏政府と呼ばれうるものは，オレゴン州の Greater Portland の Metropolitan Service District (MSD) とミネソタ州の Minneapolis-St. Paul の The Twin City Metropolitan Council しか存在しないのが実情である。なぜそうなのか。その理由の1つは，アメリカの大部分の有権者は，特に地方レベルで政治に深く関与しないという政治的無関心があるがゆえに，相当な時間と努力を要する機関の設立が妨げられることになるからである。もう1つは，多くの大きな大都市圏は普通州の境界を横断しているが，米連邦憲法には「どんな州でも連邦議会の同意なしでは（中略）他の州や外国と協定ないし協約を締結できず」（米連邦憲法, Article I, Section 10) と規定され，大都市圏の協力を難しくしていることである。

第2に，類型 I-2 は，[統合型] (type of consolidation) と呼ぶ。統合はすべてを1つの政府団体の下に置くという大都市圏主義の典型である[18]。したがって，「統合政府は『ヴィジョン』または一連の理想をめぐって市民を統一しようとする[19]」。統合大都市圏政府の効果は，既存地方政府の統合に従った管轄区域の拡大と地方政府の単位数の減少にある。L. S. ボーンは，「統合大都市圏ガバナンス・モデル (consolidated model of metropolitan governance) が，分権化モデル (decentralized model) より否定的なスピルオーバーと環境の質の悪化に対する広域的関心事に対処することに有効であるらしい[20]」と述べた上で，統合モデルが「最も適切な組織モデルであるらしい[21]」と主張した。

しかし，この類型に属する例を観察すると，いかなる階層構造をもっているかによって2つに分けられる。1つは，広域的・統一的行政を遂行するために一層の統合政府を維持する類型である。もう1つは，前者と同じ目的で統合が行われるものの，能率的なサービス伝達と市民の接近性を向上させるために境界の調整を行った後に，自治権をもつ区等を設置して二層制を維持し，階層間に機能分担を通じて事務を処理する類型である。ちなみに，「統合型」が「昇格型」と異なる点は，後者が基礎自治団体であった市の法的地位を上げるか，既存の地方政府構造の上に新しい層を置くことで，大都市圏の広域的問題の解決をめざす一方，前者は基礎自治団体である中枢都市（日本の場合，東京市）と広域自治団体である郡（日本の場合，東京府）を1つに統合することで，市郡統

合形態の新しい自治体の形成を通じて大都市圏の問題に取り組む方式である。

　第3に，類型Ⅱは，［移行型］（type of transition）と呼ぶ。この類型は，大都市制度の導入によって既存の区域において独立した自治権をもち，上位のレベルの団体あるいは中央政府から事務配分をはじめ，いくつかの特例を受けることによって団体自治の拡大を試みるが，いかなる自治階層上の法的地位の変化をも伴わない方式である。代表的に，日本の政令指定都市はこの類型に含まれる。通常，大都市は特殊な存在性格をもち，一般の市町村に比べて行財政上の能力がきわめて強いにもかかわらず，一般の市町村とほとんど異なることのない地位に置かれているのは問題である[22]という認識に対応している。すなわち，「府県の存在を認めた上で，大都市制度の問題をそれ自体としてはとり上げることなく，府県と大都市との間に，どのような基準に従い，どのように事務を配分するのが，合理的かつ能率的かという論じ方で，いわゆる事務再配分の問題を中心におく[23]」大都市圏のガバナンスの方法である。特別市（旧）のような昇格型が府県からの大都市の独立を主張するものであるに対し，この類型は，府県の中に大都市が包括されることを前提として，行政事務の再配分に伴う地方制度再編成の一環として，大都市問題を考察しようとするものであるから，その視点は，非常に異なっている[24]。

　一方，ある都市政府が大都市制度を導入するにあたり，人口基準や区域の面積のような特定の基準を満たさなければならない。これらの基準は地方自治法，政令，大統領令，規則などに一般的にかつ具体的に明文化されるべきであるが，実際には地方自治に関する事務を直接担当する主務省庁の官僚の判断によりその基準が左右される傾向がある。

　第4に，類型Ⅲ-1は［協力型］（type of cooperation）と呼ぶ。これは，断片化している大都市圏の政府単位の間には，基本的に相互協力しようとする考えがあることに着目した類型である。R. J. オーカーソンは，「調整の底辺にある原動力は，利己的な相互関係であり，これは法的義務のある協約がなくても作動することができる。恐らく他のところと協力することを拒絶する機関は，自身が必要とする時，他のところに依存することができないであろう[25]」と述べ，大都市圏の政府単位間の利己的な相互関係が作用して非公式の協定による調整

が可能で有効であると指摘した。

代表的なものとして，大都市圏の調整のための公式および非公式の協力，外部委託（契約または民営化），そして協働方式が含まれる。この類型の最も明確な事例は，「たびたび相互扶助協定は，公式な政府間協約として署名される」[26]という主張で現われるように，同じレベルの公共部門間の契約（事務委託）である。すなわち，契約を通じて施設およびサービスの共有を決定し，歳入およびサービス費用を分担する方式である。また，協働方式では，何よりも市民─消費者はもちろん，NPO，NGO，協会などの多様な利害関係者が共同で１つの生産単位を組織するために参加し協力するのが特徴である。これらの類型に属する事例は，政治的・制度的・財政的な側面で壊れやすい臨時のまたは任意の協定であるが，大都市圏ガバナンスは大都市圏政府がなくても可能であることを示す類型であり，大都市圏政府の提案にむけての基礎的努力という意味で非常に重要であると考えられる。

第５に，類型Ⅲ-２は［機能移転型］（type of transfer of functions）と呼ぶ。この類型は，施設および公共サービスの提供の責任を負っている地方政府単位がその責任を上位レベルの政府単位（州または準州，郡），COG，または特別区政府などに移転することによって，それらの事務（機能）の供給者を変更する手法である。大都市圏の地方政府はその規模（人口，財政，面積など）別に千差万別の能力を有しているがゆえに，生産する公共サービスの量と質においても深刻な偏差が発生する可能性がある。この場合，各々の供給単位はみずから生産することのできない特別なサービスや機能を，他の供給単位に移転する方法を通じて補充しようとする。

以上のように，国際比較研究の枠組としての「大都市圏ガバナンス・モデル」の定立を通じて，「昇格型」や「移行型」の明確な実体を確認することができた。この事実は，国際比較の観点からみた時，既存の「大都市圏モデル」では容易に説明できない大都市圏のガバナンス類型があるということを示唆する。特に，これらの２つの類型は日本と韓国の大部分の大都市圏──東京都の場合は「統合型」に該当する──のガバナンスの類型を説明するために有益なものである。

第Ⅱ部　アジアの大都市圏をめぐって

第2節　釜山大都市圏の形成とガバナンス論争

(1) 釜山の「直轄市」昇格と「広域市」時代
①釜山市の「特別市」・「直轄市」昇格運動

　大韓民国政府樹立後の翌年である1949年に制定された地方自治法では，ソウル市を除外した他の大都市の行政の特殊性に関しては何の特別な措置も講じていなかった。当時の韓国の地方自治の階層構造は，中央政府→道・ソウル特別市→市・邑・面という二層制（ただし，ソウル特別市は単層制）となっており，市・邑・面は一律的に上位階層である道の管轄の下に置かれていたからである。

　しかし，大韓民国政府が樹立された1948年8月以後，釜山市を「特別市」（のちに「直轄市」に名称を変える）に昇格させようとする動きがおよそ13年間絶えず推進された。すなわち，1949年，1951年，1953年にわたって3回，1960年4.19民主化運動以後，新しく構成された国会では4回，戦後計7回の昇格動議案を国会に上程してきたが，その度に慶南（釜山市の分離での財政難を憂慮する立場）とソウル特別市（首都の権威のために1国の特別市は1つで十分だとする）の反対でいつも否決されその目的達成は容易ではなかった[27]。

　一方，釜山市側はいくら手を尽くしても特別市または直轄市昇格案の通過がダメとなると，戦略を修正した。人口50万人以上の市には区を設置できるとの規定（地方自治法第145条）に依拠して「区制でも実施されれば良かろう」との世論が高まり，1956年7月「釜山市区制設置推進委員会」の構成後に作成した区制実施要請書を内務部に提出した。同年12月17日に「区制に関する法律案」が通過し，翌年1月1日から区制が実施される[28]。この出来事は，釜山市の直轄市昇格運動の一歩前進という意義をもっていた。

　以上のような「釜山直轄市昇格期成会」の活躍と全市民運動の展開にもかかわらず，釜山の直轄市昇格運動は慶尚南道やソウル特別市の相反した建議のせいで格別な成果を収めなかった。しかし，釜山の直轄市昇格が確定されるのは，1962年11月13日5.16軍事政府の「国家再建最高会議常任委員会」の開催以後のことであった。いわば，釜山市の直轄市昇格には軍事政権の確固たる意志

が決定的に作用しているが，それに至るまで果てしなく推進された民間レベルの昇格運動と政治家（地方，中央レベル）の活動も無視することはできないのである。

②「直轄市」の制度化

釜山市は「釜山市政府直轄に関する法律」（1962年11月21日）の公布によって慶尚南道から分離・独立した。法律の名称から分かるように，当初から「直轄市」という用語は使われず，ただし釜山という市は慶南の管轄区域の中に置かず政府の直轄の下に置くというものであったが，便宜上直轄市という用語が使われた」。「直轄市」という名称が公式に法律用語となったのは，1981年4月「大邱直轄市および仁川直轄市設置に関する法律」の制定により大邱市と仁川市が「直轄市」に昇格した以後のことであり，かつ，1988年4月の地方自治法改正によって初めて地方自治団体の一種類と規定された。

政府が釜山市を政府直轄にした理由は，「釜山市政府直轄に関する法律」第1条によく現れている。すなわち，「市行政の健全な発展と行政能率の向上を図ることを目的」としていた。しかし，釜山市の直轄市への昇格がもつ意義は，政府の画期的な支援の増大および市税収入の増額をはじめ，編入を通じた行政区域の拡張だけではなく，ソウル特別市とは異なる大都市制度の導入を通して，道から分離・独立した都市政府を発足させたことにある。また，階層構造上では重層制から単層制に改編し，広域および基礎自治体の特性を併せもつ二重的性格の自治団体であった。

③広域市昇格の基準と今後の課題

直轄市制度は，釜山市の大都市問題解決という当面の課題に対応するために構想されたものであった。実際，他の都市への適用を見据えた法律の整備を急ぐ配慮はなされず，釜山市と釜山市に編入される一部の地域だけに適用される特別法によりなされたことからもわかる。その後も，地方自治法などに直轄市昇格と関連した条項を作らず，引き続く「直轄市」（現「広域市」）の昇格の例においても同じ個別法によるパターンが繰り返された。

釜山市の「直轄市」昇格は，韓国の「直轄市」史に1つの先例を作り出した。すなわち，人口の増加および大都市集中に従って都市規模が大きくなると，当

該市を中心に直轄市への昇格要求が噴出したのである。かくして，2016年12月1日現在，韓国には6つの「広域市」がある。

「広域市」には大都市行政の特殊性を考慮して「道」と同等な地位が付与されている。しかし，以上の6つの市の「広域市」昇格から分かるように，「広域市」昇格の法律上の基準はない。ただし，通常人口100万人以上の都市に対して，「面積，地理的与件，残余地域に及ぶ影響，財政自立度などを総合的に検討」するとされているものの，釜山市が1963年1月1日に直轄市に昇格した当時の人口が100万人以上であった点が現在1つの昇格基準となっている。

したがって，人口規模面で任意に100万人という尺度を行政方針として活用して，その時々の必要性が発生した際，中央政府が決定し，国会で「広域市」昇格に関する法律を制定して施行するという手続で対応してきたのである。すなわち，一般市を「道」から分離独立して政府直轄の下に置くかどうかの問題は，合理性に基づいた一定の基準よりも政治的判断ないし恣意性が相当に作用していると言えよう。「直轄市問題がこのように全面的に政界の審査に任された理由は，『事案の性格上画一的制度化が困難である』からである。人口も重要であるが，都市化率，財政能力，住民情緒，歴史的伝統等を総合的に勘案しなければならないため制度化が難しいという論理である」(『東亜日報』1994年9月14日付)。

しかし，都市環境の変化と人口増加等の要因にしたがって，将来他地域の中枢都市が成長する可能性を勘案し，大都市制度運営の一貫性を維持するためには，市の「広域市」への昇格基準を具体化する必要がある。50万人以上100万人に近い，またはすでに100万人を超えた都市ができあがっている状況の中，それらの基礎自治団体が「広域市」への昇格を要求するであろうことは十分に予想できるからである。しかし，むやみに「広域市」を増やすわけにはいかない。狭小な国土面積や大都市周辺地域との社会経済的な一体性の損傷問題や残余道部の問題などを考慮すれば，一定数の広域自治団体の維持も重要だからである。したがって，一般市は，少なくとも3つの法定条件（たとえば，地方自治法に明示），①人口基準の上向き調整とも言えるが，人口150万人以上であること，②広域市昇格において「道」の同意を得ること，③財政自立度が既存「広

域市」と比べて遜色のないこと等の基準を乗り越えた時,「広域市」に昇格できるようにすべきである。また,最初にこうした「広域市」昇格の法定条件が確立すれば,次は50万人以上の都市についても,地方分権の持続的な推進の側面で,別の制度を設けて事務や財政等の面から特例を付与するなど配慮すべきである。(35)

(2) 釜山市の広域化と釜山大都市圏の形成

①釜山市の広域化:行政区域の拡張と地域間の軋轢の始まり

釜山市の人口は新しい制度の導入および行政区域の拡張とともに徐々に増加してきた。とくに,区制実施(1957年1月1日)当時の人口が101万9427人であったが,政府直轄市昇格(1963年1月1日)当時は,第3次行政区域拡張により,人口が136万630人と増大した。また,東莱郡を廃止し,機張地域が梁山郡に編入された時(1973年7月1日)の人口は初めて200万人を超えた。その後,第4次行政区域拡張(1978年2月15日)によって面積は432.27km^2 となり,人口は287万9570人となった。1988年5月1日付で自治区制が実施され,その翌年1月1日に実施された第5次行政区域拡張によって面積は526.00km^2 となり,人口は385万7312人となった。

1995年1月1日付に「直轄市」の名称が「広域市」に変更されることとなったが,同年3月1日に実施された行政区域改編によって,現在の15区1郡体制が完成され,面積は748.92km^2 となり,人口は389万2972人となった。一方,1997年7月15日に蔚山市が慶尚南道から分離・独立して「蔚山広域市」が発足することとなった。かくして,「東南圏」には釜山広域市・蔚山広域市・慶尚南道という3つの広域自治団体が置かれることとなったのである。

また,2010年7月1日,もう1つの重要な出来事が起きた。すなわち,昌原市・馬山市・鎮海市が統合して,人口100万人を超える新「昌原市」が発足したのである。こうして釜山広域市の周辺部には2つの広域自治団体,大都市特例の適用を受ける人口100万人規模の昌原市と人口50万人規模の金海市が存在するなど,まさに大都市圏を形成しているのである。

釜山市の行政区域拡張は,地方自治が始まる以前まで特別に問題視されなか

ったが，本格的な民選地方自治時代が開幕すると，NIMBY問題に代表される地域間の対立が起こり，自治団体同士で円満に解決することが難しくなった。むしろ行政区域境界設定をめぐり自治団体間の軋轢が激しくなると，最終的に憲法裁判所の決定で定まる場合もあった。

　前述したように，最近，釜山広域市の周辺部には大都市特例の適用を受ける都市が次々と出現しており，特段の対応または措置が必要となっている。大都市特例によって基礎自治団体の権限が拡大すると，都市間協議の利害当事者が増大するため，また軋轢が発生したり，相互調整が難しくなったりする可能性が高くなる。そして，実際，この釜山大都市圏では周辺地域の編入または合併議論が持続的に噴出しており，地域住民間，自治団体間の意見対立で軋轢がみられる。

　②釜山大都市圏の形成

　今まで「釜山大都市圏」の設定に関する研究は多様な分野で行われてきたが，特別に標準化した基準が確立されているわけではない。研究者らは研究の目的や性格，内容にしたがって方法と基準を適用しているからである[36]。よって，本章では，釜山・蔚山・慶南地域（＝東南圏）の通勤・通学（10％標本）資料を利用して各指標別に10％以上を基準に1個以上満足する地域を「狭義の釜山大都市圏」と称する。ただし，釜山市と蔚山市が慶尚南道から分離・独立して釜山広域市と蔚山広域市に昇格し発展してきた歴史的経緯があることから「東南圏」全体を「広義の釜山大都市圏」と称する（図6-2）。

　この「東南圏」の市街化地域は少しずつ変化しており，釜山を中心とした市街化地域の拡散とともに，主要中心都市への移動が便利な隣接地域への活発な開発によって連帯都市となり，1つの巨大な広域圏を形成していったのである[37]。

（3）釜山大都市圏ガバナンスの論争点

　東南圏または「狭義の釜山大都市圏」はまさに断片化している。すなわち，中央政府が設置した特別地方行政機関，多数の地方政府（広域市・道，市・郡・区），地方自治団体組合，公企業などが存在しているからである。これらの諸利害関係者は地域住民への公共サービス提供や地域発展のために一定の役割を

第6章　大都市圏ガバナンスの類型・再考

図6-2　釜山大都市圏の設定

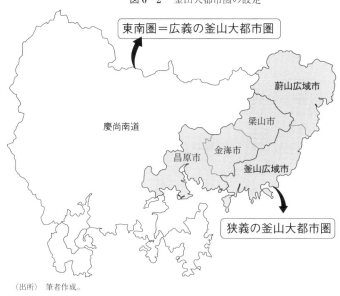

(出所)　筆者作成。

果たしているが，存在理由（目的）や守備範囲がそれぞれ異なっているために衝突したり軋轢が生じたりする場合がある。いわゆる大都市圏ガバナンスに関する議論が提起されているのである。その主要な論点は，次の通りである。

　第1に，東南圏の共同危機状況を克服するための戦略が必要である。共同危機状況とは，まず，歴史的・文化的背景が同一である3つの広域自治団体——釜山・蔚山・慶南——が分離されているため，広域行政および共同発展戦略を策定する際に障害要因となっている。また，資源紛争や非生産的な誘致競争の深化，政策執行費用の増大および社会統合の阻害，釜山を中心とした大都市圏の範囲拡大によって，広域行政需要の増大等が問題となっている。かくして，軋轢の解消および共同危機の克服のための戦略が必要となる。また，他地域との競争の際，優位性を確保する方法および戦略的接近による地域発展の方案を模索しなければならない。

　第2に，大都市圏の断片化問題とともに周辺の大都市特例適用都市の増加にも対応することが必要となった。釜山の立場では，広域自治体だけではなく，

大都市特例が適用される昌原市・金海市との協力も重要となったからである。たとえば，行政サービスの共同提供，国家事業の誘致および便益の共同享有など自治体間の相互依存性が大きくなっていたにもかかわらず，利用可能な協力手段は限られていたからである。つまり，既存の方法——行政協議会，地方自治団体組合，東南圏広域経済発展委員会など——は，実効性が低い制度的接近であり，広域連合，行政統合など新しい方法の模索は法律の制定・改定が必要になるという限界がある。さらに，特定の代案に関する自治体の立場はそれぞれであり，利害関係者間に戦略的・政策的連帯の可能性を最大限活用する必要がある。

第3節　今後の釜山大都市圏ガバナンスの課題

(1) 東南圏の課題に対する市・道間問題意識の共有

今後，釜山大都市圏ガバナンスがうまく働くためには，主要な利害関係者である市・道間の問題意識の共有が必要である。第1に，東南圏の主要争点に関する合意や認識の共有が必要である。たとえば，東南圏新空港建設は初め釜山広域市（加德島）と慶尚南道（密陽）の誘致競争から出発した。その後，釜山対大邱・慶北へと変化していき，最終的に既存の金海国際空港（釜山市）を拡張することで決着した。また，釜山広域市と慶尚南道間の広域上水道問題も代表的な軋轢の事例である。慶尚南道の南江ダムの水を上水源として釜山広域市に供給することに一部の地域が反対している。なお，広域交通問題の解決のための交通網（バス，鉄道，軽量電鉄，道路）の連携も重要である。

第2に，懸案問題を解決するために，実質的な協力の推進と制度改革案の準備が必要である。事案が発生した時に政治的イシューとするのではなく，問題解決のために，実質的な協力を重視すべきである。また，法律制定・改定または制度改善を通じて，大都市圏ガバナンスの手法を増やすことも重要である。

(2) 釜山大都市圏ガバナンスのための成功モデルの提案

そこで，図6-1で示した「大都市圏ガバナンス・モデル」をもとに「釜山

第6章 大都市圏ガバナンスの類型・再考

図6-3 釜山大都市圏ガバナンスのための成功モデルの定立

(出所) 筆者作成。

　大都市圏ガバナンス」を"連携協力型","消極的機能移転型","積極的機能移転型","行政統合型"の4つの類型から展望したい。これから議論する際に,釜山大都市圏ガバナンスのために最適のモデルは何であり,近年の国内・外の地域空間改編の動向および大都市圏ガバナンス手法を最もよく説明するモデルとは何かに焦点を合わせる必要があるだろう(図6-3)。

①連携協力型

　市・道間では基本的に相互協力しようとする考え方が前提とされている。したがって,このモデルは自治体が原則的に事案ごとに協力しようと努力するが,非公式的・任意的協定によって問題を処理し調整する方式である。大都市圏ガバナンスは大都市圏政府がなくとも可能であるということをみせる類型であり,長期的に統合大都市圏政府の検討のための基礎的な努力である点で意味深く重要である。ただし,協定の法的・制度的拘束力が低く,業務推進力の低下が憂慮される。

②消極的機能移転型

　既存の広域自治体と基礎自治体はすべてそのまま存在する。このモデルの特徴は,広域自治団体の一部の権限または機能を新しく設置する別の組織に移転して担当させることにある。既存の自治体と新しい組織との間に機能面で重複がないように調整することが重要であり,広域自治体が新しい組織の活動にど

のくらい積極的に協力するかが成功のカギとなる。新しい組織の構成は，市・道知事（市長）の合意によって機関長を任命し，職員は公務員の派遣や民間専門家（研究員）の採用によって補充する方式である。李明博政府の時に施行され，朴槿惠政府に入って廃止された"5＋2広域経済圏"ごとに設置された「〇〇圏広域経済発展委員会」がその例である。このモデルに対しては"屋上屋"の機構化によって増えた利害関係者間に軋轢が誘発される可能性が高いという憂慮が存在する。

　③積極的機能移転型

　このモデルでも既存の広域自治体と基礎自治体はすべてそのまま存在する。このモデルの特徴は，広域自治体らが新しい特別地方自治体を設置することに合意し，消極的機能移転型に比べて，より多くの権限または機能を移転して担当させることにある。組織の構成と関連して，現行の自治体と同様に，住民による直接選挙によって新しい代表者（首長や地方議員）を選出して機関対立型にする方法，首長または地方議員のどちらかを選出しないで統合して運営する方法，所属市・道の選出職公務員（市・道知事や地方議員）による間接選挙で委員会を運営する方法などが考えられる。職員の構成は「消極的機能移転型」のそれと同一である。韓国ではその例がないものの，日本の「広域連合制度」がその代表的なものである。優先的に地方自治法の改正などが必要となっており，国家の出先機関である「特別地方行政機関」の権限や機能なども委譲することができる。

　④行政統合型

　一定の圏域に存在する個別広域自治体の特性いかんを問わず，それらを廃止し統合して完全に新しい1つの自治体の下に置こうとする方式である。既存の広域自治団体（市・道）は廃止し，基礎自治団体（市・郡・区）は全部残存させる一方，新しい上層構造として「特別自治道」（仮称）を発足させる方策がある。これらは新しい法人格をもつ広域自治団体として，既存の広域市・道と同様に執行部（知事）と議会を置き，その代表者らは住民の直接選挙により選出される。新しい広域自治体は，地方分権的・国土均衡発展的次元で既存の広域市・道の権限に加えて新しい権限と財源を中央政府から委譲できるように措置

すべきである。この場合，以前の全公務員が新設される団体の公務員として承継されて組織を構成することになる。「行政統合型」は，中央政府と国会の意志や関係自治体の同意など課題が山積しており，急進的でありすぎるという指摘がある。それゆえ，長期的な検討課題として持続的な研究が必要であろうが，現在でも重要な選択肢として意味をもつ。

（3）広域市・道，市・郡・区の立場と考え方の把握および調整

今後の釜山大都市圏ガバナンスを考えるために必要なもう1つの課題は，この地域圏に存在する計42の自治団体——3広域市・道，39市・郡・区——それぞれの立場と考え方を把握し調整していくことである。

そのためには，まず，市・郡・区ごとに多様な考え方および利害関係を具体化することが必要である。また，人口規模が大きい自治体であればあるほど，改編の時，主導権を行使する可能性が高いため，自治体間で"貧益貧，富益富"とならないような緩和策を模索すべきである。そして，ガバナンス改編問題に対する市・道知事および市・郡・区の団体長や議会議員，地域住民，各種地域団体が明確な立場を表明して，それを契機として大都市圏ガバナンスに対する議論が活性化することが期待される。なお，知事間覚書締結によって地域の各種研究機関（たとえば，発展研究院，テクノパークなど）ないし学会へ共同研究が発注され，釜山大都市圏に関する基礎資料および2次資料が作成され蓄積された後，それらを通じて判断の根拠とすべきである。最後に，大都市圏ガバナンス改編の方向性は住民投票で決定することが必要であり，その際，法律改正が必要となる。

第4節　釜山大都市圏ガバナンスのための提言

今日，大都市圏の断片化は程度の差はあるものの，全世界に存在する一般的な現象であるように思われる。ただし，大都市圏ガバナンスの手法をはじめ，実際に大都市圏をどのように管理・運営することが望ましいかに関しては，国ごとに異なる議論が存在する。したがって，本節では，釜山大都市圏のガバナ

ンスのために実質的に必要な2つの提言を行い，結論に代えたい。

　第1に，大都市圏ガバナンス・モデルのトレンド研究および相互間の情報の共有を通じて，時代的変化を反映した大都市圏ガバナンス・モデルの修正が要求されている。全世界で多様な方法が試みられているため，新しい類型の誕生の可能性もないわけではない。各国の大都市圏ガバナンスの現状や課題を研究し，比較研究を通じたモデルの修正ないし新モデルの開発を推進していくべきである。そのためには，全世界的なトレンド研究およびその結果の蓄積，情報共有のための国際学術交流の拡大，大学・学術団体などの実績を中央・地方政府と共有し，政策開発の基礎資料として活用することなどが必要である。

　第2に，釜山大都市圏ガバナンスのために望ましい方向を提案すると，この地域圏の共同発展のためにより実践的な方法を考究していく必要がある。具体的に言えば，"緩い連帯"である「連携協力型」と「消極的機能移転型」よりも，「積極的機能移転型」と「行政統合型」を中心に議論を展開していくべきである。東南圏の3つの市・道，人口100万人以上の市（昌原市），人口50万人以上の市（金海市）の場合，それぞれの立場には違いがあるだろう。結局，それぞれ特別な接近方法を採用する必要がある。制度改革の仮想シナリオを設定し，制度改革のロードマップと連動させて，計画的に対応して，戦略を立てなければならない。

　また，制度改革の仮想シナリオを作成し，モデルを考える時にいくつかの点に注意すべきである。まず，釜山・蔚山・慶南地域の立場の差を考慮した仮想シナリオの作成が必要である。合意の成否（成功か失敗か）や合意の水準（全員か部分か）によって「東南圏特別自治道」（仮称）を設置するのか，それとも「東南圏広域連合」（仮称）を設置するのかが決定されるだろう。次に，「東南圏特別自治道」（仮称）モデルを具体化するためには，次の6つの課題の解決が必要となる。まず，第1に東南圏の地域住民が共感することが重要である。第2に地域政治家のリーダーシップと決断力の発揮も重要である。第3に特別自治道の全国化または部分拡大適用の可能性に対する対応も必要である。第4に法・制度的装置の準備過程での利害関係者間の軋轢の調整も必要不可欠である。また，第5に統合後「選択と集中」による否定的な波及効果（道庁の位置，

地域近郊発展および過疎地対策の準備）の制御が必要である。最後に，第6に「東南圏広域連合」（仮称）モデルを構想するためには変数選定が重要である。たとえば，構成自治体の範囲，議員の選任方法，執行機関選任・構成方式，広域連合の機能および機能遂行方式などを考慮しなければならない。

[付記]　本稿は，李，2006を基にして作成したものであり（とくに，第1～2節），統計などを修正・補完した。

注

(1) Hamilton, 1999, p. 33.
(2) 今村，1994，2頁。
(3) 断片化という現象は，学者によって若干異なる表現で定義されてきた。たとえば，「大都市圏において都市地域全体に対して責任のある地方政府がなく，ただ一部分に対して責任をもっている幾つかの地方政府がそれぞれ共存していること」(Barlow, 1981, p. 15) あるいは「単一都市圏の範囲内に多数の地方政府があること」(Barlow, 1991, p. 18) や，単に「過度に多くの地方政府単位があること」(Lefèvre, 1998, p. 12)，V. ジョーンズの「多数の政府単位に人為的に分かれていること」(Stephens and Wikstrom, 2000, p. 40) や，「小規模自治体（またしばしば学校区）の群集化」(Oakerson, 2004, p. 24) や，「地方政府の『寄せ集め（crazy quilt）』類型」(Percy et al., 2002, p. 1, Oakerson, 2004, p. 26) などがある。
(4) Oakerson, 1999, p. 80, 2004, p. 24, Phares ed, 2004.
(5) Stephens and Wikstrom, 2000, p. 47, Shaffer, 2004, p. 117.
(6) 「大都市圏ガバメント」と「大都市圏ガバナンス」の比較については，李，2006，36頁を参照。
(7) Sharpe, 1995.
(8) Lefèvre, 1998, p. 10.
(9) Lefèvre, 1998, p. 18.
(10) Paiva, 2003, p. 29.
(11) Paiva, 2003, p. 30.
(12) Lefèvre, 1998, p. 18.
(13) Sharpe, 1995, Lefèvre, 1998, Bourne, 1999, Jouve and Lefèvre, 2002a, 2002b, 2002c, Phares, 2004.
(14) Sharpe, 1995, p. 13.
(15) Sharpe, 1991, p. 1, 1995, pp. 12-13.
(16) Barlow, 1998, p. 2.
(17) Barlow, 1981, p. 138.
(18) Mitchell-Weaver et al., 2000, p. 865.

(19) Savitch and Vogel, 2004, p. 763.
(20) Bourne, 1999, p. 30.
(21) Bourne, 1999, p. 30.
(22) 田村, 1986, 131頁。
(23) 田村, 1986, 124頁。
(24) 田村, 1986, 124-125頁。
(25) Oakerson, 1999, p. 73.
(26) Oakerson, 1999, p. 73.
(27) 申, 1984, 796頁, 成, 1993, 1279頁。
(28) 釜山商工会議所, 1989, 229頁。
(29) 金, 1997, 31頁。
(30) 金, 1997, 31頁。
(31) 成, 1993, 1279頁。
(32) 行政自治部, 2015, 397頁。
(33) 50万人以上の都市は15（水原，昌原，高陽，城南，龍仁，富川，清州，安山，全州，南楊州，安養，天安，華城，金海，浦項）であり，この中で水原市の人口が117万4228人で最大であり，浦項市の人口が51万9368人（2005年1月1日基準）で最低である（行政自治部, 2015, 207頁）。
(34) 鄭, 1989, 39-41頁。
(35) 現在，韓国では広域市ではない人口50万人以上の一般市を広域市と一般市の中間形態である「特定市」（仮称）に引き上げる調整をして，正しい役割を果たすようにすべきであるという意見が活発に提起されている。こうした意見は2004年4月に11の一般市の市長で構成，出帆した「全国大都市市長協議会」が6月に「特定市」導入とともに「大都市特例法」の制定を政府に要請することによって具体化した（『中央日報』2014年7月5日付）。
(36) Gu, 2013, p. 535.
(37) 釜山発展研究院・蔚山発展研究院・慶南発展研究院, 2007, 39頁。
(38) 詳細は，釜山発展研究院・蔚山発展研究院・慶南発展研究院, 2007, を参照。

引用参考文献一覧
［日本語文献］
今村都南雄, 1994,「ガバナンスの観念」『季刊行政管理研究』No. 68。
田村浩一, 1986,「政令指定都市の問題点」『都市問題研究』第38巻9号。
李政碩, 2006,『日・韓における大都市圏ガバナンスの研究：大都市制度の導入を通じた大都市圏内地方政府の再編と関連して』東北大学法学研究科博士学位論文。

［英語文献］
Andersen, H. T., F. Hansen and J. Jørgensen, 2002, "The fall and rise of metropolitan government in Copenhagen," *Geojournal*, Vol. 58.

第6章 大都市圏ガバナンスの類型・再考

Barlow, I. M., 1981, *Spatial Dimensions of Urban Government*, Research Studies Press.
Barlow, I. M., 1991, *Metropolitan Government*, Routledge.
Barlow, I. M., 1998, *Amsterdam and the Question of Metropolitan Government, Amsterdam : AME*, Amsterdam Study Centre for the Metropolitan Environment.
Bourne, Larry S., 1999, "Alternative Models for Managing Metropolitan Regions : The Challenge for North American Cities," *Prepared for International Forum on Metropolization*.
Feiock, Richard C., ed., 2004, *Metropolitan Governance : Conflict, Competition, and Cooperation*, Georgetown University Press.
Grigsby, J. Eugene Ⅲ, 1996, "Regional Governance and Regional Councils," *National Civic Review*, Vol. 85, No. 2, Spring-Summer.
Hamilton, D. K., 1999, *Governing Metropolitan Areas : Response to Growth and Changet*, Garland Publishing.
Jouve, Bernard and Christian Lefèvre, 2002a, "Introduction," in Bernard Jouve and Christian Lefèvre, eds., *Local Power, Territory and Institutions in European Metropolitan Regions*, Frank Cass.
Jouve, Bernard and Christian Lefèvre, 2002b, "Urban power structures : territories, actors and institutions in Europe," in Bernard Jouve and Christian Lefèvre, eds., *Local Power, Territory and Institutions in European Metropolitan Regions*, Frank Cass.
Jouve, Bernard and Christian Lefèvre, 2002c, "The metropolitan city of Bologna : from the 'Third Italy' to the Second Republic," in Bernard Jouve and Christian Lefèvre, eds., *Local Power, Territory and Institutions in European Metropolitan Regions*, Frank Cass.
Lefèvre, Christian, 1998, "Metropolitan Government and Governance in Western Countries : A critical Review," *International Journal of Urban and Regional Research*, Vol. 22, No. 1.
Mitchell-Weaver, Clyde et al., 2000, "Multilevel Governance and Metropolitan Regionalism in the USA," *Urban Studies*, Vol. 37, No. 5-6.
Oakerson, Ronald J., 1999, *Governing Local Public Economies : Creating the Civic Metropolis*, ICS Press.
Oakerson, Ronald J., 2004, "The Study of Metropolitan Governance," in Richard C. Feiock, ed., *Metropolitan Governance : Conflict, Competition, and Cooperation*, Georgetown University Press.
Paiva, Antonio Aranda, 2003, *Relevance of metropolitan government in Latin American cities : Inter-institutional coordination in Caracas, Venezuela and Monterrey*, Universiteit Utrecht.
Percy, Stephen L., Scott Sager, Les Singer, and Jarad Parker, 2002, "Creating Metropolitan/Regional Government : The Tales of Five Cities," *Research and*

Opinion, Center for Urban Initiatives and Research, University of Wisconsin-Milwaukee.

Phares, Donald, ed., 2004, "Governance or Government in Metro Areas ? -Introduction," in Donald Phares, ed, *Metropolitan Governance without Metropolitan Government*, Ashgate.

Savitch, Hank V. and Ronald K. Vogel, 2004, "Suburbs without a City : Power and City-County Consolidation," *Urban Affairs Review*, Vol. 39, No. 6.

Shaffer, Stuart, 2004, *Principles of American Metropolitan Governance*, Llumina Press.

Sharpe, L. J., 1991, "The Rise and Fall of the Metropolitan Authority ?," *Working Paper*, No. 38.

Sharpe, L. J., 1995, "The Future of Metropolitan Government," in L. J. Sharpe, ed., *The Government of World Cities : The Future of the Metro Model*, Wiley & Sons Ltd.

Stephens, G. R. and N. Wikstrom, 2000, *Metropolitan Government and Governance : Theoretical Perspectives, Empirical Analysis, and the Future*, Oxford University Press.

［韓国語文献］

金鎔珍，1997，「地方自治団体の種類・地方自治団体の法人格及び管轄」金鐵容編著『註釈地方自治法』韓国司法行政学会。

行政自治部，2015，地方自治団体行政区域及び人口現況（2015年1月1日現在）。

Gu, DongHuei, 2013, "A Study on the Changes of Commuting Areas in the Busan Metropolitan Area," *Journal of the Korean Geographical Society*, Vol. 48, No. 4.

申相墩，1984，「釜山市政の昨日と今日」釜山直轄市編『直轄市二十年』釜山直轄市。

成浩徳，1993，「釜山市政の昨日と今日」釜山直轄市編『直轄市三十年』釜山直轄市。

鄭世煜，1989，「道と大都市間の権限及び機能配分と監督の改善方案」韓国地方行政研究院編『大都市（人口100万人未満）の特例範囲』。

釜山商工会議所，1989，『釜山商工会議所百年史』（1889～1989）。

釜山発展研究院・蔚山発展研究院・慶南発展研究院，2007，『東南圏の空間構造変化と地域発展方案』。

第7章
北東アジア広域都市圏の発展戦略とガバナンス

朴　在郁／柏原　誠 訳

第1節　問題の背景：韓国における地域発展政策とその変化

　韓国では，2013年に朴槿惠（パク・クネ）政権が発足して以降，地域発展政策に大きな変化がみられる。李明博（イ・ミョンバク）前政権が構想した地域政策の中心であった「広域経済圏」政策が修正され，「地域幸福生活圏」政策に転換されたのである。「広域経済圏」では，グローバルな地域競争力の向上を目的とし，2～3の広域市と道を統合して1つの広域経済圏として5圏域を設定したものに，済州道と江原道（プラス2）を加えて「5プラス2広域圏域」(1)に再編しようとするものであった。しかし，朴槿惠政権の幸福生活圏では，住民の幸福と地域競争力向上を目的に，住民生活，サービス利用等で連携した複数の市および郡を対象として，自律的に住民の生活圏を反映した圏域を設定す(2)ることとしている。そして，その推進システムも，市・道や市・郡が自律的に協議して中央の地域発展委員会の地域発展5カ年計画および市・道発展計画を中心として事業を推進することが求められる。

　このような地域発展政策の転換の背景には，これまで広域経済圏発展委員会の法的権限の制限，財源支援の弱さ，政府と国民の関心の不在等によって，広域経済圏の推進に限界がみられたということがある。とりわけ政府主導で設定された広域経済圏は，自治体の実情や要求・期待を無視したまま，一方的に進められたという大きな問題点を有するばかりか，当の自治体の自発的協力と推進意欲自体が弱かった。広域経済圏政策が4～5年という短期間に成果をあげることを求めるプロジェクトではないものの，経済のグローバル化に伴って先進諸国が広域経済圏を形成して地域イノベーションと合理的かつ効率的な政府

間広域ガバナンス（governance）形成を推進している実情を考えれば，この限界が21世紀における国家および地域の生存戦略上の憂慮をもたらすのも事実である。幸い地域幸福生活圏政策でも強調しているように，自治体間の連携協力による広域圏の発展を中心として，単に名称の上だけでの広域経済圏という概念ではなく，実際の事業内容において，複数の自治体間（市・道間，市・道と市・郡・区間，市・郡・区間）の連携協力なくしては地域幸福生活圏政策自体が推進できないことは明らかである。地域幸福生活圏においては，広域圏域は李明博政権の広域経済圏より規模は縮小するが，はるかに多様なものとなり，自治体間の連携協力が必須要件となるだろう。

　本章の目的は，韓国の釜山広域市を中心にした「東南広域圏」，日本の福岡市および北九州市を中心にした「九州広域圏」，中国の青島市を中心にした「青島広域圏」の3広域圏の地域発展と競争力強化のための発展戦略と連携協力事業を明らかにし，これらを円滑に推進するシステムとして広域行政および広域ガバナンスの態様を比較考察することである。現在，北東アジア諸国や諸都市では，地域発展政策であれ戦略推進システムであれ，国家間・地域間において，その発展過程や形式に差異がみられる。しかしながら，広域圏推進を通した地域競争力強化というビジョンや目標は，アメリカやヨーロッパ等の先進国家と共有していることが重要である。つまり，本章の目的を簡単に言えば，北東アジアの主要広域経済圏から韓国の東南広域圏と日本の九州広域圏，そして中国の青島広域圏の地域発展戦略と自治体間・公民間ガバナンスを比較研究することである。

第2節　先行研究と分析対象の検討

（1）3広域圏連携協力の現状と先行研究

①韓　国

　韓国において，自治体間連携協力に関する研究は，主に1990年代後半以降，持続的に行われてきた。[3]第1に，法制度整備に関する研究は，主に草創期に多数みられた。キム・センス，1996，キム・ジョンホン，1998，イ・テジョンと

キム・ヨンジョン，1998およびキム・グァンジュ／チェ・グンヨル，1998は自治体間協力のための都市間協議会を法定団体として認定し，財政的支援の必要性を強調しつつ，計画立案権，実質的な審議調停権を付与すべきと主張した。第2に，連携協力方式と協力事業の効率化と多角化に関する研究が2001年以後あらわれ始め，ペ・ジュング，2001，イ・ジョンファ，2001，シ・ジェミョン，2002等が連携の主体と方式，協力事業の内容面を強調しつつ，公民の多様な協力と提携のネットワーク創出の必要性を明らかにした。第3に，連携協力のための制度的装置の強化，とくに財政的支援とインセンティブ活性化を強調した研究として，ペ・ジュングとアン・ヨンフン，2003，キム・ソンギとハン・ピョファン他，2003がある。第4に，2003年以降，自治体間連携協力過程や事業に対する検討および評価についての研究が進んだ。たとえば，ハン・ピョファンとキム・ソンギ，2003，キム・スヌン他，2009といった研究が代表的である。第5に，最近，広域経済圏構築と活性化に関する議論とともに，広域経済圏と関連した連携協力についての研究が新たに台頭している。とくにパク・ジェウク，2009は，広域経済圏の都市間協力体制の基本枠組として政府協力，市場協力，社会協力，インフラ協力の4種類の連携協力を示しつつ，領域ごとに多角的で多様な協力を模索している。

しかし，依然として自治体間連携協力のための法制度の未整備，自治体の境界，行政障壁による自治体間事業の非効率性，財政的基盤および経済的動機づけの弱さ，連携協力プロセスおよび結果に対する評価・フィードバックシステムの不在，そして広域経済圏活性化のための政策的意識の欠如等により，自治体間連携協力はまだ低水準にとどまっている。

②日　本

日本では，中央政府主導の動きと別に，地域ごとに自発的な広域圏の形成がみられ，地方政府間の連携協力が行われている。その形態は，単純な交流・連帯から事業連合や政策連合，一歩進んで広域ガバナンス機構創設を目標にした広域連合まで多様である。第1に単純交流型では，北東北広域連携構想（青森，岩手，秋田県），南とうほくSUNプラン（宮城・山形・福島県および仙台・山形・福島市）等が代表的なものであり，これらは，既存の行政境界を超え，近隣自

治体や民間の人的・物的交流と政策アイディア交流等を活性化する動きである。第2に政策連合型では，九州地方知事会および九州地域戦略会議が主導する九州政策連合（観光推進が中心）があるが，各県共通の課題について連携して事業を実施することが特徴である。現存する広域連合では関西広域連合があり，九州広域行政機構と北海道・東北未来戦略会議等が今後広域連合を構想している。

　阿部昌樹は日本における自治体間連携の多様な方式を法規定により4種類に分類している。[5]第1に，地方自治法に規定された方式である。すなわち，公共施設の区域外設置および共同利用，協議会，機関等の共同設置等13種類に分類される。第2に，地方自治法以外の法律に規定されている方式である。たとえば，「平成大合併」の過程を通じて全国各地に設立された「合併協議会」（市町村の合併の特例等に関する法律）がこれにあたる。第3に，自治体間連携と関連する既存の法的枠組を利用したもので，「地方分権推進に関する意見書」，「三位一体の改革」（地方6団体），地方分権推進法制定（地方分権推進委員会）等にみられた連携協力方式である。そして，第4に，法律上の根拠をもたない事実上の自治体間連携方式であり，全国的，地域的，特殊目的を有する形態から構成される。

　③中　国

　中国の都市群現象や広域圏に関する研究は，1990年代と比較的最近に始まったにもかかわらず，多くの成果が蓄積されている。中国初の本格的な都市群研究の嚆矢である姚士謀等，1992を筆頭として，周一星，1995の都市連鎖地域研究等があり，長江デルタ都市群現象を研究した莫建备他，2005と，左學金，2006，纪晓岚主編，2006の研究等とともに，珠江デルタ都市群分析を重点的に行った王珺，2008，陈广汉・袁持平，2008，闫小培・曹小曙等，2008の研究等，数多くの研究が行われた。しかし，中国の広域経済圏の形成は，過去の地方政府間競争と利害関係の先鋭的な対立によって合理的な協力体制が整わず，最近まで地域の自己中心的な傾向をあらわしていた。一方，広域ガバナンスの必要性は，政策決定権と統制権をもつ利益主体としての行政圏と経済法則や市場論理によって作動する経済圏との間の相互矛盾と対立により惹起された。したがって，広域圏の新しいガバナンス構築に関する論議も，行政圏と経

済圏との矛盾をどのように克服するかという問題認識から出発している。2000年代以降，広域経済圏発展戦略および協力体制について多くの研究が産み出されたが，特に各広域経済圏が成長発展しながら各広域圏の特長と限界を比較して政策的示唆を得ようとする研究が多い。各広域圏間比較研究を進めている最近の研究としては，吴敬华・祝尔娟他，2007，史占中・罗守贵主编，2007，张军扩・侯永志主编，2008，李澜主编，2011，叶必丰・何渊主编，2011他の研究が注目に値する。

（2）分析の対象と範囲

現下の経済のグローバル化と情報化に対応して，西欧の大多数の大都市地域は競争と協力を通じて国際舞台での経済発展の主体となるとともに，生産方式の空間的特性，広域圏の境界，地域間差異，統制と協調を強調するようになっている。これにより，広域都市圏の概念とカテゴリーは国家ないし地域別に法的定義が多様になり，特定の法的定義なしに説明・分析することが不可能になった。

本章は，韓国の東南広域圏，日本の九州広域圏，中国の青島広域圏を研究対象としている。特にこれら広域都市圏が進める広域圏発展戦略の背景と要因，基本計画および主要プロジェクト，そして推進システムやガバナンス等を焦点として，同じ基準の下で比較考察する研究方法を適用しつつ，各広域都市圏間の相互交流や相互協力関係も分析した。本章で比較対象とした3広域圏は，国家の産業・物流等の中心地として，今後予想される拠点都市間の協力と競争を通じた北東アジア経済共同体への発展という長期的・戦略的重要性が非常に大きいと思われる。

各広域圏を次の通り定義する。韓国の「東南広域圏」は国家均衡発展法に規定された法的定義である「東南広域経済圏」と同一の範囲と定義する。日本の「九州広域圏」は「国土形成計画法」で定義する「九州圏」の一部である福岡市と北九州市を中心にした福岡＝北九州大都市圏のみを分析対象として設定する。そして，「青島広域圏」は中央政府の「第12次5カ年国家計画」と「全国都市化建康発展促進計画」にもとづいて青島市が立てた「青島市城市総体計画

要綱」の空間計画である「青島大都市圏」を対象とした。

　とくに中国は「第11次5カ年国家計画」において，初めて「都市圏」を用い，広域都市群形成戦略を採用して以来，持続的に広域都市群を育成してきている。これら比較対象となった広域圏は，国家の地域発展戦略や計画に依拠した広域圏を対象に，人口数と面積等を基準に，実際に作動する広域行政システムおよび組織の構成と運営そして広域ガバナンスの構築等を総合して考慮した結果，選ばれたものである。

　本章は，新地域主義理論（new regionalism）にもとづく新しい地域発展の特性，すなわち地域のグローバル競争力強化，広域圏内の地域および地方政府間の連携・協力の強化，そして拠点都市中心の広域圏開発等を理論的な基盤としている。

（3）比較対象広域圏の現況および特徴

①東南広域圏

　韓国の東南圏（釜山広域市，蔚山広域市，慶尚南道）の面積は1万2343.7km^{2}で全国の12.4％を占め，人口は801万人（2013年）で全国の16.1％を占め，首都ソウルの次に人口が多い地域である。さらに，東南圏内で最大の面積をもつ地域は慶尚南道（1万521km^2）であり東南圏全体の85.2％を占めている。最大の人口を擁する都市は釜山市353万人で，東南圏全体の46.2％を占める。

　東南圏の地域内総付加価値額（2005年）は107兆7770億ウォン（全国の16.7％）で，就業者は358万8000人（全国の15.7％）で人口の全国シェアと同水準である。とくに東南圏は第2次産業の比重が高い地域で，地域内総付加価値額でみると全国の20.4％，就業者数で17.6％を占めている。

　国内総生産額の圏域別シェアで東南圏は19.3％（336兆566億ウォン）を示し，首都圏（44.9％）に続き第2位の規模を誇る。また，東南圏の地域総生産は160.7兆ウォンで全国の17.6％を占め，首都圏（47.7％）とともに2大経済圏を構成している。

②九州広域圏

　九州地域は日本列島の南西部に位置していて，福岡，佐賀，長崎，熊本，大

分,宮崎,鹿児島の7県で構成される。面積は日本全国の11％,人口は10.4％,地域総生産額は9％を占め,「日本の1割（10％）経済」と表現される。しかし,船舶竣工実績は33.4％,IC（集積回路）生産量が31.5％と,日本全国の約30％を占めるほどの一大生産拠点でもある。九州の工業出荷額は18.2兆円で,自動車やIC関連産業の集積が進み,その地域総生産額（GDP）は世界16位のロシアと比肩しうる規模（3717億ドル）である[14]。産業からみると,九州は日本の4大工業地域の1つであり,石炭,鉄鋼,化学,造船等の素材型重化学工業が発達しており,1990年代に入り,生産拠点の地方分散,円高現象等で,首都圏からの工場を受け入れて,半導体,電機・電子,自動車等の高度加工組立産業と情報関連先端産業の比重が高まっている。九州地域の産業構造は,従来の鉄鋼,化学等の基礎素材型産業から自動車,ICのような加工組立型産業に転換中だといえる[15]。

③青島広域圏

中国の青島市は,国家レベルの経済発展地域である山東省藍色経済区に属し,拠点都市として,山東半島藍色経済区発展計画の下で発展している[16]。この藍色経済区建設は中国の地域発展が大陸経済から海洋経済へ拡大したことを意味し,大陸と海洋を総合的に発展させる重要な戦略的措置であるために,山東省だけでなく中国全体の経済発展にとって新しい成長拠点となると期待されている[17]。2014年からは藍色経済区内に中日韓地方経済協力モデル地区を設置し,韓国企業と日本企業を積極的に誘致して,新興産業・先端製造業・サービス業を発展させることによって3国間経済協力を拡大し,産業高度化と発展を牽引するという構想が具体化されつつある[18]。山東省経済発展の牽引車の役割を担う青島は,最近9年間,年平均30％前後の高い経済成長率をみせるなど急速に成長している中国の代表的沿海都市である。地域総生産でみると,中国上位10大都市の中では,2011年に1人あたりGDPが1万ドルを超過した[19]。これは,2005年第11次5カ年計画以降,推進してきた圏域別拠点都市群戦略が一定の効果をもったことを意味している。青島市は,中華人民共和国行政体制上,山東省内17箇地級市の1つであり副省級市である[20]。その傘下に6つの市轄区そして4つの県級市をもち,青島経済技術開発区,保税区,ハイテク産業開発区,

表7-1　3広域圏比較

名　称	青島城市圏	東南広域経済圏	北九州圏
面　積	青島広域圏：12,753km^2（青島市管轄区域：11,282km^2／青島市内区域：1,471km^2）	東南圏：12,343km^2（釜山広域市，蔚山広域市，慶尚南道）	北九州圏：13,531km^2（福岡県［福岡市，北九州市等を含む］：4,977km^2／佐賀県：2,440km^2／山口県：6,114km^2）
広域圏人口	766万人（青島市管轄区域戸籍人口）	762万人（東南圏）	約800万人（北九州圏：福岡市周辺100km内交流圏）
拠点中枢都市人口	277万人（青島市中心人口）	352万人（釜山広域市域内人口）	236万人（福岡都市圏：福岡市138万人＋北九州市98万人）
中央統括機構	国家発展改革委員会，国務院傘下財政部・国土資源部・住宅建設部等10余個中央部処	地域発展委員会	国土交通省国土計画局，経済産業省地域経済産業局
地域広域機構	山東省政府および青島市政府	東南圏広域経済圏発展委員会（2014年廃止）	九州圏広域地方計画協議会
法的根拠	第12次5カ年国家発展計画　全国都市化健康発展促進計画（2011～2020年）：新型都市化，城市群（Megalopolis）形成	国家均衡発展特別法	国土形成計画法
広域発展計画	青島市城市総体計画（2011～2020年）	東南圏広域経済発展計画	九州圏広域地方計画

（出所）　統計庁資料，東南圏広域経済発展委員会，2013b，九州経済調査協会，2009，九州経済産業局，2009，青島市政府，2013による。

青島輸出加工区等4つの国家クラスの対外開放重点区が位置している。[21]

　韓国は青島の第1の輸入先であり第3の輸出先として韓国―青島間輸出入総額（2011年）は86.6億ドルであり，そのうち韓国の青島への輸出額は46.6億ドル，青島からの輸入額は40億ドルに達した。韓国企業の青島投資進出額（累計）は2010年末まで1万762件で，青島市に対する外国投資件数の48.1％を占めている。投資総額（累計）では209億ドルで，青島市投資金額の33.8％を占めるなど比重が大きい。[22]

表7-1は，3広域圏を面積，人口，中央総括機構，地域広域機構，法的根拠，広域圏発展計画等で比較したものである。

第3節　広域圏別発展戦略と地域間連携協力戦略および事業

(1) 広域圏別発展戦略の確立と展開
①東南広域圏：東南広域経済圏発展計画 (2009年) と地域幸福生活圏発展計画 (2013年)

釜山広域市を中心にした東南圏広域経済圏発展戦略は，盧武鉉（ノ・ムヒョン）政権の国家均衡発展政策と李明博政権の「5プラス2広域経済圏」により促進された。その推進システムとして広域圏別に広域経済圏発展委員会（略称：広域委）を設立し，中央の地域発展委員会（略称：地域委）の地域発展5カ年計画を地域委の広域圏発展計画，さらに市道レベルの市道発展計画，市区郡の基礎生活圏発展計画を連携させた計画体系を実施した。重点事業として，広域先導産業の育成，先導産業の人材養成，広域インフラ拡充を展開した。しかし，朴槿惠政権への交代で地域発展政策も変化した。2013年7月，朴政権は「地域幸福生活圏発展計画」を発表して，同年12月に国家均衡発展特別法改正を通じて法的根拠を整備した。すなわち，5プラス2広域経済圏政策が中央政府主導のトップダウンによって住民要求と乖離した開発型として進められ，かえって首都圏集中が進んだとの判断して，朴政権は地域幸福生活圏を構想したのである。地域幸福生活圏のポイントは，国家均衡発展特別法の改正と広域経済圏に代わって導入する地域経済活性化および地域共生政策であり，2～4つの市と郡を1つの生活圏で束ね，協力事業を通じて地域を発展させようとするものである。

このような制度変化は地域発展にとって効率的な側面もあるが，広域経済圏発展委員会が廃止になって広域経済圏に対する中央政府の関心が低下する危険性が大きく，行政圏域を越えた広域行政需要に対する制度的対応が弱まる結果をもたらした。

②九州広域圏：国土形成計画（2005年）と広域地方計画（2009年）

日本では，国土計画を国土形成計画と呼び，2005年に施行された国土形成計画法に根拠を有する法定計画となっている。中央政府が直接作成する「全国計画」と中央政府が地域の意見を反映して作成する「広域地方計画」と二元的になっているが，全国計画は2008年7月に策定・公表され，広域地方計画は2009年8月末に各ブロック別に策定された。国土形成計画の導入前は，日本の国土計画は全国計画に一元化されていた。

これと並んで日本の産業クラスター政策は2001年から経済産業省の主導で推進され，2002年からは文部科学省も研究開発と大学の役割をより強調した知的クラスター事業を推進している。地方政府も独自に地域クラスター育成を推進しているが，文部科学省の知的クラスター事業とともに伝統産業とコンテンツ産業のクラスター構築を推進している。地域内の産官学交流活性化を支援するために自治体，地域経済界，大学が協力している。産業クラスター事業の最終目的は地域の自立的発展を支援することであり，これは現在議論されている道州制導入にあたって重要な産業的経済的な土台になる点で今後より一層重要な意味をもつであろう。

③青島広域圏：青島市都市総合発展計画（2011～2020年）

1980年代以来，中国政府が推進した中小都市育成政策の広域経済圏ないし広域都市圏政策に転換したのは2006年の第11次5カ年計画以降のことである。続いて第12次5カ年計画においては，都市化政策の重要性が政策的に具体化されつつ，2014年4月に，国務院は国家新型都市化計画（2014～2020年）を発表したが，これは都市化に土台を置いた内需拡大によって中国の成長ダイナミズムを確保しようと考える習近平指導部の方向性を示したものであった。

国家新型都市化計画に先だって確立された青島市都市総合発展計画（青島市城市総体規劃）（2011～2020年）は，その前の総合発展計画（1995～2010年）の実施中に現れた問題点と経済・社会の発展を反映して，2009年人民代表大会を通過した。現在，この計画が実施中であり，修正された計画は都市化と産業構造調整に重点を置いて，"一主三輔"（青島市全体を中心に3つの補助的単位に分けて開発）政策を通じて全体の発展をリードするという構想である。青島市が推

進する都市発展計画は,科学の発展と持続可能な発展,海洋経済戦略の重視と海洋経済の広域化,そして現代的な国際都市の建設が目標の中心に据えられている。

今後,このような急速な都市化や都市中心の空間構造改編は地域ガバナンス管理体制に大きな変化をもたらすと予測されるが,これに伴って,政治・行政・社会的問題が少なからず発生すると思われる。空間集積と統合的地域管理方式により,産業と人口が巨大都市に集中して,交通混雑,環境汚染,水資源不足,都市型犯罪の増加等の問題が大きくなるだろう。また,中国特有の都市と農村の二重システムの克服も計画通りには進まず,戸口制度,集体土地移転[30]等中国政治行政体制のもつ構造を改革しない限り,都市群発展戦略と連携協力計画にとっての大きな障害となる可能性が大きい。

第4節　広域圏別連携協力政策および連携協力事業

(1) 東南広域圏：産業育成および人材養成強化と中枢都市生活圏の機能重視
①5プラス2広域経済圏政策：先導産業育成と人材養成および広域圏地域連携強化

李明博政権の広域経済圏政策は,共生と協力を強調する「創造的広域圏発展戦略」であり,市道間の競争と対立を克服し,圏域内外の共生と協力を通じた地域発展の追求を目的とした。広域経済圏政策はグローバル競争力を備えた経済圏を創造することについて,圏域別にビジョン・戦略を準備し,先行プロジェクトと広域連携事業を同時に推進した。

まず,先行プロジェクト支援体系においては,先端産業および人材育成が最優先の戦略目標であった。人材育成は,先端産業育成に必要な人材養成と産学協力を通した教育と雇用の連携を高めるために,産業育成と同時に進められた。[31]一方,広域経済圏連携協力は,広域経済圏発展計画から基礎生活圏と超広域連携協力事業とともに試行された。これは市・道間に分かれた事業推進をとりやめ,広域経済圏レベルで市・道間共同協力事業を促進する事業として広域経済圏発展委員会が主導しつつ,地域経済活性化を図ることが主な目的であった。

②地域生活圏政策：中枢都市生活圏の機能を重視

　朴槿惠政権の地域幸福生活圏政策は，住民が実生活において幸福や希望を実感する機会の保障と自律的な参加で政策の空白を解消することを目標としながら，空間戦略として，教育，文化，福祉，環境等の関連政策や事業を生活圏単位で統合・推進している。釜山広域市は，近隣の金海市（慶尚南道），梁山市（慶尚南道），蔚州郡（蔚山広域市）と連携した釜山中枢都市生活圏を構築しようとしているのであり，これは従来の慶南，蔚山等広域市・道と連携した広域経済圏構想に比べて，規模・範囲が小さいものである。

　中枢都市生活圏は人口規模，近接性，歴史的連携性および住民意識を総合的に考慮している。圏域は近隣市区郡が連携して自立するように設定されている。人口規模は釜山広域市が約353万人，金海市が約51万人，梁山市が約27万人，蔚州郡が20万人など合計約453万人で，東南圏の全人口約760万人の約60％を占める。総面積は2472km^{2}で東南圏全面積1万2343km^{2}の20％に過ぎない。決定過程では，関連自治体との協議を経て生活圏協議会（臨時）を構成し，生活圏構成案を作成する予定である。この協議会は緩い形態にとどまり，実質的な連携協力が機能するかどうかは不透明である。朴政権発足後3年が過ぎたが，地域幸福生活圏の連携事業はもちろん推進システムすら未確定である。

　しかし，地域幸福生活圏の広域生活圏を補完する政策であって，代替する政策ではない。高速交通網の発達で生活圏は地理的に隣接都市を越え，経済的，文化的，政治的，政策的な要因等によって，複合的で多様な圏域が形成されている。しかし，広域圏協力をすすめる自治能力が不足しているので，広域ガバナンスを一層強化する必要がある。

（2）九州広域圏：基幹（中枢）都市圏中心発展戦略および共同連携事業の活性化

①基幹（中枢）都市圏の形成推進

　日本国内の現行法に「大都市圏」と指定された地域は東京中心の首都圏，大阪中心の関西圏，名古屋中心の中京圏だけであって，各大都市圏は特別法によってその地位を認定されている。これに対し，九州内の大都市圏は法律上の認

定を受けているわけではない。しかし，JR九州，九州電力のような地域公益事業の特性上，これらが中心の経済界は，九州圏の独自発展戦略の樹立や道州制を指向する地域協力機構を創設することを継続して主唱している。[33]

基幹都市圏中心の発展戦略の特徴は大きく2点ある。第1に，基幹都市圏中心の広域連携戦略である。現在，九州全域の都市圏は基幹都市（基幹都市圏：指定都市および県庁所在市等），拠点都市圏（人口10万人以上の都市），基礎生活圏（その他の都市）の3種類に分類されている。[34]一方，圏域全体の観点で基幹都市圏間の機能分担の必要性を提示すると同時に，各都市圏の機能強化を図る事業を圏域連携事業のプロジェクトとして提案している。拠点都市圏は法的根拠をもっているが，基幹都市圏は法的根拠がなく，九州圏では関東圏や関西圏並みに凝集化された都市が未形成の状態である。基幹都市圏の母都市である福岡市，北九州市，福岡県は各々の発展戦略を推進中である。たとえば，福岡市は商業ビジネス育成を目標とし，北九州市および福岡県は地域産業育成等を目標としている。独自の発展戦略だけでは限界があることを自覚しているこれらの中枢都市は，2011年9月に，企業誘致のための税減免等を内容とした「グリーンアジア国際戦略総合特区」を共同で申請し，同年12月指定を受けたが，民主党から自民党への政権交替後，進展はみられない。

第2に，多極型国土構造における中枢都市圏形成である。福岡・北九州都市圏においては，持続的で魅力ある都市サービスの充実強化を目的として，福岡と北九州の機能分担と連携を図りつつ，アジアに向けて高度都市機能をもった基幹都市を形成することが重要な課題となっている。[35]

②共同連携事業

共同連携事業としては，広域行政計画の策定事業である第4次福岡都市圏広域行政計画（基本構想　2001～2010年度）および基本計画（2006～2010年）以外に，福岡都市圏広域行政推進協議会の独自事業である福岡都市圏総合水政策研究会（1991年7月），図書館広域利用（2001年4月～），体育施設の広域利用（2005年4月～），福岡都市圏広域行政事業組合を通した共同事業である筑後川流域交流推進事業（かっぱりんぐ事業）等をはじめとする水源管理政策，福岡都市圏ホームページ運営，流域連携基金事業，競艇事業，こども病院助成金，ときとき

フェスタ福岡助成金，高速道路整備促進期成会助成金，福岡フィルムコミッション負担金等の政策が進められている。[36]

とくに 2010 年度までの第 4 次福岡都市圏広域行政計画は，環境変化に適した対応を模索すると同時に，広域的課題に対する構成市町村の自主性・独自性の尊重ならびに緊密な連携・協調にもとづいて施策を総合的・一体的に推進するために広域行政計画を策定した。その特徴は水，ゴミ（環境），交通等都市圏共通の課題に取り組むことと，環境変化に対応した事業推進計画をたてたという点にある。

（3）青島広域圏：空間連携戦略および産業特化戦略
①全域統籌および一体化戦略

中国では，基本的に，都市発展のためには必ず「統籌兼顧」（多角的に統一された計画樹立：全域統合）戦略とともに協調発展戦略を同時に推進すべきであるという立場がとられる。このため，都市・農村間，都市と圏域間，都市と国家整体戦略間の統一発展が何よりも重要だとされる。[37] これと関連する統合戦略は，都市圏域の中心都市と各種町村間の分業と協力を密にし，経済と社会文化活動が融合・補完して経済の一体化を進めることを目標としている。[38]

青島広域圏や「大青島市」という理念を強化して 7 圏域の統合と同時に都市・農村間の統合，内陸部と海洋の統合を早期に実現することが，空間発展を継続し，一都市発展から抜け出し，多中心的な都市発展に移行するために継続して推進されている。また陸地と海洋資源ファクターの配置，比較優位産業の育成，自然環境の整備等を統合して内陸部と沿海部の調和および融合・発展を実現しようとしている。

②3 大地域連携（"三城联动"）戦略と一都心三副心（"一主三輔"）連携戦略

中央政府の海洋経済・海洋産業育成政策により，2011 年に山東省政府が主導してつくった山東半島藍色経済区発展計画は，第 12 次 5 カ年計画が開始された年に最初に承認された国家発展戦略として，海洋経済をテーマにした中国最初の区域発展戦略である。[39] この計画では青島市の役割が非常に重要である。施行計画である山東半島藍色経済区改革発展モデル（山东半岛蓝色经济区改革发

展試点方案）は西海岸経済新区の建設計画の目的と任務を明らかにして，経済発展モデルの転換，区域経済発展の推進，山東半島藍色経済区の建設，国家区域発展の全体戦略の実施にかかわる重要な意味を有している。そればかりか，西海岸地域の経済力を元に対外開放を進め，海洋経済発展のダイナミズムを一層強化することで西海岸経済新区の発展を図る点で重要だと評価されている。[40]

3大地域の連携戦略の核心は膠州湾を中心として東部海岸地域，西部海岸地域，北部海岸地域間の連携発展である。とくに膠州湾東部地域は青島市市割区である市南区，市北区，旧四方区，李滄区を含む地域であり，青島の行政・文化・金融ビジネスの中心としての役割を果たす。そして，サービス業の発展を進め，伝統的工業からの転換，来西市等の郊外移転を推進し，産業構造の高度化の促進等の戦略をたてている。

そして，一主三輔政策は，青島を中心に黄島と紅島，崂山を補助とする一都心と三副心を基軸とした都心空間構造改編計画である。第1に，膠州湾西部の黄島を東北アジア国際海運貿易の中心，および先端製造業の地区として育成し，臨港産業と造船業，石油化学産業を発展させようとした。第2に，湾北部城陽区の紅島を先端製造業と造船産業，石油化学産業等の育成を通じて輸出加工基地として機能させ，同地区にある国際空港をハブとして発展させて，航空物流および航空機修理等の航空サービス業を発展させる計画である。最後に，崂山区は観光レジャーセンター，科学技術研究開発センター，先端技術産業育成基地として発展させようとしている。[41]また，これとともに，産業高度化のため，地域ごとに特化された産業発展計画を施行中であり，韓国等外資の進出を積極的に受け入れている。

第5節　広域行政システムとガバナンスの比較

以下では，広域圏ごとに，自治体や行政機関が主導する広域行政システムと民間組織も関与する広域ガバナンスを区別して分析する。ただし，青島広域圏の場合，中国の政治的・社会的状況により，市民社会の発達が遅れており，民間組織主体のガバナンスを構築することは困難であり，官主導の広域行政シス

テムが広域圏発展計画においても主導的な役割を演じるという特徴がある。

(1) 東南広域圏
①広域行政システム

　韓国の現行地方自治法は「行政協議会」および「地方自治団体組合」に関する規定を有している。まず，東南圏における行政協議会は釜山市・蔚山市・慶南発展協議会および嶺南市長・道知事会議等が代表的である。しかし，行政協議会は独立した法人格をもたない非常設機構であり，行政委員会や執行機関が設置されないため，東南圏の圏域行政需要に対応する行政体として限界を有する。一方，東南圏における地方自治団体組合では，現在，釜山市鎮海市経済自由区域庁（2004年1月20日），智異山圏観光開発組合（2008年11月5日），地域共生発展基金組合（2010年5月7日）等が存在している。地方自治団体組合は法人格を有し，議決機関である組合会議と執行機関である組合長および事務職員を組合規約の規定にしたがって選任する独立機関である。しかし，設立と運営の際，上級機関の承認と指導・監督を受けるため，独立機関というよりは，構成自治体の利害関係の影響を受けるという性格が強い[42]。

　東南広域経済圏発展計画の作成と執行について，総括的業務を遂行する東南圏広域経済発展委員会は，国家均衡発展特別法第28条を根拠にして2009年7月にスタートした。2012年5月には広域委員会の共同事業の初成果と言うべき東南圏広域交通本部を釜山，蔚山，慶南3市道合意の下に設立した[43]。これは東南圏広域経済発委員会が成し遂げた有意義な成果として評価できる。しかし，東南圏広域交通本部が政府による広域経済圏委員会制度の廃止とともに廃止されることで，広域経済圏政策が後退する兆候もみられる。

②広域ガバナンス

　広域圏の構築と活性化のための公民間協力の性格を有する広域ガバナンスとして設立された組織として，「東南圏100年フォーラム」をあげることができる。このフォーラムは東南圏の共栄・共存をめざし，東南圏地域のリーダーの意見をまとめるとともに，連携を通じて総合的政策をつくりあげて地域競争力を確保するために設立された[44]。しかしながら，朴政権下で広域経済圏政策が地

域生活圏政策に縮小されたために，2013年7月に2周年を迎えて以降は活動力が大きく損なわれた。

次に，2013年6月，釜山・蔚山・昌原各商工会議所会長や企業経営者が主導して民間組織「東南圏経済協議会」が創立された。「東南圏経済協議会」は釜山・蔚山・慶南が行政区域を越えて首都圏に対応しうる広域単一経済圏として発展するための民間レベルの協議体である。「東南圏経済協議会」はすでに2008年から「東南圏超国境経済協力協議会」がつくった推進戦略の一段階に該当するものとして，東南圏の商工会議所が中心になって首都圏に対抗する東南圏の共存発展を図ることを最優先の目的とした。同時に，東南圏の共存発展を通じた相乗効果を背景にして，韓日経済交流プロジェクト推進のための経済団体協力はむろんのこと，未来の北極航路開設に向けた東南圏の効果的発展戦略を準備する協力組織という性格も併せもつものである。

（2）九州広域圏
①広域行政システム

福岡大都市圏は近隣16市町村を包括しているが，アメリカ，カナダのような広域ガバナンス協力機構を構成して運営するレベルには至っていない。これは首都圏，関西圏，中京圏のような法的根拠がないという行政上の制約とともに，自治体間協力のための動機付けやリーダーシップがないまま始まったからである。ただし，1955年頃以降，広域行政のための努力として，個別事業ごとに自治体間協議体を構成するなど，まったく協力が行われなかったわけではない。しかしながら，広域行政のための総合的機構づくりや機能導入が進まなかったことは事実である。2009年に組織された広域地方計画協議会は発足時以降ほとんど活動がみられず，形式的に維持されているだけである。とくに近年自民党が政権に復帰して，民主党政権が推進した広域地方計画策定においても，協議体創設に対する政権の姿勢が消極化している。

九州広域圏の代表的な広域行政協議体は，地方自治法第252条の2にもとづいて設立された福岡都市圏広域行政推進協議会である。この協議会は福岡都市圏において広域行政の推進による圏域の総合的かつ一体的整備のため，広域行

政計画を策定し，計画と関連事務事業間の連絡調整を目的とした地方自治法上の協議会として，1978年1月に設立された。主要共同事業は関係市町の負担金と補助金を主財源として，福岡市と周辺16市町によって実施されている。

②広域ガバナンス

九州圏の代表的な広域ガバナンスとして，第1に，都市圏間広域連携ガバナンスという形式をとる「福北連携」があげられるが，これは福岡市と北九州市による広域連携プログラムである。福岡市と北九州市は，従来，独自の発展を遂げ，都市圏を形成してきた。[48] 第2に，九州地域戦略会議は九州経済連合会が主管する機関として，官民一体で九州の発展戦略を協議・実行するために結成された。九州地方知事会と九州経済連合会，九州商工会議所連合会，九州経済同友会，九州経営者協会などの経済4団体が協力して，2003年10月に設立された。すでに1960年から山口県とも連携の実績があり，1000社以上の企業が連携し，知事等も会員として加入することとなった。九州が一体となった観光戦略実施や道州制の検討といった九州独自の発展戦略推進に協力すると同時に，産学官が集い，多様なテーマについて協議しているが，[49] すでに合意がなされた項目であっても実績は皆無と言ってよい。道州制のような広域協力体が積極的に推進されない最大の理由は，各行政区域の分節化によって経済交流と協力に支障があるからである。[50] 第3に，九州経済国際化推進機構（KEI）は，九州の国際化・グローバル化を目的として，九州経済産業局，九州各県，企業等の連携を通じて各種国際会議やアジアとの交流事業を実施している。

(3) 青島広域圏

①広域圏協力体制構築の必要性と背景

1990年代中盤以降，中国の都市間では，協力関係が弱くなり，競争が激化する現象がみられるが，このような都市間・地方政府間競争は否定的な側面が大きい。[51] しかし，競争が激化する中でも，長江デルタ都市圏の浙江省，江蘇省，上海市等のように，ネットワークを形成し市長フォーラム等を開催するなどの連携協力の努力が結実しているのも事実である。たとえば，1990年代以降，山東省や省内都市市長会議等を開催しつつ，広域協力体制の構築を加速してい

る。さらに，山東省だけでなく，渤海湾地域の遼東半島や一部の西海岸都市圏など10都市圏とも連携して，広域圏の一体的発展戦略を積極的に推進している[52]。

2000年まで中央政府は大都市発展を抑制してきたが，それ以降は抑制政策を緩めつつあり，全域統合（全域統籌）戦略の下，大都市発展を進めている。この途上で，山東省では広域都市圏間の競争と協力の関係が併存しているが，とくに烟台圏と青島圏間に競争と軋轢が目立っており，山東省政府による計画や調停を通じたコントロールが一般的に行われている。しかし，計画単列市である青島市は，山東省と同水準の経済管理権限を有し，省政府と一定の競争関係にある[53]。したがって，戦略目標の達成のためには，地域間広域行政システムと広域ガバナンスの構築が急を要する課題となっていた。

このような状況の下，2014年4月に中国国務院が公布した国家新型都市化計画（2014〜2020年）の中の「都市群発展の協調機構創設」（建立城市群発展協調机制）部門は，膠州湾の行政区域を越えた都市群発展戦略において，都市群内政府間の協調機構の強化と各種会議の創設・運営を明示するとともに，都市群の経済一体的発展の有無を判断しうる統計指標を開発し，地方政府幹部の昇進評価等に適用することを義務化している[54]。しかし，実際に，都市・地域間協力機構を政治・行政レベルで制度化し運営することは，計画方針とは異なって，容易ではないことも確かである。

②広域圏発展戦略と広域行政システムの構想

中国沿海地域に立地する広域圏の中で，韓・中・日間国際協力の代表的事例として注目すべきはやはり環渤海湾地域であり，とくに韓国企業の投資が最も活性化している青島地域である。実際，数年前に，環渤海地域経済連合市長会議協議書が採択され，地域発展を加速するための環渤海地域の経済連合と協力組織が推進されているが，ここには，北京市，天津市，華北省，遼寧省，山東省，内蒙古自治区，大連市，青島市，瀋陽市，済南市等が参加している。同会議には運営事務局（辦公室）が設置され，原則年2回の会議を開催して，重点プロジェクトの進展状況を検討し，重要課題に対する研究を行う。また，日常的には，情報ネットワークの運営により参加地方政府間の経済的連携を一層強

化し,毎月1回の会報を発行している(55)。

　青島広域圏地域は,広域圏発展計画において,伝統的な都市・農村の二元的発展戦略から抜け出し,統合的な都市発展計画に転換されている。このため,青島市は広域圏全域の都市化レベルを向上させ,都市空間構造を更新し,環膠州湾地域を核心とし,衛星都市を有機的に連携させるべく,各地域の機能的役割分担を明確にして,ネットワーク的な都市空間構造の確立を内容とした広域圏発展計画を提案している。このような計画を通じて,青島市は人口規模が950万人,都市化水準が75％に達する広域行政システムを確立しようとしているのである。

　実際に,2013年,青島市は7区5市から構成されていた行政区画を,経済開発区建設のために改編をし,四方区を市北区に統合,膠南区を廃止し黄島区を新設して6区4市に区域改編した。その特徴としては,地域開発より経済開発を優先して,経済開発区建設の必要に応じて行政区域を大胆に改編したという点にある。

第6節　広域都市圏ガバナンスの展望

　本章は,北東アジアの主要沿海拠点都市の広域圏発展戦略とこれを実施する広域行政システムおよびガバナンスを比較考察することを目的に,韓国の東南広域圏,日本の九州広域圏,中国の青島広域圏を比較研究対象として分析した。以下,その分析結果をまとめてみたい。

　第1に,各広域圏で発展戦略が策定され,それを実現すべく動きがみられるようになったのは,広域都市圏が属する国内の政府間関係および地域政策が変化したことがきっかけだった。たとえば,釜山を中心にした東南圏広域経済圏戦略は内発的な要因というよりは,むしろ盧武鉉政権の国家均衡発展政策と李明博政府の5プラス2広域経済圏政策によって促進されたのち,2013年の朴槿惠政権の地域幸福生活圏発展政策に転換されたと言うべきである。

　この政策変更については,中央政府の広域経済圏への関心が低下することによって広域行政需要に対する制度的対策が弱まるかもしれない。日本では,国

土形成計画という広域圏政策が用意されているが，九州広域圏では2009年8月末に広域地方計画が策定された。これは，主にクラスター事業が中心となっており，最終的には地域の自立的発展と今後導入される道州制の重要な産業的・経済的基盤を用意するという意味をもつ。また，中国青島広域圏の場合，1980年代に始まった中小都市中心の都市政策が，2006年以後は広域経済圏政策に転換され，青島市都市総合計画が施行されている。巨大都市圏の発展計画を策定・実行するためのガバナンスがより一層求められているのである。

　第2に，連携協力政策・事業の面をみてみよう。東南広域圏の場合，まず，李明博政権によって先導産業および人材育成事業そして地域間連携・協力事業が試みられ，朴槿惠政権の地域生活圏政策によって，釜山を中心に近接する梁山市，金海市，蔚州郡を包括した地域生活圏協議会がつくられた。しかし，地域生活圏は広域生活圏を補完する政策であって，これに代替できる政策ではなく，広域圏の協力についての能力不足を克服する広域ガバナンスをより一層強化する必要がある。次に，九州広域圏では，中枢都市圏中心の発展戦略として，広域圏連携戦略とならんで多極型構造の中枢都市圏が主テーマとなって推進されている。たとえば，福岡都市圏広域行政計画をベースに多様な事業を推進中であり，地域の自主性や独自性を尊重しながらも，緊密な連携協力の経験を積み上げている。最後に，青島広域圏の場合，藍色経済区発展計画を基本とし，全域統合と一体化を内容とする都市圏空間統合戦略を中心として，広域圏戦略を策定・実行している。とくに青島都市圏を囲む「3大地域連携戦略」および「一主三輔地域連携戦略」等の空間連携戦略によって産業構造の高度化と特化を図り，外資企業を積極的に誘致している。

　第3に，広域行政システムとガバナンスの面をみてみよう。まず，東南広域圏の場合，行政協議会，地方自治団体組合等の法定の広域行政組織を運営しているが，行政需要に対する対応性が弱く，独立した議決機関としての自律性が弱く，広域行政と広域圏機能を十分に発揮できていないのが現状である。さらに，東南圏広域経済発展委員会の解散，広域交通本部の廃止により，広域経済圏の発展に大きな難題が発生している。官民ガバナンスである東南圏100年フォーラム，東南圏経済協議会等も活動が低調な状態である。次に，九州広域圏

では,広域圏推進システムである広域地方計画協議会が自民党政権への移行を機に機能不全状態になっているが,既存の福岡都市圏広域行政推進協議会の下での競艇事業組合,広域行政事業組合等が機能している。その他「福北連携」・「九州地域戦略会議」等のガバナンス組織があるが,必ずしも活発とは言えない。最後に,青島広域圏は,地方政府間競争が激化する中で,広域行政組織および協力ガバナンスの必要性が増す一方,市長連席会議等を通した連携協力組織を除けば広域圏協議体の発達は進んでいない。ただし,経済区の活性化のために,行政区域改編による強力な広域行政システムを構築する意図がみられる。以上の分析結果を元に,以下のように,広域都市圏ガバナンスの展望について結論づけてみたい。

第1に,東南広域圏,九州広域圏,青島広域圏は,同時期に広域発展戦略を推進していることである。これは国際的競争力確保という側面で非常に重要な意味をもつと思われる。第2に,最近の韓国や日本では,中央での政権交代によって,広域都市圏発展戦略が遅れ,停滞しているのに対して,中国の青島広域圏では,都市総合計画等を通じて空間政策,産業政策が示され,これが具体化される過程で,地域連携や統合が非常に重要な政策的目標となっているだけでなく,実際に推進され,現実化しつつある。今後,東アジア経済共同体の構築とかかわって,競争力確保の上で,青島広域圏をはじめ中国沿海地域広域圏の未来展望に肯定的に作用するだろう。第3に,九州広域圏は長く地域連携推進システムを構成して事業の共同実施を経験してきており,広域圏の形成に多くの寄与が期待される。これに対して,東南広域圏や青島広域圏の場合,長期間にわたって行政の断片化と連携経験の少なさにより,実質的な地域間連携やガバナンス構築が容易ではない。ただし,青島広域圏の場合は,具体的な推進戦略と強い推進意志がみられ,今後,広域圏としての強い競争力確保が期待される。

第4に,今後,国家間・都市間の地理的近接性,歴史的関連性,文化的類似性を活用して交流・協力戦略を策定して,変化する韓日中交流の条件変化に先んじて対応する必要がある。[56]このような協力・交流の拡大を具体化するためには,まず,交流・協力の範囲を拡大し,推進主体も多様化するなど,多元的に

第7章　北東アジア広域都市圏の発展戦略とガバナンス

ネットワークを強化しなければならない。すなわち，釜山市，福岡市，青島市等中枢都市中心の圏内の連携だけでなく，東南広域圏—九州広域圏—青島広域圏間の国境を越えた協力モデルの構築が重要である。それは，単なる行政交流だけではなく，産業経済を中心にマルチレベルの交流協力体制を構築するという方向性が求められる。

第5に，広域都市圏の空間的・産業的・技術的な長所を十分活用することに政策的労力を傾けなければならない。とくに東南広域圏，九州広域圏，青島広域圏は連携して地域の人的資源，インフラ，資本等を利用することで，新しい成長力を創出する必要があるだろう。

注
(1)　いずれも広域自治団体（訳者）。
(2)　いずれも基礎自治団体（訳者）。
(3)　パク，2011，45-49 頁の内容を修正・補完した。
(4)　カン，2011，21-22 頁，パク，2011，29-30 頁。
(5)　阿部，2010，164-176 頁。
(6)　周，1999，38-45 頁。
(7)　Feiock ed., 2004.
(8)　釜山広域市と蔚山広域市および慶尚南道。
(9)　中国の大都市は，他国に比べて，大都市の面積が広く，人口が多くかつ都農複合的である行政単位が大部分である。その中で，人口規模が 200 万人以上の都市を特大型都市と称する。したがって，行政単位を超えて空間的・地理的に数個の都市が密集した都市を「大都市圏」とすることができる（戴，2004）。
(10)　中国では，城市群，城市圏，都市圏等の用語を使用しているが，これは英語ではmegalopolis，韓国の広域都市圏と同一の意味である。本章では，特別な場合を除いて「広域圏」で統一する。私たちが使用する広域経済圏に対応する中国式用語はないが，中国の「広域圏」概念は基本的に広域経済圏を意味していると判断される。
(11)　Hettne and Sunkel eds., 1999, 2001.
(12)　東南圏広域経済圏発展委員会，2013b，4 頁。
(13)　韓国統計庁（www.kostat.go.kr）および韓国銀行（www.bok.or.kr）資料。
(14)　九州経済調査協会，2009。
(15)　クム，2008，54-64 頁，九州経済産業局，2009。
(16)　中国中央政府は第 12 次 5 カ年計画（2011～2015 年）の一環で海洋産業を集中育成するために，山東省，浙江省，広東省等 3 地域を相次いで国家級海洋経済育成示範区に指定して海洋経済を育成するという考えを明らかにした（ノ・スヨン他，

2011)。このような中央政府の海洋経済および海洋産業育成政策に対応して，山東省政府が主導して樹立したのが「山東半島藍色経済区計劃」(Blue Silicon Valley Plan) である。

⑰　徐, 2012, 72 頁。
⑱　山东省商务厅, 2012。
⑲　KOTRA 青島貿易館, 2013a, 16 頁。
⑳　地級市とは，中国行政区域の一種であり，1983 年 11 月 5 日に地級市制度が導入された。人口が約 200〜300 万人の大都市が大部分であり，地区，自治州，盟とともに 2 級行政単位に属する。省と県の間にあたる行政区域で，地級市はさらに市轄区，県級市，県等に分かれる。副省級市は省級に該当した権限をもち，この中で，青島道をはじめとする，大連，深圳，厦門，寧波等はとくに「計劃単列市」と称し，一般市とは異なり，国民経済および社会発展計画分野において国務院と国家発展改革委員会等の主管部署が副省級都市を省一級計画単位として取り扱っているので，省級政府レベルの権限をもっているとみることができる (谢, 2005, 163 頁)。
㉑　张, 2011, 240-241 頁。
㉒　青島市政府, 2013。KOTRA 青島貿易館, 2013a, 17-18 頁から再引用。
㉓　東南圏広域経済発展委員会, 2009。
㉔　地域発展委員会, 2014。
㉕　2005 年，既存の国土総合開発法が廃止されて「国土形成計画法」が制定されるとともに，国土計画という名称も国土形成計画に変化したが (クォン他, 2009, 319 頁)，これは単純な名称変更ではなく，計画の理念と内容が大きく変化したために，新しい概念の計画が樹立されたと言える。
㉖　チョン, 2007。
㉗　芳野勇一郎氏（九州経済産業局国際部国際化調整企画官）と谷川重美氏（九州経済産業局国際部国際事業部課長補佐）へのインタビューにもとづく（肩書はいずれも当時のものである）。
㉘　紅歌会ウェブページ (http://www.szhgh.com/Article/news/politics/2014-03-17/47283.html) による。
㉙　青島市発展和規劃委員会発展規劃処の王好東副処長へのインタビューによる (2013 年 1 月 31 日実施)。
㉚　集体所有とは国有と私有の中間にある第 3 の所有形態のことである（斎藤, 2005）（訳者）。
㉛　東南圏広域経済発展委員会, 2012, 147 頁。
㉜　釜山発展研究院, 2014。
㉝　公益財団法人国際東アジア研究センター (icSEAD) 所長の谷村秀彦，事務局長田尾弘（北九州市総務企画局国際部担当課長）へのインタビューにもとづく (2013 年 2 月 6 日実施)。肩書は当時のものである。
㉞　福岡アジア都市研究所, 2012b, 3 - 6 頁。
㉟　九州圏広域地方計画協議会, 2010, 29-39 頁。

㊱　福岡都市圏広域行政推進協議会，2006。
㊲　「整体」とは改革を意味している。雷・郭他，2013，395頁，仇，2012，21-22頁。
㊳　顾主编，2012，282-284，292-298頁。
㊴　この他にも山東省には国家級経済発展戦略地域で“黄河三角洲高効率生態経済区，”“中原経済区，”“中日韓地方経済協力示範区”等がある。特に“中日韓地方経済協力示範区”は山東半島藍色経済区域を中心に設定している（KIEP北京事務所，2013，15頁。ノ・スヨン他，2011，5頁）。
㊵　雷・郭他，2013，386頁。
㊶　雷・邓・胡・趙他，2013，64-69頁。
㊷　都市と経済研究院，2013，13-16頁。
㊸　東南圏広域経済圏発展委員会，2012。
㊹　東南圏広域経済圏発展委員会，2012，175頁。
㊺　『国際新聞』2013年4月3日付，16面。
㊻　梶原信一（公益財団法人福岡アジア都市研究所（URC）常務理事（兼事務局長），市場留米（アジア太平洋都市サミット国際視察研修交流推進係長）および唐寅（同主任研究員）へのインタビューにもとづく（2013年2月7日実施）（肩書は当時のものである）。
㊼　福岡都市圏広域行政推進協議会ウェブページ（www.city.fukuoka.lg.jp/soki/kikaku/shisei/045.html　2013年3月30日閲覧）による。
㊽　北九州市ルネッサンス構想評価研究会，2003，180-185頁。
㊾　九州経済連合会，2012，13頁。
㊿　久保文一（九州経済連合会国際ビジネス推進室（IBC）開発グループ課長）へのインタビューによる（2013年2月7日実施）。
(51)　付，2012，30頁。
(52)　王志宪（青島科技大学経済与党管理学院副院長）のプレゼンテーションによる（2013年1月30日）。
(53)　李立（青島科技大学経済与党管理学院院長）へのインタビューによる（2013年1月30日）。
(54)　紅歌会ウェブページ（http://www.szhgh.com/Article/news/politics/2014-03-17/47283.html）による。
(55)　叶・何主编，2011，329-348頁。
(56)　Perkmann and Surn, 2002.

引用参考文献

［日本語文献］

阿部昌樹，2010，「自治体間競争と自治体間連携：日本」加茂利男ほか編著『自治体間連携の国際比較：市町村合併を越えて』ミネルヴァ書房。

北九州市，2010，『北九州市ルネッサンス構想――まちづくり推進計画』。

北九州市ルネッサンス構想評価研究会，2003，『北九州市ルネッサンス構想評価研究

報告書』。
九州経済調査協会，2009，『九州経済 2010』。
九州経済連合会，2012，『九経連 2012』。
九州圏広域地方計画協議会，2010，『平成 21 年度九州圏広域地方計画の推進状況について』。
斎藤淳子，2005，「中国の直面する土地問題――農地転用による地方開発の狭間に立つ農民」土地総合研究所，冬。
対外経済政策研究院（KIEP）北京事務所，2013，『中国海洋経済の発展の現状と問題点』。
東南圏広域経済発展委員会，2009，『釜山・蔚山・慶南共同繁栄のための東南圏広域経済圏発展計画』（10 月）。
東南圏広域経済発展委員会，2012，『東南圏広域経済発展委員会白書（2009.9～2012.8）』。
東南圏広域経済発展委員会，2013，『東南圏経済動向（3/4 分期）』第 4 号。
都市と経済研究院，2013，『東南広域経済圏相生特区発展戦略研究』。
福岡アジア都市研究所，2008，『アンケート調査等及び釜山からの視点による日常交流圏形成のための政策提言』（報告書）。
福岡アジア都市研究所，2012a，『福岡・九州のアジアビジネス戦略（アジアにおける福岡ビジネス圏の形成に向けて）』（本編）。
福岡アジア都市研究所，2012b，『福岡の大都市制度研究に関する調査報告書（総括編）』。
福岡県総務企画局企画調整部，2010，『福岡都市圏における広域行政の現状』。
福岡都市圏広域行政推進協議会，2006，『第四次福岡都市圏広域行政計画（後期計画）』。
福岡都市圏広域行政推進協議会ウェブページ「概要」(http://www.fukuoka-tosiken.jp/about/widearea/wideoutline.html　2016 年 10 月 25 日閲覧）。
福岡・釜山 Forum，2009，『福岡会議資料』。
山下永子，2009，『地方の国際政策：連携・ネットワーク戦略の展開』成文堂。

［韓国語文献］（人名はカタカナで記した）
イ・ジョンファ，2001，「自治体間協力と都市発展：自治体間協力・提携の類型と政策的課題」大韓地方行政共済会『都市問題』第 393 号。
イ・テジョン，キム・ヨンジョン，1998，「地域協議体の効率的活用にむけて：慶山市を中心に」『韓国行政論集』第 10 巻第 2 号。
カン・ヨンジュ，2011，「日本の地域間連携・協力モデルの変化動向」地域発展委員会『地域と発展』第 5 号。
キム・グァンジュ，チェ・クンヨル，1998，「自治体間水平的協力関係の模索：慶山市を中心に」『韓国行政論集』第 10 巻第 2 号。
キム・ジョンホン，1998，「地方政府間協力のための都市圏協議体の合理的構成方法」

『韓国政府学会学術大会発表論文集』19-39頁。
キム・スヌン他，2009，「地方政府間協力方式に関する研究」『韓国地方自治学会報』第21巻第1号。
キム・センス，1996，「自治団体間協力方式に関する研究」江原大学校地域開発研究所『地域開発研究』第4号。
キム・ソンギ，ハン・ピョファン他，2003，「自治団体間協力関係の実態分析と政策方向」『韓国地方自治学会報』第15巻第2号。
九州経済産業局，2009，『九州の投資環境2009』(韓国語版)。
クォン・ヨンウ他，2009，『地域発展と広域経済圏戦略』地域発展委員会。
クム・ソングン，2008，『釜山-福岡の東北亜核心経済圏形成方案』釜山発展研究院。
サ・ジェミョン，2002，「地方政府間協力の実態と改善課題に関する研究：江原道を中心に」江原大学校地域開発研究所『地域開発研究』第10号。
大韓貿易投資振興公社青島貿易館 (KOTRA)，2013a，『中国，山東省，青島経済の動向』(6月)。
大韓貿易投資振興公社青島貿易館 (KOTRA)，2013b，『内部資料』。
地域発展委員会，2014a，『市・道生活圏発展協議会業務便覧』(7月)。
徐永輝，2012，「山東半島藍色経済区計画と海洋経済の持続可能な発展」チェウク，ノ・スヨン共編『転換期中国沿岸地域の経済発展戦略：当面の課題と示唆』対外経済政策研究院セミナー資料一覧12-01。
チョン・ミョンウン，2007，『日本の広域的地域活性化のための基盤整備に関する法制度研究：国土計画と地域活性化の関連性』韓国法制研究院(懸案分析2007-25)。
青島市商務局，2012，『青島：中韓地域経済協力の示範都市への建設（韓国語／中国語)』(7月)。
ノ・スヨン他，2011，「中国の3大海洋経済育成地域（山東省，浙江省，広東省）の比較および評価」対外経済政策研究院(KIEP)『中国省別動向 Briefing』第2巻第22号。
パク・ギョン，2011，「日本の広域経済圏創設の動向と示唆」地域発展委員会『地域と発展』第4号 (夏号)。
パク・ジェウク，2009，「広域経済圏の効率的推進のための地方政府間ガバナンス構築方案：国家均衡発展特別法改正案の『広域経済圏発展委員会』構成方案を中心に」『地方行政研究』第23巻第1号。
パク・ジェウク，2012，「日本九州地域福岡市都市広域圏の連携協力と広域ガバナンス」『地方政府研究』第16巻第2号。
ハン・ピョファン，キム・ソンギ，2003，「自治団体間協力事業の類型別成功・失敗要因分析と推進方式」『韓国行政学報』第37巻第3号。
釜山広域市，2014，『第1次釜山広域市生活圏発展協議会会議資料』(9月3日)。
釜山発展研究院，2014，『釜山中枢都市幸福生活圏計画(案)』(5月13日)。
ペ・ジュング，2001，「自治体間協力と都市発展：自治体間協力のための制度的整備方案」大韓地方行政共済会『都市問題』第393号。

第Ⅱ部　アジアの大都市圏をめぐって

　ペ・ジュング，アン・ヨンフン，2003，「自治体間協力方式：フランスの組合制度を中心に」『韓国地方自治学会2002年度冬季学術発表会資料集』287-307頁。

［中国語文献］
叶必丰・何渊主编，2011，『区域合作协议汇编』法律出版社。
吴敬华・祝尔娟・臧学颖・王欣・张玉庆，2007，『中国区域经济发展趋势与总体战略』天津人民出版社。
青島市政府，2011a，『青岛市城市总体规划（2011-2020）』〈成果简要汇报〉。
青島市政府，2011b，『青島市國民経済和社會発展第十二個五年規劃綱要』（2011年2月26日　青島市第十四屆人民代表大會第四次會議批准）。
青島市政府，2013，『青島市統計年鑑』。
顾朝林主编，2012，『北京首都圈发展规划研究：建设世界城市的新视角』科学出版社。
张军扩・侯永志主编，2008，『协调区域发展：30年区域政策与发展回顾』中国发展出版社。
张红雁，2011，「都市圈一体化发展的经验」叶南客・李程骅主编『中国城市发展：转型与创新』人民出版社。
史占中・罗守贵主编，2007，『都市圈经济一体化产业集聚与整合』上海三联书店。
纪晓岚主编，2006，『长三角洲区域发展战略研究』华东理工大学出版社。
谢庆奎，2005，『当代中国政府与政治』高等教育出版社。
山东省商务厅，2012，『山东省搶抓机遇扎实推进中日韓地方経済合作示範区建設』（6月6日）。
左學金主编，2006，『長江三角洲城市群發展研究』學林出版社。
周克瑜，1999，『走向市场经济：中国行政区與经济区的关系及其整合』復旦大学出版社。
周一星，1995，『城市地理學』商務印書館。
戴宾，2004，「城市群及其相關概念辨析」『財經科學』制6期。
陈广汉・袁持平，2008，『中国区域经济发展与泛珠三角区域合作』中山大学出版社。
仇保兴，2012，『城镇化与城乡统筹发展』中國城市出版社。
保建云，2008，『國際区域合作的经济学分析』中國経済出版社。
付承伟，2012，『大都市经济区内政府间竞争与合作研究以京津冀』东南大学出版社。
紅歌会ウェブページ（http://www.szhgh.com/Article/news/politics/2014-03-17/47283.html　2016年10月25日閲覧）。
莫建备・徐之顺・曾骅・荣跃明，2005，『大整合・大突破：长三角洲区域协调发展研究』上海人民出版社。
姚士谋等，1992，『中國的城市群』中國科學技術出版社。
闫小培・曹小曙等，2008，『城市・区域・可持续发展：港奥珠三角洲可持续发展研究』中山大学出版社。
李澜主编，2011，『中国城市经济研究概观』中央民族大学出版社。
刘君德，2004，「中国转型期凸现的行政区域现象分析」『理论前沿』第10期。

胡煜・趙杰等，2013，『城市产业园发展报告：青岛工业产业集聚区优化布局研究』中國文史出版社。

雷仲珉・郭勇等，2013，「青岛西海岸新区体制机制创新和综合配套改革政策研究」『区域经济合作与城市发展战略』中國文史出版社。

雷仲珉・邓玉勇・胡煜・趙杰等，2013，『城市产业园发展报告：青岛工业产业集聚区布局研究』中國文史出版社。

王珺，2008，『市场制度与企业重组：对珠江三角洲地区的理论与实证研究』社会科学文献出版社。

［英語文献］

Feiock, Richard ed., 2004, *Metropolitan Governance : Conflict, Competition, and Cooperation*, Georgetown Univ. Press.

Hettne, Inotai and Sunkel, Osvaldo eds, 1999/2001, *Studies in the New Regionalism*, vol. 1-4, Macmillan Press.

Perkmann, Markus and Sum, Ngai-Ling eds., 2002, *Globalization, Regionalism and Cross-border Regions*, New York : Palgrave Macmillan.

終　章
大都市圏の東アジア的特質とその未来
―― 日本・韓国を中心に ――

加茂利男

第1節　グローバル化時代と新しい大都市圏の形成

　本書は，東アジアにおける大都市圏ガバナンスの比較研究の試みであった。「大都市圏ガバナンス」は，いま都市・地域研究の分野で，大きな関心を寄せられているテーマの1つであると言ってよい。グローバリゼーションに伴う人口や経済活動の移動と出生率の変化による人口の自然増減が絡まりあう21世紀の世界では，地域発展の不均等性がこれまで以上に大きくなっている。一方では，グローバルな経済活動の結節点となっている都市地域が，他の国や地域から人口を吸引して集積規模を際限もなく肥大させている。他方，グローバルな都市機能をもてないために他地域から人口を吸引することができない上に，地域内出生率も低下して，都市的集積が縮小する都市・地域も増加している。グローバル化時代の下で都市・地域間のマネー，人，情報などの集積をめぐる競争が熾烈になっており，成長地域はさらなる成長のために，縮小地域は縮小の防止ないし均衡ある縮小のために，これまでの大都市圏を超えた超大都市圏を形成して，都市的集積を維持・強化しようとしているのである。

　こうした中で形成されつつある大都市圏の多くは，これまで「大都市圏」(metropolitan area) と呼ばれてきた，中心市と郊外がつながった圏域というよりも，いくつもの都市や大都市圏が，より広域的につながりあった圏域，その内部にいくつもの都市や都市圏を含む複合的な集積である。都市学者 A. J. スコットはこうした集積・圏域のことを「グローバル・シティ・リージョン」と呼んでいる。[1]

　「シティ・リージョン」という概念自体は，英国の地理学や地域主義運動な

どで，1950年代頃から使用されており，もともと「大都市とその後背地」を意味する言葉，大都市圏（metropolitan area）と類似の意味をもった言葉だったと思われる。たとえば J. ジェイコブズは，『都市と諸国民の富』（City And Wealth of Nations）の中で「都市とその後背地」という意味で，「シティ・リージョン」という言葉を用いている(2)。この言葉は，スコットの言う「グローバル・シティ・リージョン」にまで拡張して用いることも可能だが，それ自体としては，一般的な意味での「都市とその後背地」（大都市圏）あるいはその範囲における自治体連携システムを意味する言葉である。イギリスやフランスでは近年，大都市を中心とした複数の自治体にまたがる地域計画や社会資本の建設・運営の必要が意識され，中核都市と周辺自治体の連携組織がつくられて，制度化されている。イギリスでは，「大マンチェスター自治体連合」（Greater Manchester Combined Authority）が 2011 年に創設されている(3)。またフランスでは，2015 年，人口 60 万人以上のすべての大都市圏がメトロポールという自治体連携組織をつくることを定めた。パリ大都市圏では，2016 年，パリ市と周辺のコミューンの連携組織として人口約 700 万人の「グラン・パリ・メトロポール」が創設されている。地域の経済的・社会的持続可能性の強化と国の国際的競争力の増強が設置目的とされている(4)。

このように，今日の世界に出現しつつある「シティ・リージョン」の多くは，これまでの一般的な「大都市圏」の範疇に収まりきらない規模・性質をもっている。スコットは，「グローバル・シティ・リージョン」は，大都市圏と類似性をもった言葉だが，近年は既存の「区域」（territory）を超える集団的行為やアイデンティティにもとづく地域のまとまり（regionalism）が多くなっており，こうした新しい地域のまとまり（new regionalism）は，地域が中央国家の支配に強く従属していた古い地域的結合体とは性質が異なるとしている。スコットは，「われわれはこれよりのち，この新しい地域的社会構成体のことを，『グローバル・シティ・リージョン』と呼びたい(5)」というのである。

このように，今日姿を現しつつある新しい大都市圏は，より広域的・複合的で，時として国家を超える影響力をもつ新しい大都市圏，地域連携体なのであり，単純な「中心都市と郊外」のつながりではない。こうした新しい大都市圏

終　章　大都市圏の東アジア的特質とその未来

表終-1　世界の主要大都市地域（人口：2000年頃）

	都市地域	人口（百万人）			
		1970年	1990年	2000年	2015年（推計）
1	東　京	16.5	25.0	27.9	28.7
2	ムンバイ	5.8	12.2	18.1	27.4
3	サンパウロ	5.1	14.8	17.8	20.8
4	上　海	11.2	13.5	17.2	23.4
5	ニューヨーク	16.2	16.1	16.6	17.6
6	メキシコ・シティ	9.1	15.1	16.4	18.8
7	北　京	8.1	10.9	14.2	19.4
8	ジャカルタ	3.8	9.3	14.1	21.2
9	ラゴス	n. a.	7.7	13.5	14.4
10	ロサンゼルス	8.4	11.5	13.1	14.3
11	カルカッタ	6.9	10.7	12.7	17.6
12	天　津	5.2	9.3	12.4	17.0
13	ソウル	5.3	10.6	12.3	13.1

（注）　n. a.：データ不明。
（出所）　Scott, 2001, p. 3, Table 0.1. より筆者作成。

　が「グローバル・シティ・リージョン」だというのである。こうした定義を示した上でスコットは，世界の代表的な「グローバル・シティ・リージョン」を表終-1のように示している。

　この表に掲げられている都市名の多くは単一都市の名称ではない。たとえば「東京」は，1都3県からなる東京圏のことであり，「ニューヨーク」は，ニューヨーク市を中心に，ニューヨーク，ニュージャージー，コネチカット3州にまたがっている都市的集積地域のことである。これだけの広がりをもった都市的集積があってはじめてグローバル経済の結節点たりうるというのである。

　「グローバル・シティ・リージョン」が重要性を帯びるにつれて，都市的圏域の括り方も変わってきている。たとえばこの表に示されている韓国のソウルは，もともとは巨大な単一都市だったが，近年はこれを「ソウル—インチョン圏」に拡大してとらえる考え方が広がっている。

　こうしたグローバル化時代の新しい巨大な都市集積，言ってみれば「新大都市圏」については，国連，OECDをはじめとする国際機関や調査機関，ウェブサイトなどが，これを統計的に把握するため，様々な試みを始めている。地

表終-2 都市的地域の推定人口 (2016年人口)

順位	都市的地域	推定人口（千人）	面積（km^2）
1	東京－横浜	37,750	8,547
2	ジャカルタ	31,320	3,225
3	デリー	25,735	2,163
4	ソウル－仁川	23,575	2,590
5	マニラ	22,930	1,632
6	ムンバイ	22,885	881
7	カラチ	22,825	945
8	上海	22,685	3,885
9	ニューヨーク	20,685	11,642
10	サンパウロ	20,605	2,707
11	北京	20,390	3,937
12	メキシコシティ	20,230	2,072
13	広州－仏山	18,760	3,820
14	大阪－神戸－京都	16,985	3,212
15	モスクワ	16,570	5,310
16	ダッカ	16,235	368
17	カイロ	15,910	1,761
18	バンコク	15,315	2,590
19	ロサンゼルス	15,135	6,299
20	コルカタ	14,810	1,204
21	ブエノスアイレス	14,280	2,681
22	テヘラン	13,670	1,632
23	イスタンブール	13,520	1,360
24	ラゴス	12,830	1,425
25	深圳	12,240	1,748

（出所）Demographia, 2016, p.19, Table 1. より筆者作成。

理学者W.コックスらが作成している都市統計,「デモグラフィア」(Demographia), フランス国立統計経済研究所 (Institut National de la Statistique et des Études Économiques) で作成されている統計,「ジオポリス」(Géopolis) などがそれぞれ,「都市的集積地域」について独自の定義を与え, 国際比較を試みている (表終-2, 終-3)。

いずれも, 新しい都市圏を把握しようとする試みであり, 市街地 (built up area) が連坦しているエリアを都市的な集積地域としているが, デモグラフィアは人口の密度をより重視し, ジオポリスは, 建物の密度を重視しているため, 前者では途上国の都市圏が多く上位を占め, 後者では先進国の都市圏が上位3

終　章　大都市圏の東アジア的特質とその未来

表終-3　都市圏の推定人口（2000年）

(単位：千人)

順　位	都市圏	都市圏人口 （2000年）	中心都市人口 （2000年）	中心都市人口 （1900年）
1	東京	29,896	7,769	1,496
2	ニューヨーク	24,719	7,459	3,437
3	ソウル	20,674	9,831	150
4	メキシコシティ	19,081	8,591	419
5	サンパウロ	17,396	10,286	240
6	マニラ	16,740	1,711	209
7	ロサンゼルス	15,807	3,642	123
8	ボンベイ	15,769	11,536	822
9	ジャカルタ	15,086	9,966	170
10	大阪	15,039	2,851	852
11	デリー	13,592	9,426	238
12	カルカッタ（コルカタ）	12,619	4,630	1,481
13	ブエノスアイレス	12,297	2,957	833
14	上海	11,960	9,755	840
15	カイロ	11,633	7,078	570
16	リオデジャネイロ	10,628	5,625	692
17	モスクワ	10,046	8,272	1,096
18	イスタンブール	9,981	8,793	900
19	ルール	9,963	601	143
20	パリ	9,850	2,122	2,678
21	ダッカ	9,801	9,801	127
22	カラチ	9,661	9,661	132
23	ロンドン	9,166	7,263	4,505
24	シカゴ	9,076	2,833	1,699
25	テヘラン	8,239	6,932	280

(注)　引用元に，数値はGeopolisデータベースに基づくとの記述がある。
(出所)　Moriconi-Ebrard, 2000, p. 313, p. 317 より筆者作成。

位までを占める形になっている（表終-2，表終-3）。

　どちらの統計でも，途上国の大きな都市的集積とされているのは，ジャカルタ，デリー，マニラ，サンパウロ，メキシコ・シティなどであり，これに，上海などの中国大都市が加わる。

　いずれにしても，世界の随所にこれまでみられなかった，広域的・複合的な都市的集積が形成されていることが分かる。このうち先進国の新大都市圏は，グローバル経済の中枢機能が核となって新たな人口の集積を生み出したものであり，途上国の大都市圏は高い出生率と，グローバル化・都市化による国内

的・国際的な人口移動が生み出したものと考えられる。

　こうした新しい大都市圏の形成は，新しい大都市圏ガバナンスを必要としている。ニューヨーク，ロンドン，東京などの世界都市地域は，20世紀末以降のグローバル化を背景に，都市，大都市圏としての成長を続けている。ニューヨーク市は，1970年代後半以降130万人以上人口を増やしており，ロンドン，東京23区も，それぞれ100～130万人の人口増を記録している。国際的な金融・法人サービス機能を核に，多様な創造産業とサービス産業の複合体が，膨大な雇用を作り出し，国内外から人口を吸引してきたのである。こうしたグローバル経済の結節点としての機能とその安定性を維持しながら，そこにあつまる無数の階級・人種・エスニック・文化集団の軋轢を抑止して，1つの都市圏の中での共存，新しい都市パターンの創造を可能にするガバナンスが模索されている。

　また，途上国の新しい大都市圏も人口の移動と高い出生率が相まって膨大な人口を集積させ，その大きな人口規模や民族・宗教・階層的多様性が生み出す無数の経済的社会的なイシューを解決しつつ，グローバル社会の中で持続的な安定を維持できるようなガバナンスが求められている。

　そのためには，新しい大都市圏が，広大な地域にまたがる社会的調整力・文化的・経済的創造力をもつことが必要になる。国からの高い自律性をもち，国を超えるほどの機能をもった大都市圏が，こうした「世界都市」地域に形成されているのである。

第2節　「縮小都市」と大都市圏ガバナンス

　グローバル化を背景とした新しい大都市圏の形成は，他方でこうしたグローバル大都市圏の外側に，人口が減少し経済活動が縮小する地域を生み出している。近年の都市の新しい動向として注目されているのが，「都市の縮小」(urban shrinkage)である[6]。

　表終-4にみられるように，先進国の旧工業地帯，旧ソ連圏・東ヨーロッパ地域などが，「都市の縮小」が起こっている主な地域であるが，アジアでも日

表終-4 世界の縮小都市:人口100万人以上の都市集積地域(国連,2005年)

国連統計による2005年の都市集積地域	2005年人口(100万人)	2000〜2005年の変化(%)
アメリカ		
ニューオーリンズ(アメリカ)	1	0
モンテビデオ(ウルグアイ)	1.3	−0.3
プエブラ(メキシコ)	1.8	−0.7
ハバナ(キューバ)	2.2	0
西ヨーロッパ		
グラスゴー(イギリス)	1.2	−0.2
マンチェスター(イギリス)	2.2	−0.1
バーミンガム(イギリス)	2.3	−
トリノ(イタリア)	1.7	−0.4
ミラノ(イタリア)	3	−0.2
ローマ(イタリア)	3.3	−0.2
ベルリン(ドイツ)	3.4	−
東ヨーロッパ		
ベルグラード(セルビア・モンテネグロ)	1.1	−0.4
ブカレスト(ルーマニア)	1.9	−0.8
ブダペスト(ハンガリー)	1.7	−1.1
プラハ(チェコ)	1.2	−0.2
ソフィア(ブルガリア)	1.1	−1.3
旧ソ連		
カルキフ(ウクライナ)	1.4	−0.7
オデッサ(ウクライナ)	1	−0.5
サマラ(ロシア)	1.1	−0.6
チリアビンスク(ロシア)	1.1	−0.4
チビリシ(グルジア)	1	−1
アジア		
釜山(韓国)	3.6	−0.7
ソウル(韓国)	9.6	−0.6
広島(日本)	2	0

(出所) Pallagst et.al., 2009, p.70より筆者作成。

本,韓国などで同様の現象が起こっている。

　日本の場合,この表に現れる大都市圏としては広島のみが縮小都市とされているが,2007年頃以降,日本の総人口が急速に減少し,中小の地方都市の多くが,その人口規模や経済活動の規模を縮小させ,「地方消滅」さえ取りざたされていることは周知の通りである。地方の農山村を含めて考えれば,人口減少(depopulation),地域社会の縮小はきわめて広い範囲に広がっていると言っ

てよい。

　注目すべきことは，グローバル化時代の新しい大都市圏の形成は，ニューヨーク，ロンドン，東京のような成長する世界都市地域だけで起こっているわけではなく，むしろ国内・国際的な都市・地域間競争の結果，人口減少，都市・地域の縮小を余儀なくされた地域でも，縮小に対応する戦略として大都市圏ガバナンスが追求されていることである。これは主としてヨーロッパやアメリカの旧工業地域で起こっている現象であるが，日本や韓国でも急速に進行している事態である。

　日本では地方の衰退に対応するため，政府が「地方創生」を掲げ，「定住自立圏」「連携地方中枢都市圏」の形成を唱道し，人口減少が進む地方に中枢拠点都市と周辺自治体の連携協力システムの構築を進めている。韓国でもソウル一極集中によって疲弊した釜山，蔚山，慶尚南道の一部などで，これまでよりも広域にわたる広域市圏の連携（東南大都市圏）が図られている。これまでも釜山，蔚山などの広域市はそれぞれが大都市圏だったが，それらをつなぐより広域の新大都市圏が形成されつつある。縮小都市・地域でも新たな大都市圏ガバナンスが模索されているのである。もちろん日本の連携中枢都市圏と韓国の東南大都市圏は，機能・スケールが異なり，後者はスコットの言う「グローバル・シティ・リージョン」に近い機能・規模をもっている。日本の地方創生政策で打ち出されている連携中枢都市圏は，人口20万人程度の地方中枢都市と周辺市町村の人口の地方定住をめざす政策連携システムである。両者を同列に並べて比較するのは適当ではなく，韓国についても地方の人口減少地域を調査して比較するのが妥当であろうが，ここではデータの制約上，「縮小都市・地域」の広域連携という意味で同じ位置づけをしておく。

　縮小都市地域の大都市圏ガバナンスには大きな困難が横たわっている。人口や経済力が全体として減少・低下しているなかで，都市・地域間の連携・協力・調整を図っていくことは手間暇がかかり，効果が表れにくい。かと言って，広域的な空間に広がる都市・地域を1つの統治区域に統合することはもともと異なる都市・地域であった新大都市圏に新たな一極集中や周辺地域の衰退を呼び起こすか，形の上では統合されても旧都市・地域間の利害の調整が難しくな

ることがある。平成の市町村合併を行った日本が今抱えている問題がその典型であろう。このように，縮小地域の大都市圏ガバナンスは，連携は政策効率をある程度制約し，統合・合併は地域内一極集中と周辺地域の疲弊をもたらすというディレンマに突き当たらざるをえないのである。

第3節　都市システムの集中度と都市の成長・縮小：日本・韓国

　注目されてよいのは，表終-4で分かるように，韓国でも2010年代以降，ソウル，釜山などの大都市圏で，人口の縮小が予測されていることである。現在は日本の人口減少が先進国中で最も急激だと言われているが，韓国は21世紀に入ってからの合計特殊出生率の低下が，日本よりも激しくなっており，国全体の人口も2020年頃には，減少に転じると予測されている。

　日本と韓国という隣り合う東アジアの2国とその大都市が，奇しくも先進国中で最も人口減少がはげしい国として肩を並べていることは注目に値する。両国に共通するのは，首都圏一極集中型の都市システムである。日本における東京一極集中についてはよく知られているが，韓国における集中度は一層激しく，2000年時点でソウル—インチョン圏（「首都圏」）の人口は国人口の46.3％であったという。移民の流入がほとんどない韓国で，これほどの人口の一極集中が起こるということは，地方から首都圏へ膨大な人口が移動したことを意味する。国内の人口移動によって一極集中が起こったという点では，日本の東京一極集中も同じだが（首都圏集中度約30％），韓国の場合，首都圏人口は1960年には，全国人口の20％強だったものが，2000年に46％となった。この集中の激しさ，急激さは特筆に値する。ヨーロッパではイギリスが，ロンドン一極集中度の高さで知られており，個別都市単位でみると大ロンドン市への集中度は約12％で，日本の東京都区部への集中度を上回る。とくに，首都と第2位都市の人口比率は，大ロンドン市（人口810万）と第2位のバーミンガム市（人口101万）の人口比が8：1にもおよび，イギリスの方が日本よりはるかに首都優位度が高い。半面，イギリスでは「首都圏」の定義がないので「首都圏集中度」は分からない。仮に「南東イングランド」を首都圏とみると，この圏域への人口集

中度は約17％で，日本や韓国の首都圏集中度よりははるかに低い。中央集権国と言われてきたフランスでも首都パリは第2位都市マルセイユの4倍近い人口をもち，日本の首位都市（東京都区部）と第2位（横浜）・第3位（大阪）都市の人口比にくらべてやや首都優位であるが，やはり首都圏と定義された区域がなく，パリをふくむイル・ド・フランス地域圏への人口集中度は約14％であり，グラン・パリ・メトロポール（人口約700万）への集中度はそれよりも低い。フランスでも首都圏集中度は日本や韓国より低いと言える。

　人口学では「都市は人口の墓場」と言われる。いつの時代にも都市は農村より死亡率が高く出生率が低く，住民の寿命はおしなべて農村より短かった。[9]都市は農村と違って人工的で不自然な世界であるため，人間の生命や健康が損なわれやすく，また地域内での食糧供給が不安定なため，人口の維持・生産力は低く，どうしても短命な世界になるというのである。住民の人間関係が疎遠で，個人が孤立しがちなため，晩婚・非婚率も高い。現に東京もソウルも合計特殊出生率は1そこそこで，それぞれの国内で最も低い。日本で最も出生率が高い都道府県は沖縄であり，次いで宮崎，熊本，島根などであり，韓国でも農村部の出生率が高い。このように出生率が低く，人口生産力が低い都市に人口生産力の高い農村から膨大な人口が流入し，一極集中型の国土構造が形成されているわけである。この結果，まず人口の流出が激しい地方・農村部で人口減少が始まり，やがて大都市圏も農村からの人口流入が減るにつれて，次第に人口は頭打ちにならざるをえない。そのため，国全体が急激な人口減少に陥るのである。

　移民の流入がない一極集中国では，首都圏への集中は，農村部だけではなく他の大都市圏にも影響を与える。周辺地域からの流入で人口規模が増大した地方都市圏もみられた（日本の札幌，仙台，福岡など）が，首都圏と競争関係の強かった旧第2位都市は首都の膨張によってダメージを受ける。都市間競争，人口争奪競争が熾烈になるのである。日本の大阪大都市圏，韓国の釜山大都市圏の落ち込み，停滞，相対的な地位低下が首都圏一極集中の結果であることは否定できない。東アジアの一極集中型国家日本と韓国は共通の国土・地域システムのパターンをもっているのかもしれない。

ちなみに，他の東アジア都市の拡大・縮小パターンは，日本や韓国と同じではなく，バリエーションがある。たとえばシンガポールは都市国家であり，都市が国の大部分を占め，出生率は日本や韓国よりも低いが，人口減少は起こっていない。これは同国がマレーシアのジョホール州，インドネシアのバタム島などと経済協力地域を形成して，欧米などからの直接投資を受け入れ，これに伴って人口の流出入が盛んになっているためであろう。しかしシンガポールも2020年代以降は，人口減少が予測されている。

香港も21世紀初頭の時点では，人口はまだ増加傾向にある。シンガポールと同様の開放性をもち，閉じた工業国日本，韓国とは違った人口変化のパターンを生み出していると思われる。香港の成長は中国を後背地にもっているためか，なお人口増加が続いていくものと予測されている。上海や北京も中国経済の成長と国全体の巨大な人口規模，農村から都市への人口移動などのため，人口は増加が続いている。

このように，東アジア諸都市の人口増減パターンにはいくつかのバリエーションがみられ，東アジア全体に共通の特質を見出すことは難しい。このため本稿では，主として日本と韓国にみられる一極集中型都市システムを背景とした大都市圏の動向について論じるにとどめておきたい。

第4節　これからの大都市圏ガバナンス

先にも述べたように，グローバル化の時代は，マネーや人口の流動性が，国民国家時代に比べて著しく高くなる時代である。マネーやヒトの移動，混在が民族・宗教・政治的な軋轢を生み，領域の争奪をさえもたらす。社会秩序は錯綜・混乱し，国レベルから地域レベルまで紛争が多発して収拾がつかない。人口や経済力の流動性が激しいため，経済・社会空間も常に変容し，固定した統治・行政区域による括りは有効性を長く維持できず，機能的な区域・圏域が絶えず作り直されることになる。そうした流動的な社会空間の中で，どういう統治・行政区域を基礎的および広域的な自治の単位とし，それらにどういう機能的な地域連携システムを重ね合わせてゆくかが，世界中で模索されているので

ある。

　「大都市圏ガバナンス」というテーマは，こうした事態の中からうかびあがってきたものと言える。本稿でも垣間みたように，シティ・リージョン，グローバル・シティ・リージョン，連携都市圏，メトロポールなど様々な名称の大都市圏・新大都市圏の実験が，世界のそこここで行われている。スコットが言ったように，それらは新しい地域的集団行為の主体であり，アイデンティティの表現である。

　他方，日本では人口減少時代の中で，若い人々が都市型社会の限界に気づき，農山村に移住し集落から地域を作り直す「田園回帰」の機運も生まれている。首都圏一極集中はなおも続いているが，このままでいけば，やがて限界がやってくることを，都市に集まろうとしている人々自身が感じ始めているのであろう。もちろん，価値観は多様であるから，都市的職業・ライフスタイル志向の人々は，グローバル大都市圏をめざして移動し，故郷に近いところで都市的な暮らしを求める人々は，地方中枢都市とその周辺に住もうとするかもしれない。都市化一辺倒でもなく，田園回帰一辺倒でもない居住地選択の時代が訪れているのではないだろうか。あるいは，総人口の減少と交流人口の増大の結果，時期によって異なる居住地をすみ分ける複数地居住のライフスタイルが広がることも考えられる。そうなると都市や地域の区域そのものが，ヴァーチャルで流動的なものになることも考えられる。ライフステージ，ライフスタイル，学歴や職業選択意識，性別などに応じて，人々は移動し定着する。その移動志向や定着志向自体が急速に変化しているため，社会空間の変容も激しくなる。今後の空間ガバナンスは多様性と柔軟性を求められ，大都市圏ガバナンスも固定的・定型的なものではありえなくなっていくのかもしれない。

注
(1) Scott, 2001.
(2) Jacobs, 1984, ジェイコブズ, 1986, 2012。
(3) 大マンチェスター自治体連合ウェブページ。
(4) グラン・パリ・メトロポールウェブページ。
(5) Scott, 2001, p. 1.

(6) 矢作，2009，Oswalt ed., 2006, Pallagst et al., 2009.
(7) 増田編著，2014。
(8) 池，2002，43頁。
(9) 速水，2012。

引用参考文献
［日本語文献］
池敬培，2002，「ソウル首都圏集中とまちづくり」公立鳥取環境大学地域イノベーション研究センター『TORC レポート』No. 17（www.kankyo-u.ac.jp　2016年5月16日閲覧）。
加茂利男，2005，『世界都市――「都市再生」の時代の中で』有斐閣。
グラン・パリ・メトロポールウェブページ（Métropole du Grand Paris Mission de préfiguration : MGP［http://www.metropolegrandparis.fr/　2016年5月6日閲覧］）。
ジェイコブズ，ジェイン／中村達也・谷口文子訳，1986，『都市の経済学――発展と衰退のダイナミクス』TBSブリタニカ。
ジェイコブズ，ジェイン／中村達也訳，2012，『発展する地域　衰退する地域――地域が自立するための経済学』筑摩書房。
スコット，A. J.／坂本秀和訳，2004，『グローバル・シティ・リージョンズ』ダイヤモンド社。
大マンチェスター自治体連合ウェブページ（www.greatermanchester-ca.gov.uk/　2016年10月3日閲覧）。
玉井亮子・待鳥聡史，2016，「大都市との一体化による縮小都市生き残りの可能性――フランス，ル・アーヴル市」加茂利男・徳久恭子編『縮小都市の政治学』岩波書店。
西崎文平，2015，「東京一極集中と経済成長」日本総研『JRI レビュー』Vol. 6, No. 25（www.jri.co.jp/file/report/jrireview/pdf/8194.pdf　2016年5月15日閲覧）。
速水融，2012，『歴史人口学の世界』岩波書店。
増田寛也編著，2014，『地方消滅』中央公論新社。
矢作弘，2009，『「都市縮小」の時代』角川書店。

［外国語文献］
Demographia, 2016, *World Urban Areas 12th Annual Edition* : 2016 : 04.
Demographia World Urban Areas（http://www.demographia.com/db-worldua.pdf　2016年12月15日閲覧）。
Jacobs, Jane, 1984, *Cities and The Wealth of Nations*, Random House Inc.
Moriconi-Ebrard, F., 2000, *De Babylone à Tokyo: Les grandes aggromérations du Monde*, Ophrys.

Office for National Statistics, Population Projections. (https://www.ons.gov.uk/people populationandcommunity/populationandmigration/populationprojections 2016 年 5 月 19 日閲覧)

Oswalt, P. ed., 2006, *Shrinking Cities*, Hatje Cantz Pub.

Pallagst, Karina et al., 2009, *The Future of Shrinking Cities : Problems, Patterns and Strategies of Urban Transformation in a Global Context*, Center for Global Metropolitan Studies, Institute of Urban and Regional Development, and the Shrinking Cities International Research Network.

Scott, A. J., 2001, *Global City-Regions*, Oxford UP.

U. N., 2005, *Urban Agglomerations 2005*, United Nations Population Division, Department of Economic and Social Affairs, New York : United Nations.

関連地図（大阪・釜山）

地図1　大阪大都市圏（日本）

（出所）『平成28年度市町村ハンドブック』（http://www.masse.or.jp/ikkrwebBrowse/material/files/2016handbook_gyoseimap.pdf　2016年12月15日閲覧）より。

地図2　釜山大都市圏（韓国）

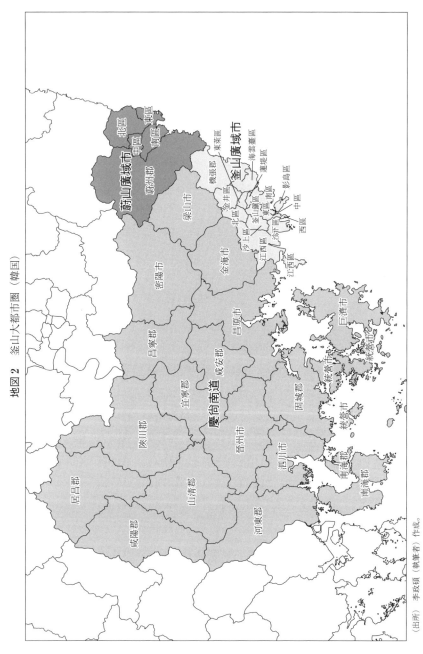

(出所）李政碩（執筆者）作成。

あ と が き

　本書の母体となった共同研究会の経緯について説明しておきたい。「はしがき」でもしるしたように，本書は大阪経済大学経済学部教員（重森曉，遠州尋美，梅原英治，柏原誠，桑原武志）による共同研究会の成果をまとめたものである。同研究会は，2012年度から大阪経済大学共同研究費を受給して，「地域主権改革と大都市制度――「大阪都構想」を手がかりとして――」をテーマにして，大都市・大阪を事例に，地域主権改革の中の大都市制度のあり方について，経済・財政・行政・政治・都市政策といった視点から総合的に分析することを目的として始まった。

　同研究会は，初年度（2012年度），共同研究を立ち上げた当時に大きな話題を呼んだ「大阪都構想」の具体的な内容と同構想がめざす大都市制度である東京の都区制度の検討から研究を始め，一方では，海外の大都市の動向について情報を収集し比較検討を行った。とくに，同じアジアの大都市のソウル特別市行政課，同市西大門区庁，韓国地方行政研究院へ，2013年2月下旬に，柏原と桑原がインタビュー調査と同市聖水洞靴製造業集積，麻浦区デジタルメディアシティへの見学調査を実施した。

　2013～14年度は，「大阪都構想」が生じた背景にある大都市圏の社会経済的変貌と大都市圏の抱える諸課題について，統計データの分析等を行って多面的に把握するとともに，横浜市などの日本の他の大都市や，ヨーロッパ・アメリカにおける新たな大都市制度のあり方を模索している諸議論を整理・検討し，大都市圏における都市内分権と地方自治，都市間ネットワーク，大都市内財政調整といった論点，言うなれば「大都市圏ガバナンス」に関する研究を進めた。そして，2013年8月に，柏原と桑原がアジアで大阪と同じ国内第2位都市の韓国・釜山広域市へ行き，釜山映像中心都市等を見学調査し，朴在郁（バクジェウク）新羅大学校公共人材学部教授をはじめ，李舜禎（イスンジョン）釜山人的資源開発院企画調整室長，李

政 碩(ジョンソク)(財)釜山発展研究院経営社会研究室研究委員・幸福生活圏研究センター長の3人の研究者に釜山広域市のガバナンスについてお話をお聞きし，意見交換をした。なお，2014年度からオブザーバーとして，塚谷文武経済学部准教授が参加している。

　そして，3年目の2014年度末には，大阪と釜山の比較検討を通じて，アジアの大都市圏の問題やガバナンスについて理解を深めるために，韓国・釜山広域市から，前述の朴在郁氏，李舜禎氏，李政碩氏を迎えて，2015年2月16日に日韓公開研究会を開催した。同公開研究会は3つのセッションに分かれ，第1セッション：大都市圏経済（司会：梅原英治）では，①李舜禎氏による「釜山大都市圏経済の現状と課題」，②桑原武志による「大阪大都市圏経済の現状と課題」が報告され，③遠州尋美によるコメントがなされた。続く第2セッション：大都市圏ガバナンス（司会：塚谷文武）では，①李政碩氏による「釜山大都市圏ガバナンスの現状と課題」，②柏原誠による「大阪大都市圏ガバナンスの現状と課題」が報告され，③遠州尋美によるコメントがなされた。そして，第3セッション：まとめ（司会：重森曉）では，加茂利男立命館大学公共政策大学院教授（当時）と朴在郁氏によって全体的なコメントがなされて終了した。

　以上が本書の基礎となった共同研究会の経緯についての説明であるが，本書「はしがき」でもしるしたように，われわれの共同研究はまだその緒についたところであり，本書はその成果の一応のまとめに過ぎない。今後，大阪と釜山だけでなく，他国の第2都市との本格的な比較研究を進め，普遍的モデルの構築をめざして研究を進めていきたいと考えている。

　　謝　辞
　本書を執筆するにあたっては，研究会で，行方久生先生（当時山形大学人文学部教授，現文教大学経営学部教授）から都区制度・都区財政調整度について，森裕之先生（立命館大学政策科学部教授）から大阪府市の行財政改革について専門的なお話をおうかがいした。ここに心より感謝申しあげる。そして，2014年8月に実施した韓国・釜山広域市のガバナンスに関するインタビューと2015年2月に開催した日韓公開研究会で発表してくださった李舜禎先生，的確な通

あとがき

訳をしてくださった金 静愛(キムジョンエ)さんに厚く感謝申しあげる。また，2013年2月に実施した韓国・ソウル特別市のインタビュー調査をコーディネートしてくださった金 協成(キムヒョンソン)韓国外国語大学国政管理研究所招聘研究員，ラ・ヨンジェ韓国財政研究所研究員，通訳してくださった李尚 俊(イサンジュン)氏にも厚く感謝申しあげる。

　本書のもとになった共同研究は，2012～14年度大阪経済大学共同研究費による支援に基づいて行われた。この共同研究費がなければ，ソウル特別市，釜山広域市へのインタビュー調査，そして学外から4人の研究者を招いての日韓公開研究会は実施できなかった。そして，本書を出版するにあたって，大阪経済大学研究叢書として，大阪経大学会から出版補助をいただいた。大阪経済大学研究支援課をはじめ，関係各所のみなさんに厚く感謝申しあげる。
　最後に，専門書の出版事情が厳しい中，本書の出版を引き受けてくださったミネルヴァ書房と編集担当の梶谷修氏，中村理聖氏に深く感謝の意を表したい。
　2016年10月

編著者一同

人名索引

あ 行

阿部昌樹　216
李明博　213, 221, 223
内橋克人　47
オーカーソン, R. J.　196
太田房江　60, 150
大森彌　148
岡部明子　38

か 行

加茂利男　72, 156
北村亘　150, 154
倉阪秀史　47
栗原利美　151, 154
クロースタマン, R. C.　36, 38
ゲデス, P.　4, 179

さ 行

左藤義詮　60, 150
ジェイコブズ, J.　3, 5, 244
重森曉　153, 154
芝村篤樹　85
シャープ, L. J.　187, 189
シュンペーター, J. A.　156
菅原敏夫　136, 151, 154
砂原庸介　154
関一　84

た・な 行

竹山修身　2, 119
富田和暁　16
成田頼明　149
廬武鉉　221, 232

は 行

バードセール, S. S.　35
ハーベイ, D.　165
ハイネルト, H.　87
朴槿恵　213, 221, 224, 232
橋下徹　64, 114, 155
初村尤而　155
バロー, I. M.　189
ハワード, E.　4
フロリダ, R.　iii, 5
ボーン, L. S.　195
星野菜穂子　155

ま 行

松井一郎　115
マンフォード, L.　3-5
三浦哲司　101
村上弘　68

や・ら 行

吉村洋文　115
ライシュ, R.　160, 161
ランプレッツ, B.　36, 38

事項索引

あ行

アクションプランニング　178
移行型（大都市圏ガバナンス）　196
一主三輔　222, 226, 227, 233
一部事務組合　127
一極集中　251, 252
衛星都市　6, 16
FEC自給圏　47
大阪維新の会　63, 114, 153
大阪産業都　60, 150
大阪市行政区調査研究会　96
大阪商工都　60, 150
大阪新都構想　60, 150
大阪都構想　1, 56, 114, 125
大阪府・大阪市特別区設置協議会　115
大阪府区財政調整制度　138
大阪府・特別区協議会　144, 146
大阪連合都市　147, 149

か行

改革者イメージ　65, 72
（大都市の）外部性　46, 81
過剰調整　136, 138
関西広域連合　38, 216
基準財政収入額　134
基準財政需要額　133, 134
基礎自治機能　125
基礎自治体連合　148
基礎的な地方公共団体　118
機能移転型（大都市圏ガバナンス）　197, 206, 208
九州広域圏　217, 218, 229
行政区　89, 91, 92, 119, 145
行政財産　140
行政統合型・統合型（大都市圏ガバナンス）　195, 205, 206, 208
協働型自治　103
共同処理　127
協力型・連携協力型（大都市圏ガバナンス）　193, 196, 205, 208
巨大都市地域　163, 168, 172, 173, 177
区シティマネージャー制　98
区制（韓国）　198
区政会議　101
区地域協議会　97
区長公募制　98
区づくり推進横浜市会議員会議　95
区別の常任委員会　95
区民参加型会議　101
グレーター大阪構想　119
グローバルウェブ　160-162, 168, 175
　───蓄積様式　161, 162
郡区町村編制法　119
経済協力開発機構（OECD）の大都市圏ガバナンス調査　66
広域（圏）ガバナンス　214, 216, 224, 227, 228, 230, 232, 234
　───機構　215
広域機能　125
広域経済圏政策　213
広域圏（発展）戦略　233, 234
広域市（韓国）　192, 198-201
広域都市圏　213, 232, 234, 235
広域連合　38, 127, 149, 206
公共選択論　83
公民協働　86
国際投機資本　162
国家新型都市化計画（中国）　231
コンパクトシティ　174, 177

さ行

サステナブルシティ　174, 177
三市特例　55
三部経済制　55
自市就業率　33, 36, 37

264

事項索引

（政令）指定都市（制度）　9, 49, 51, 114, 116, 123, 132, 192, 196
────の多様化　48
（グローバル）シティ・リージョン・都市地域　iii, 5, 156, 168, 177, 243-245, 254
資本蓄積システム　158, 159
事務配分　125
社会的生産基盤　162, 174, 176
就学援助率　30
（大都市の）集積性　45
周辺地域　16
住民自治　9, 78, 145, 148
縮小都市・地域　248-250
首座都市・首位都市　39, 156
首都機能　118
首都圏一極集中（型）　251, 252, 254
首都圏集中度　251, 252
純粋大都市圏モデル　190
準要保護者　30
昇格（型）（大都市圏ガバナンス）　193-194
職員配置　128
自立都市　6
────ネットワーク（構想）　6, 7, 15, 36, 38
（大都市の）新規性（先端性）　84
スーパー指定都市構想　60, 150
「住み心地よき都市」　84
政治的単位としての区　94
世界経済成長率　157-159, 161
世界都市　163, 166-168, 248, 250
世界都市症候群　167, 168
総合区　91, 93, 120
創造的破壊　156

た　行

大規模性　80
大区小区制　119
第3次産業化　18, 23, 24
大都市圏　ii, 16, 192, 243, 244, 248, 250, 251, 253, 254
────ガバナンス　iv, 5, 187, 188, 189, 243, 248, 250, 251, 254
大都市圏統治　187

大都市圏モデル　188
大都市圏問題　187, 189
大都市地域における特別区の設置に関する法律（大都市地域特別区設置法）　I, 45, 114, 150
大都市特例事務　51
第2位都市・第二都市群　39, 156, 166, 168, 177, 251, 252
多心型（都市間）ネットワーク　35-39
多心的都市地域　36
多中心主義モデル　190
多様性　85
単心型（都市間）ネットワーク　35, 37
断片化　187, 202, 203
（大阪市）地域活動協議会　103
地域協議会　150
地域幸福生活圏（発展）政策　213, 214, 221, 232
地域自治区　96, 120, 150
地方交付税（制度）　133, 153
地方政府再編（韓国）　192
地方創生　250
昌原市（韓国）　201
中心市　16
中枢管理機能　17, 168
調整3税　59, 133, 137
直轄市（韓国）　198, 199, 201
青島広域圏　217, 219, 226, 230
田園都市論　4
伝統的な統治　187
統一的広域行政　8
東京都区財政調整制度　134, 135
東京都区制度　115, 116, 132
東京都制　116, 118, 125
東京都特別区財政調整会計　134
東京都の特別区　131
統合政府（論）モデル（単一モデル）　82, 191
東南（広域）圏　201-204, 217, 218, 221, 223, 228, 232-235
────経済協議会　229
────広域連合　208
────特別自治道　208

都区協議会　146
都区制度　49, 52, 132, 149
特別区　2, 89, 121, 123, 145, 150
特別区議会　70, 144
特別区財政調整交付金　133, 137
特別区設置協定書　44, 56, 116
特別区設置住民投票　1, 44, 115
特別交付金　136
特別市　8, 194, 196
特別市（韓国）　198
特別自治市　61
特別自治市（韓国）　194
特別自治道　206
特別地方公共団体　118
都市的集積地域　246
都市内分権　9
都市の縮小　248
『都市の文化』　5
都心回帰　19

な 行

内部的部分団体　118
新潟市の区自治協議会　103
二重行政　67
二層モデル　191
日本維新の会　63
任意事務　125, 151
任意的モデル　190

は 行

非制度的協力モデル　190
フォード主義　158, 159, 161
──蓄積様式　158, 161
副首都　115
釜山大都市圏　201, 202
普通交付金　134
普通地方公共団体　118
分権化モデル　195
ポピュリスト　48

ま 行

まちづくり産業振興　176, 177
民営化　126
メガシティ　156, 174, 177
目的税交付金　138

や 行

歪んだグローバル化　162-164, 166, 168, 173, 174, 177
要保護者　30

ら 行

（首長の）リーダーシップ　48
利益媒介のチャンネル　87

執筆者紹介

（執筆分担，執筆順，＊は編者）

＊重森　曉（しげもり・あきら）執筆分担：はしがき・序章・あとがき
　　編著者紹介参照

＊柏原　誠（かしはら・まこと）執筆分担：はしがき・第２章・第３章・第７章訳・あとがき
　　編著者紹介参照

＊桑原武志（くわはら・たけし）執筆分担：はしがき・第１章・あとがき
　　編著者紹介参照

　梅原英治（うめはら・えいじ）執筆分担：第４章
　　現　在　大阪経済大学経済学部地域政策学科教授
　　主　著　『福祉国家型財政への転換──危機を打開する真の道筋』（共著）大月書店，2013 年
　　　　　　『中小企業課税』（共著）財経詳報社，2016 年

　遠州尋美（えんしゅう・ひろみ）執筆分担：第５章
　　現　在　大阪経済大学経済学部地域政策学科教授
　　主　著　『グローバル時代をどう生きるか──自立コミュニティが未来をひらく』法律文化社，
　　　　　　2003 年
　　　　　　『低炭素社会への道程──ドイツの経験と地球温暖化問題の政治・経済学』（共編著）法
　　　　　　律文化社，2011 年

　李　政碩（い・じょんそく）執筆分担：第６章
　　東北大学法学研究科博士課程卒業，博士（法学）
　　現　在　（財）釜山発展研究院　研究委員（韓国釜山広域市所在）
　　主　著　『創造的発想と地域競争力』（共著）ソウル：ハンウルアカデミー，2008 年
　　　　　　『地方自治と地域発展』（共著）ソウル：ハンウルアカデミー，2012 年

　朴　在郁（ぱく・じぇうく）執筆分担：第７章
　　現　在　新羅大学校公共人材学部教授，博士（政治学）
　　主　著　『地方政治と東北亞の都市ガバナンス』集文堂，2009 年
　　　　　　『地方政治の理解Ⅱ』（共著）博英社，2016 年

　加茂利男（かも・としお）執筆分担：終章
　　大阪市立大学法学部卒業
　　現　在　大阪市立大学名誉教授
　　主　著　『世界都市──「都市再生」の時代の中で』有斐閣，2005 年
　　　　　　『縮小都市の政治学』（共編著）岩波書店，2016 年

《編著者紹介》

重森　曉（しげもり・あきら）
　　1942 年　朝鮮・鉄原生まれ
　　京都大学大学院経済学研究科博士課程単位取得，博士（経済学），元大阪経済大学学長
　　現　在　大阪経済大学名誉教授
　　主　著　『現代地方自治の財政理論』有斐閣，1988 年
　　　　　　『地方分権――どう実現するか』丸善出版，1996 年

柏原　誠（かしはら・まこと）
　　1968 年　大阪府大阪市生まれ
　　大阪市立大学大学院法学研究科後期博士課程単位取得満期退学，大阪経済大学経済学部地域政策学科専任講師
　　現　在　大阪経済大学経済学部地域政策学科准教授
　　主　著　『指定都市の区役所と住民自治――自治体アンケート調査報告』（共編著）自治体研究社，2012 年
　　　　　　『ローカル・ガバナンスとデモクラシー――地方自治の新たなかたち』（共著）法律文化社，2016 年

桑原武志（くわはら・たけし）
　　1969 年　長崎県長崎市生まれ
　　大阪市立大学大学院法学研究科後期博士課程単位取得満期退学，大阪経済大学経済学部地域政策学科専任講師
　　現　在　大阪経済大学経済学部地域政策学科准教授
　　主　著　『ローカル・ガバナンスとデモクラシー――地方自治の新たなかたち』（共著）法律文化社，2016 年
　　　　　　「大都市・大阪はどこへ向かうのか？――大都市経済の現状と課題」『セミナー年報2010』（関西大学経済・政治研究所）2011 年

大阪経済大学研究叢書第83冊

大都市圏ガバナンスの検証
――大阪・アジアにみる統治システムと住民自治――

2017年2月28日　初版第1刷発行　　　〈検印省略〉

定価はカバーに
表示しています

編著者	重森　　曉
	柏原　誠
	桑原武志
発行者	杉田啓三
印刷者	大道成則

発行所　株式会社　ミネルヴァ書房
607-8494　京都市山科区日ノ岡堤谷町1
電話代表　(075)581-5191
振替口座　01020-0-8076

Ⓒ 重森・柏原・桑原ほか, 2017　　太洋社・新生製本

ISBN978-4-623-07914-8
Printed in Japan

自治体間連携の国際比較

――加茂利男／稲継裕昭／永井史男 編著　Ａ５判　248頁　本体 5500 円

●市町村合併を超えて　イギリス，フランス，ドイツ，タイ，韓国，そして日本を取り上げ，合併と広域連携の優劣について解明する。

日本・韓国

――新川敏光／大西　裕 編著　Ａ５判　324頁　本体 3000 円

日本と韓国という，２つの工業化された民主主義国家を比較検証し，その特徴を明らかにする。

劇場型首長の戦略と功罪

――有馬晋作 著　4-6判　248頁　本体 2800 円

●地方分権時代に問われる議会　橋下　徹・河村たかしなど地方行政における注目の長を，ポピュリズムの観点から分析。

戦後日本の地方議会

――馬渡　剛 著　Ａ５判　320頁　本体 7000 円

●1955～2008　対知事関係，与野党関係，政策立案能力など，戦後50年，47都道府県を包括した初の分析。

市町村合併による防災力空洞化

――室崎益輝／幸田雅治 編著　Ａ５判　264頁　本体 3500 円

●東日本大震災で露呈した弊害　住民の生命に関わる防災の観点から，平成の大合併の問題点を総括する。

――― ミネルヴァ書房 ―――

http://www.minervashobo.co.jp/